Mathematatik 12
Geometrie

Technische Ausbildungsrichtung

von

Dr. Heidi Schneider

Gudrun Stein

winklers verlag

1. Auflage, 2001

im Westermann Schulbuchverlag GmbH
Postfach 11 15 52 · 64230 Darmstadt
http://www.winklers.de
Druck: westermann druck GmbH, Braunschweig
ISBN 3-8045-**5410**-5

Inhalt

Vorwort

Dieses Lehrbuch ist für den Mathematikunterricht in Geometrie in den 12. Klassen der beruflichen Oberstufe – Ausbildungsrichtung Technik – erstellt.

Ziel des Buches ist eine schülergerechte Darstellung der Vektorrechnung und ihrer Anwendung auf den zwei- und dreidimensionalen Raum. Es erfasst auf einfache und klare Weise den Kern der wichtigsten mathematischen Aussagen und vermittelt an konkreten Beispielen den Bezug zur Praxis. Daher lassen sich komplizierte theoretische Sachverhalte erarbeiten, die durch Beispiele erfahrbar gemacht werden.
Wo es möglich ist und den Rahmen des Schulunterrichts nicht sprengt, sind die Beweise zu allen Aussagen ausgeführt.

Auf jeder Stufe kommen übersichtlich durchgerechnete Beispiele zur Anwendung.
Am Ende eines jeden Abschnitts stehen Übungsaufgaben von unterschiedlichen Schwierigkeitsgrad.

Wir danken Kolleginnen und Kollegen für hilfreiche Anmerkungen und freuen und über weitere Vorschläge, die in künftigen Auflagen berücksichtigt werden sollen.

München, 2001 Die Verfasserinnen

Kapitel 1

Vektorräume

Jeder, der schon einmal beim Segeln oder Windsurfen war, weiß, dass dabei nicht nur die Windstärke, sondern auch die Windrichtung eine wichtige Rolle spielen. Dabei ist in einem mehr oder weniger großen Gebiet der Wind nach Stärke und Richtung konstant, man kann dies durch eine gemeinsame Größe ausdrücken.
Zur Beschreibung physikalischer Sachverhalte benützt man also häufig Begriffe, bei denen es nicht nur auf die Größe des Messwerts ankommt, sondern wo auch eine Richtung wichtig ist. Kraft, Geschwindigkeit oder Impuls sind beispielsweise solche Größen, ebenso Drehmoment und Drehimpuls.

1.1 Der Vektorbegriff

Zunächst soll geklärt werden, was im zwei- oder dreidimensionalen Raum unter einem Vektor zu verstehen ist.

Definition: Im zwei- oder dreidimensionalen Raum versteht man unter einem **Vektor** $\vec{a}$ die Menge aller gerichteten Strecken mit **gleicher Länge** und **gleicher Richtung**. Jede gerichtete Strecke aus dieser Menge heißt **Repräsentant** oder Vektorpfeil des Vektors.

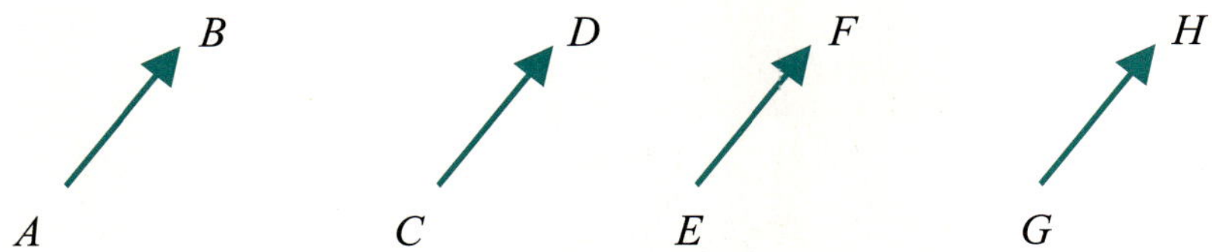

Schreibweise: $\vec{a} = \overrightarrow{AB} = \overrightarrow{CD} = \overrightarrow{EF} = \overrightarrow{GH}$
Die Menge aller Vektoren wird mit V bezeichnet.

Beispiele

1. Wind, der mit einer Geschwindigkeit von $50\ \text{km/h}$ aus Süden weht, lässt sich durch eine Menge gleich langer Pfeile darstellen

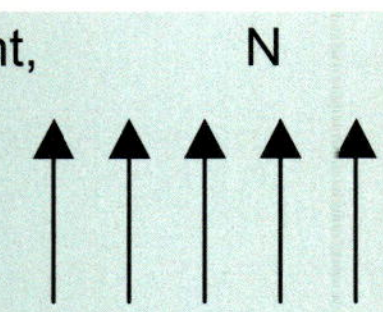

2. Auf einen Körper der Masse $30\ \text{kg}$ wirkt in Mitteleuropa die Gewichtskraft $F = 294$ Newton. Diese Gewichtskraft lässt sich durch einen Vektor darstellen.

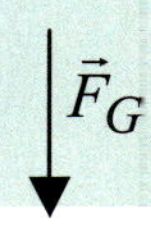

Ein **Vektor im Raum** lässt sich auch als **Translation** deuten, d. h. als eine Verschiebung. Alle Punkte des Raums werden um eine feste Strecke in Pfeilrichtung verschoben.

Definition: Zwei **Vektoren** sind genau dann **gleich**, wenn sie dieselbe Menge von gerichteten Strecken darstellen.
Die Maßzahl für **die Länge eines Vektors** $\vec{a}$, auch **Betrag des Vektors** $\vec{a}$ genannt, bezeichnet man mit $|\vec{a}|$ oder a.

Der Vektor der Länge Null heißt **Nullvektor** $\vec{0}$.

Folgerung

Es gilt immer

$$|\vec{a}| \geq 0$$

$$|\vec{a}| = 0 \Leftrightarrow \vec{a} = \vec{0}.$$

Definition: Der zu einem Vektor $\vec{a}$ entgegengesetzt gerichtete Vektor gleicher Länge heißt **Gegenvektor** zu $\vec{a}$ und wird mit $-\vec{a}$ bezeichnet.

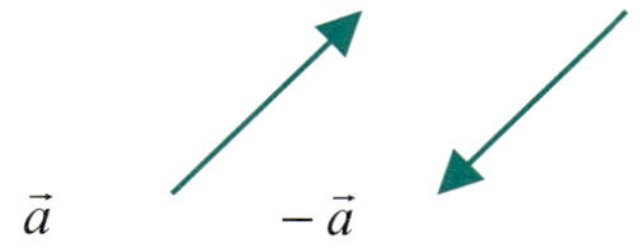

Ein Vektor $\vec{a}$ heißt **parallel** zu einem Vektor $\vec{b}$, wenn seine Repräsentanten parallele Strecken sind.

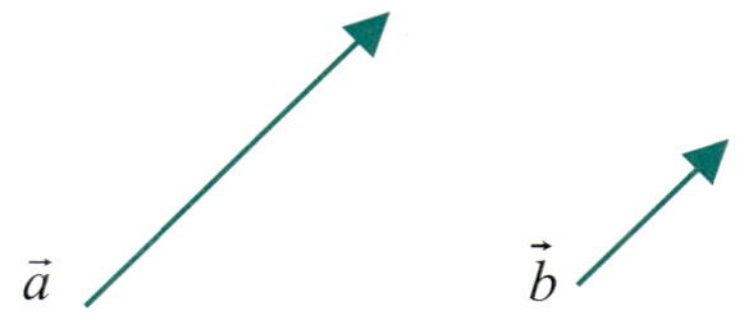

Ein Vektor der Länge 1 heißt **Einheitsvektor** oder normierter Vektor.

Der zu einem Vektor $\vec{a} \neq \vec{0}$ gleich gerichtete Vektor der Länge 1 wird mit $\vec{a}^{\,0}$ bezeichnet.

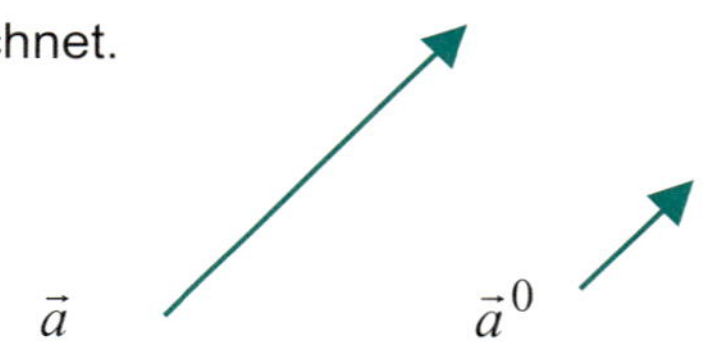

1.2 Addition und Subtraktion

Wir wissen aus physikalischen Beobachtungen, dass wir gerichtete Größen wie Geschwindigkeitsvektoren oder Kräfte addieren können.

Definition: Gegeben sind zwei Vektoren $\vec{a}$ und $\vec{b}$. Ein Vektorpfeil des **Summenvektors** $\vec{a}+\vec{b}$ ist diejenige gerichtete Strecke vom Anfangspunkt eines Vektorpfeils von $\vec{a}$ zum Endpunkt desjenigen Vektorpfeils von $\vec{b}$, der die Spitze von $\vec{a}$ zum Fußpunkt hat.

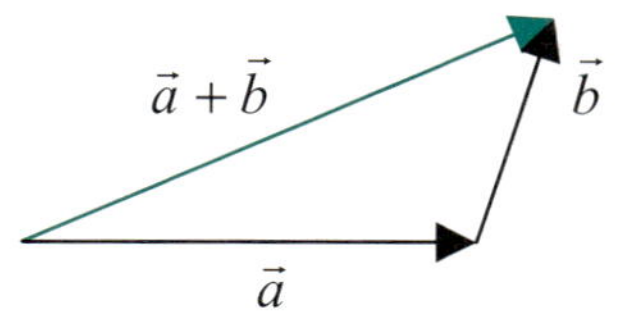

Wie man sich leicht mithilfe geometrischer Argumente überlegen kann, ist das Ergebnis dieser Vektoraddition von der Wahl der Vektorpfeile, d. h. der Repräsentanten, unabhängig.

Um den Vektor $\vec{a}-\vec{b}$ zu erhalten, addiert man $\vec{a}+(-\vec{b})$.

Folgerungen

Für drei beliebige Vektoren $\vec{a}$, $\vec{b}$ und $\vec{c} \in \mathrm{V}$ gilt:

1. Die Summe zweier Vektoren ist wieder ein Vektor, d. h., **V ist gegenüber der Vektoraddition abgeschlossen.**

2. Es gilt das **Assoziativgesetz:**

$$(\vec{a}+\vec{b})+\vec{c} = \vec{a}+(\vec{b}+\vec{c})$$

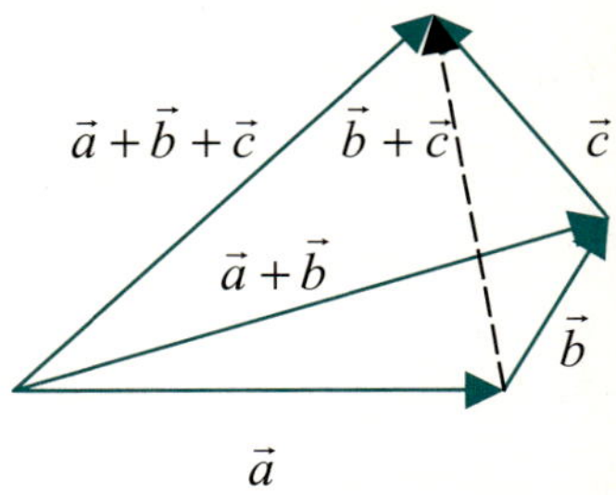

3. In V gibt es ein **neutrales Element** bezüglich der Addition, nämlich den Nullvektor $\vec{0}$. $\quad \vec{a}+\vec{0} = \vec{a}$

4. Zu jedem Vektor $\vec{a}$ gibt es einen eindeutig bestimmtem **inversen Vektor** $-\vec{a}$ mit der Eigenschaft $\quad \vec{a}+(-\vec{a}) = \vec{0}$.

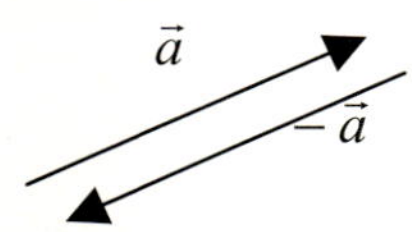

5. Es gilt das **Kommutativgesetz**

$$\vec{a} + \vec{b} = \vec{b} + \vec{a}$$

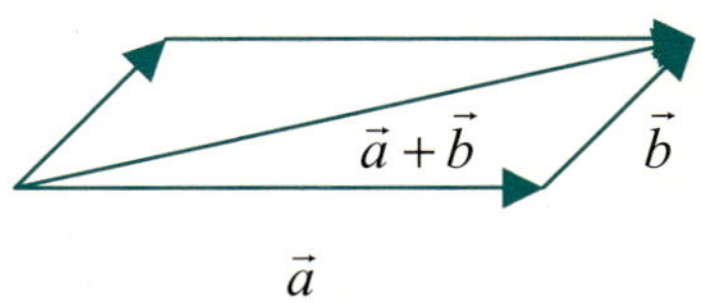

Mit diesen fünf Eigenschaften bildet die Menge V der Vektoren eine **kommutative Gruppe**. Es gelten formal die gleichen Gesetze für die Addition wie bei den ganzen Zahlen.

Jetzt lassen sich bezüglich der Addition auch **Gleichungen lösen**. Zu zwei Vektoren $\vec{a}$ und $\vec{b}$ gibt es genau einen Vektor $\vec{x}$, der die folgende Gleichung erfüllt:

$$\vec{a}+\vec{x}=\vec{b} \Rightarrow \vec{x}=\vec{b}+(-\vec{a})$$

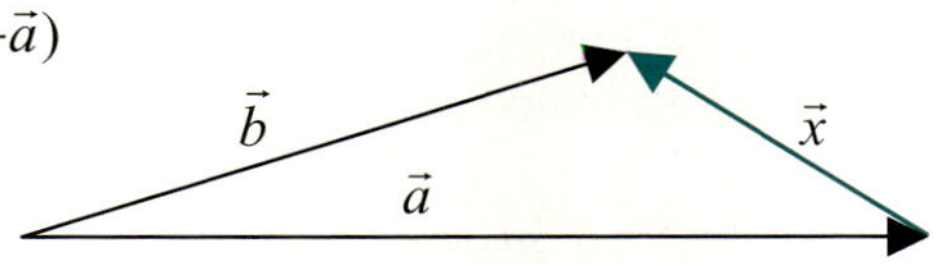

Bemerkung

Durch Verwendung der elementaren Kenntnisse über Dreiecke und über den Sinus- und Kosinussatz lassen sich häufig die Längen der Vektoren berechnen.

Beispiele

1. Gegeben sind die Vektoren $\vec{a}$ und $\vec{b}$, die miteinander einen Winkel von 90° einschließen. Die Länge von $\vec{a}$ beträgt 3 LE, die von $\vec{b}$ 4 LE. Den Summenvektor $\vec{a}+\vec{b}$ erhält man als Diagonale des Rechtecks, das von $\vec{a}$ und $\vec{b}$ aufgespannt wird.

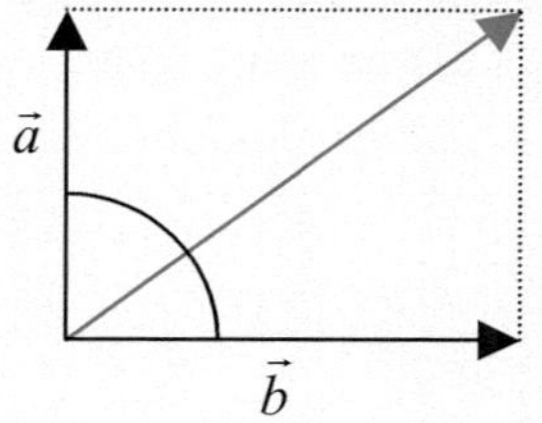

Die Vektoren $\vec{a}$, $\vec{b}$ und $\vec{a}+\vec{b}$ bilden ein rechtwinkliges Dreieck. Nach dem Satz von Pythagoras gilt deshalb für die Länge des Summenvektors:

$$\left|\vec{a}+\vec{b}\right| = \sqrt{|\vec{a}|^2 + \left|\vec{b}\right|^2} = \sqrt{9+16} = 5 \text{ LE.}$$

2. Ein Schiff fährt mit einer Geschwindigkeit $v_1 = 10{,}0 \text{ km/h}$ auf einem See in Richtung Norden, dabei wird es von einer Strömung mit $v_2 = 2{,}00 \text{ km/h}$ nach Osten getragen. Aus diesen Angaben lassen sich die Richtung und die Gesamtgeschwindigkeit des Schiffes über Grund berechnen. Man zeichnet beide Geschwindigkeitsvektoren $\vec{v}_1$ und $\vec{v}_2$ und ihren Summenvektor.

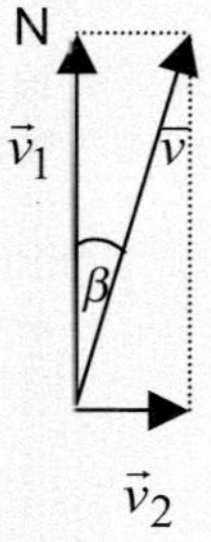

Den Winkel β errechnet man aus der Gleichung $\tan\beta = \frac{v_1}{v_2} = \frac{2}{10} \Rightarrow \beta \approx 11{,}3^\circ$.

Der Betrag $|\vec{v}|$ der Gesamtgeschwindigkeit wird wieder mit dem Satz des Pythagoras berechnet:

$$|\vec{v}|^2 = |\vec{v}_1|^2 + |\vec{v}_2|^2 \Rightarrow |\vec{v}| = \sqrt{10^2+2^2}\ \frac{\text{km}}{\text{h}} \approx 10{,}2\ \frac{\text{km}}{\text{h}}.$$

Das Schiff fährt also mit $10{,}2\ \frac{\text{km}}{\text{h}}$ einen Kurs über Grund, der um $11{,}3^\circ$ von der Nordrichtung abweicht.

3. Gegeben ist der Vektor $\vec{a}$, der in zwei Komponenten in den angegebenen Richtungen zerlegt werden soll:

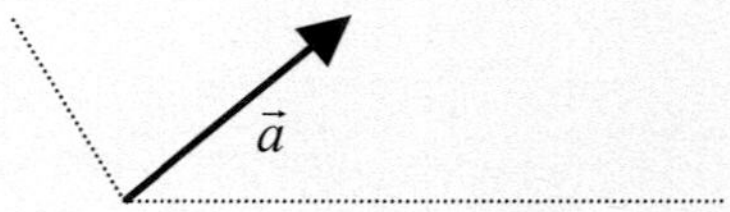

Die Aufgabe wird dadurch gelöst, dass $\vec{a}$ zur Diagonalen eines Parallelogramms gemacht wird.

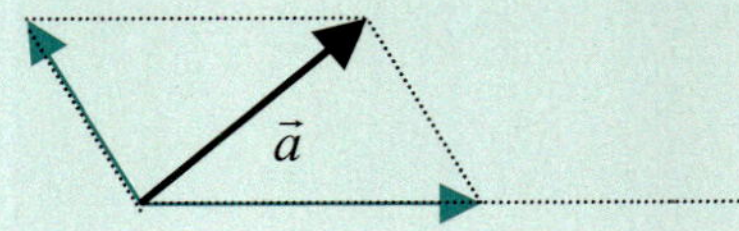

4. Eine wichtige Rolle spielt die **Addition und die Zerlegung von Kräften** in der Statik. Auflagekräfte bei Brücken, Zug- und Druckbelastungen bei Verstrebungen und Fachwerken sind eine wichtige Anwendung.
Wirkt zum Beispiel auf die unten dargestellte Befestigung im Punkt A eine Kraft von 200 Newton senkrecht nach unten, so lassen sich die Zug- und Druckbelastungen berechnen:

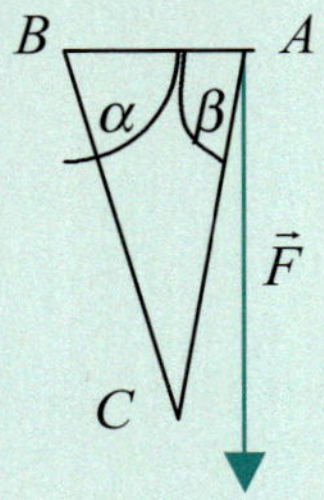

Kräftezerlegung:

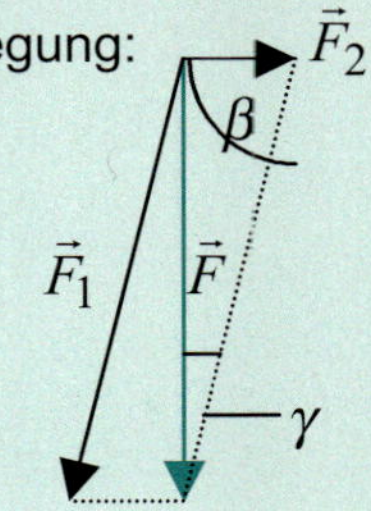

Hierbei ist $\alpha = 50^\circ, \beta = 70^\circ$ und $\gamma = 90^\circ - 70^\circ = 20^\circ$

Die Stütze AC wird mit der **Druckkraft** $F_1 = F : \cos 20^\circ$ belastet $\Rightarrow F_1 \approx 212$ N

Die Stütze AB wird mit einer **Zugkraft** $F_2 = F \cdot \tan 20^\circ$ belastet $\Rightarrow F_2 \approx 72{,}8$ N

Bei ebenen **Fachwerken** lassen sich die Zug- und Druckbelastungen berechnen und in den sogenannten **Cremonaplänen** zeichnerisch darstellen. Im folgenden Beispiel soll dies ausführlich gezeigt werden.

5. Ein **Fachwerk** besteht aus Stäben und Knoten, den Verbindungen der Stäbe. Wenn das Fachwerk im Gleichgewicht ist, muss für jeden Knoten die Summe der Kräfte Null ergeben.
In dem abgebildeten Fachwerk sollen alle Kräfte rechnerisch und zeichnerisch bestimmt werden. Es gibt **Druckstäbe** und **Zugstäbe**. Einen Druckstab kann man nicht durch ein Seil ersetzen, einen Zugstab schon.

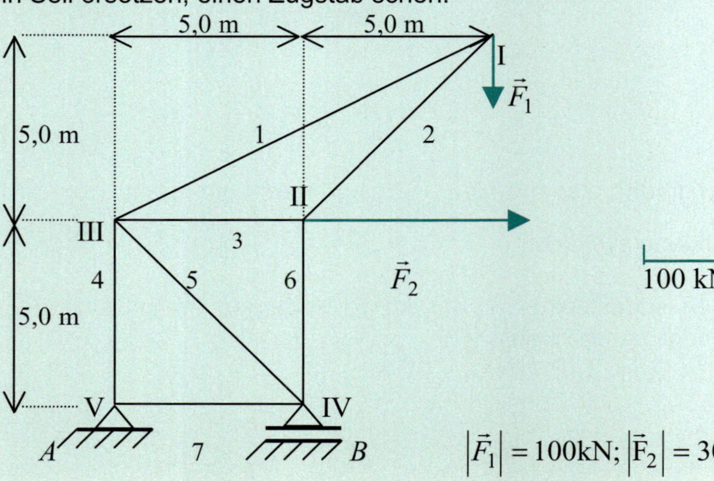

$|\vec{F}_1| = 100\text{kN}; |\vec{F}_2| = 300\text{kN}$

Den Winkel α des 1. Stabes zur Horizontalen erhält man aus der Beziehung $\tan\alpha = \frac{5}{10} = 0{,}50 \Rightarrow \alpha \approx 26{,}6^\circ$.

Die Kräfte in den Stäben sollen mit $\vec{S}_1$, $\vec{S}_2$ usw. bezeichnet werden.
Für den Knoten I sieht die Kräftezerlegung folgendermaßen aus:

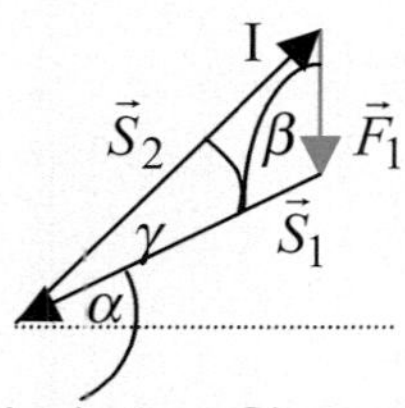

Dabei ist α der Winkel zwischen $\vec{S}_1$ und der Waagrechten, β der zwischen $\vec{S}_1$ und $\vec{F}_1$ und γ der zwischen $\vec{S}_1$ und $\vec{S}_2$

$\Rightarrow \gamma = 45^\circ - \alpha = 18{,}4^\circ$, $\beta = 90^\circ + \alpha = 116{,}6^\circ$

Nach dem Sinussatz folgt daraus:

$$\frac{S_1}{F_1} = \frac{\sin 45^\circ}{\sin 18{,}4^\circ} \Rightarrow S_1 = \frac{\sin 45^\circ}{\sin 18{,}4^\circ} \cdot F_1 \Rightarrow S_1 \approx 224\ \text{kN}.$$

Entsprechend $\frac{S_2}{F_1} = \frac{\sin 116{,}6^\circ}{\sin 18{,}4^\circ} \Rightarrow S_2 \approx 283\ \text{kN}$.

Auf die gleiche Art kann man der Reihe nach für alle anderen Knoten die Kräfte berechnen.
Hier soll nur die graphische Lösung durchgeführt werden, die zu den so genannten **Cremonaplänen** führt.
Am Knoten II wirkt die aus Knoten I bekannte Kraft S_2 in umgekehrter Richtung als Reaktionskraft. Auch am Knoten III werden dann die jetzt bekannten Kräfte S_1 und S_3 als Reaktionskräfte in umgekehrter Richtung angetragen.

Zerlegung für Knoten II:

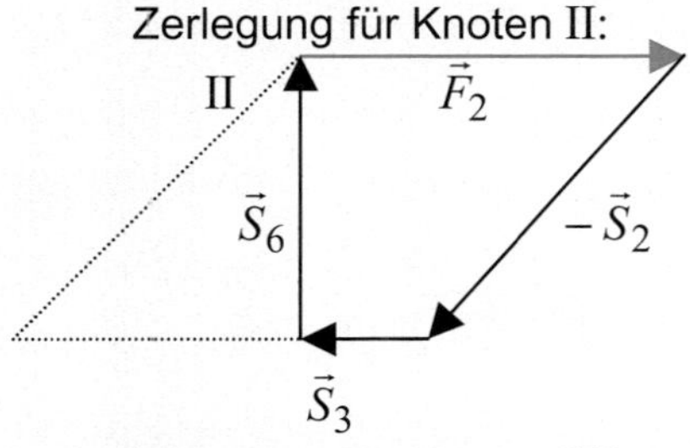

Zerlegung für Knoten III:

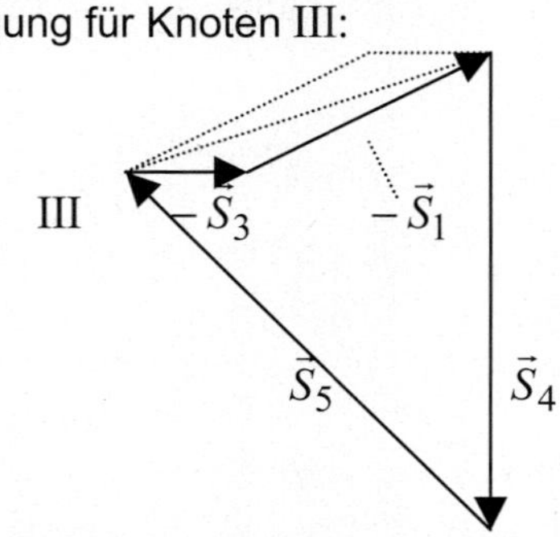

Zerlegung für Knoten IV:

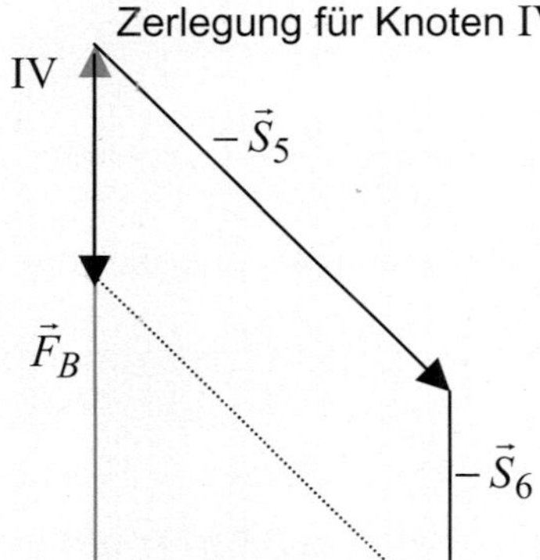

Zerlegung für Knoten V:

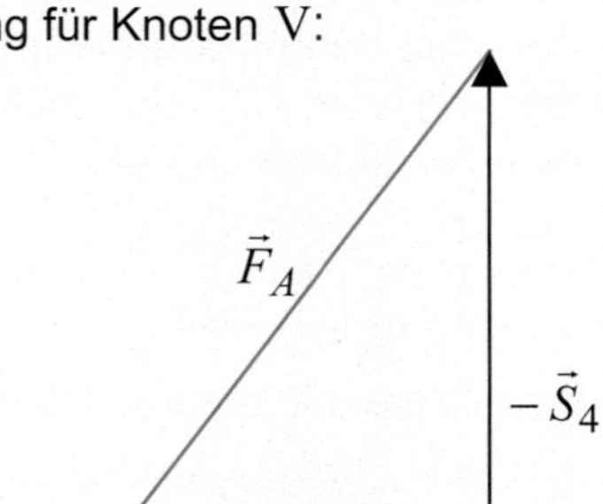

Äußere Kräfte:

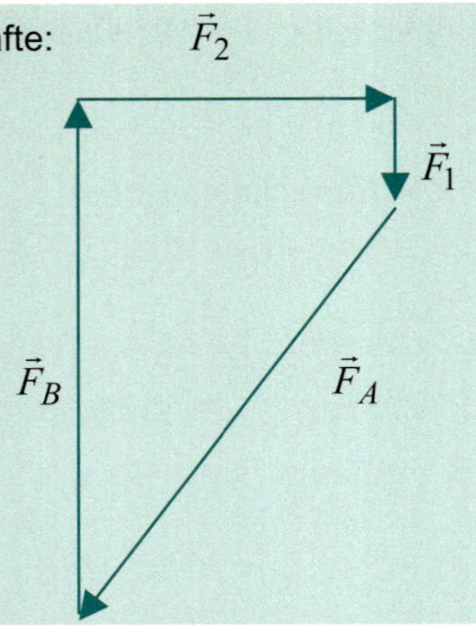

Bei Knoten I sind $\vec{F}_1$ und $\vec{S}_1$ vom Knoten weg gerichtet, $\vec{S}_2$ dagegen zum Knoten hin (siehe Lageplan). Bei Knoten II dagegen sind alle Kräfte bis auf $\vec{S}_6$ weg gerichtet. Alle Kraftpfeile werden sofort eingetragen. So fährt man fort bis Knoten V.
Bei Druckstäben sind beide Pfeile nach außen gerichtet, bei Zugstäben nach innen.

Man erkennt, dass alle Stabkräfte zweimal mit je umgekehrtem Richtungssinn auftreten. Es ist nun möglich, alle Kraftdiagramme so zusammenzuschieben, dass jede Stabkraft nur einmal gezeichnet werden muss. Das Ergebnis ist der untenstehende Kräfteplan, auch **Cremonaplan** genannt. Der Pfeil im Lageplan gibt den Umlaufsinn an, **Druckstäbe sind dabei gestrichelt** gezeichnet. Der Kräfteplan ist im Uhrzeigersinn zu lesen.

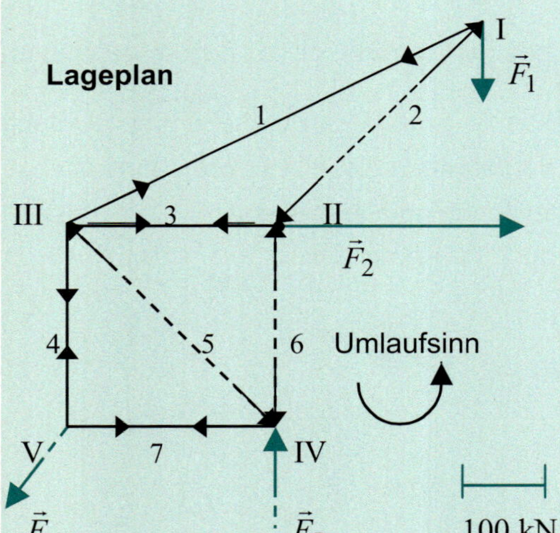

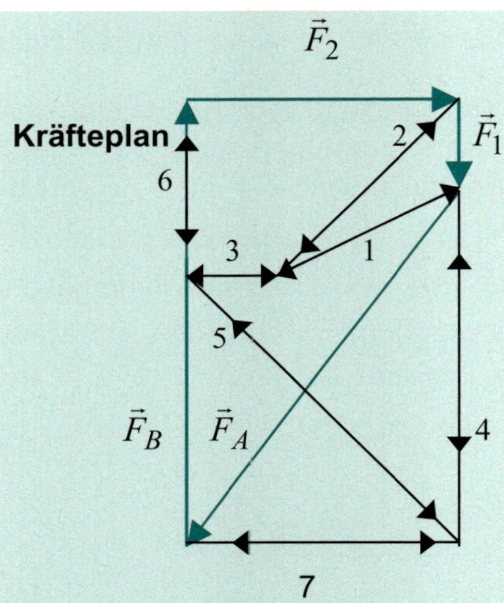

Zusammenfassung:

1. Die Konstruktion kann nur an einem Knoten mit nicht mehr als zwei unbekannten Stabkräften beginnen, in diese Fall Knoten I.
2. Es muss ein Umlaufsinn angegeben werden, der auf dem Lageplan eingezeichnet wird.
3. Das Kräfteeck beginnt immer mit der bekannten Kraft, die sich als erste im Umlaufsinn am Knoten ergibt:

   Knoten I: Das Dreieck aus den Kräften $\vec{F}_1, \vec{S}_1, \vec{S}_2$.

   Knoten II: Die Richtung von S_2 wird umgedreht, geht man um den Knoten im Umlaufsinn, dann ist F_2 die erste bekannte Kraft, der Vektor $\vec{F}_2$ muss also $\vec{S}_2$ vorgesetzt werden.

4. Die Pfeilspitzen aus dem Kräfteplan sollten sofort in den Lageplan übertragen werden. Dabei bedeutet:
   Pfeilspitze zum Knoten: Druckstab
   Pfeilspitze weg vom Knoten: Zugstab
   Druckstäbe werden durch einen gestrichelten Pfeil gekennzeichnet.

Kontrolle: Alle Stabkräfte müssen als innere Kräfte (Actio = Reactio) mit zwei entgegengesetzt gerichteten Pfeilspitzen auftreten.
Die äußeren Kräfte, zu denen auch die Auflagereaktionen gehören, bilden ein geschlossenes Krafteck (siehe Vektorketten!). Hier sind das die Kräfte $\vec{F}_1, \vec{F}_2, \vec{F}_A, \vec{F}_B$.

6. Zur Darstellung einer **Überlagerung von harmonischen Schwingungen** lässt sich ein sogenanntes **Zeigerdiagramm** verwenden.
   Gegeben sind zwei phasenverschobene harmonische Schwingungen mit derselben Frequenz f durch die Gleichungen

   $y_1(t) = \hat{y}_1 \sin(\omega \cdot t + \frac{\pi}{2})$ und

   $y_2(t) = \hat{y}_2 \sin(\omega \cdot t)$.

   Dabei ist t die Zeit, $\omega = 2\pi\, f$ und $\hat{y}_1$ und $\hat{y}_2$ sind die Amplituden der Schwingungen. Die zweite ist dabei zur ersten um $\frac{\pi}{4}$ (das entspricht 45°) verschoben.

   Beide Schwingungen werden durch zwei Vektoren $\vec{u}_1$ und $\vec{u}_2$ der Länge $\hat{y}_1$ und $\hat{y}_2$ dargestellt. Das sieht für $\hat{y}_1 = 2{,}0$ cm und $\hat{y}_2 = 4{,}0$ cm zurzeit $t = 0$ s folgendermaßen aus:

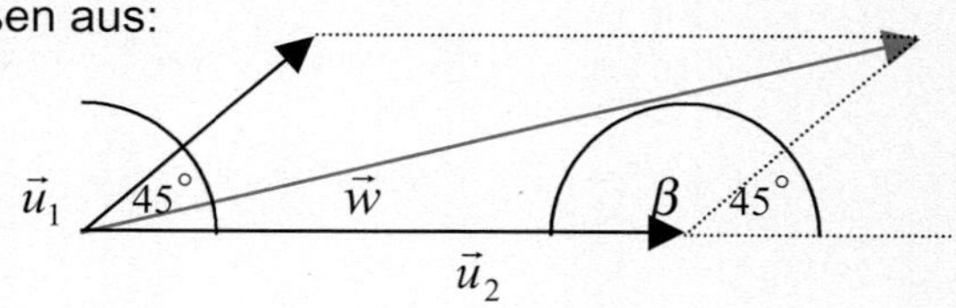

   Die Zeiger kreisen in dieser festen Konstellation mit der Winkelgeschwindigkeit ω gegen den Uhrzeigersinn, die senkrechte Komponente der Vektoren ist zu jedem Zeitpunkt $y_1(t)$ bzw. $y_2(t)$ und $y(t)$ nach dem Sinussatz.

   Mit dem Summenvektor $\vec{w}$ lässt sich die gesamte Schwingung beschreiben.
   Deren Amplitude $\hat{y}$ erhält man als Länge des Vektors $\vec{w} = \vec{u}_1 + \vec{u}_2$, die man mit dem allgemeinen Kosinussatz berechnet:

$$|\vec{u}_1 + \vec{u}_2|^2 = |\vec{u}_1|^2 + |\vec{u}_2|^2 - 2|\vec{u}_1| \cdot |\vec{u}_2| \cdot \cos\beta$$

$$\hat{y}^2 = \hat{y}_1^{\,2} + \hat{y}_2^{\,2} - 2\hat{y}_1 \cdot \hat{y}_2 \cdot \cos(180^\circ - 45^\circ)$$

$$\hat{y}^2 = (2{,}0 \text{ cm})^2 + (4{,}0 \text{ cm})^2 - 2 \cdot 2{,}0 \text{ cm} \cdot 4{,}0 \text{ cm} \cdot \cos 135^\circ$$

$$\hat{y} = \sqrt{20 \text{ cm}^2 + 8\sqrt{2} \text{ cm}^2} \approx 5{,}6 \text{ cm}.$$

   Den Phasenwinkel φ von $\vec{w}$ berechnet man über den Sinus- oder den Kosinussatz:

$$\frac{\sin\varphi}{\sin 135^\circ} = \frac{\hat{y}_1}{\hat{y}} \Rightarrow \sin\varphi = \frac{\hat{y}_1}{\hat{y}} \cdot \sin 135^\circ \Rightarrow \sin\varphi = \frac{2{,}0}{5{,}6} \cdot \frac{1}{2}\sqrt{2} \Rightarrow \varphi \approx 14{,}63^\circ.$$

Das entspricht $0{,}081\,\pi$.

Die Gesamtschwingung wird daher durch die Gleichung beschrieben:

$$y(t) = 5{,}6\,\mathrm{cm}\,\sin(\omega \cdot t + 0{,}081\pi)\ .$$

Entsprechend lassen sich auch **Wechselspannungen** und -ströme und deren Überlagerung durch ein Zeigerdiagramm veranschaulichen.

Aufgaben zu 1.2

1. Übertragen Sie die folgenden Vektoren auf Ihr Übungsblatt und addieren Sie sie:

   a) $|\vec{a}| = 2\,, |\vec{b}| = 5$ b) $|\vec{a}| = 2, |\vec{b}| = 4$ c) $|\vec{a}| = 3, |\vec{b}| = 4, |\vec{c}| = 6$

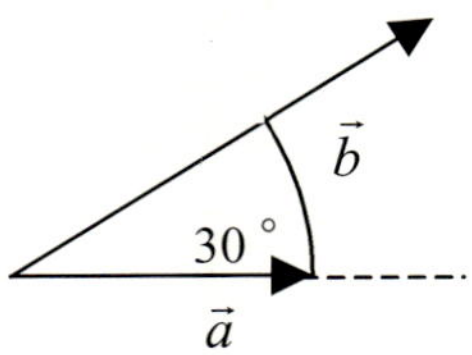

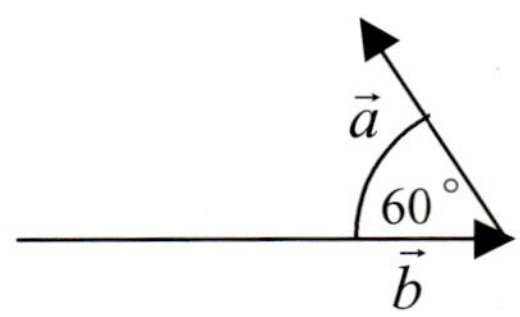

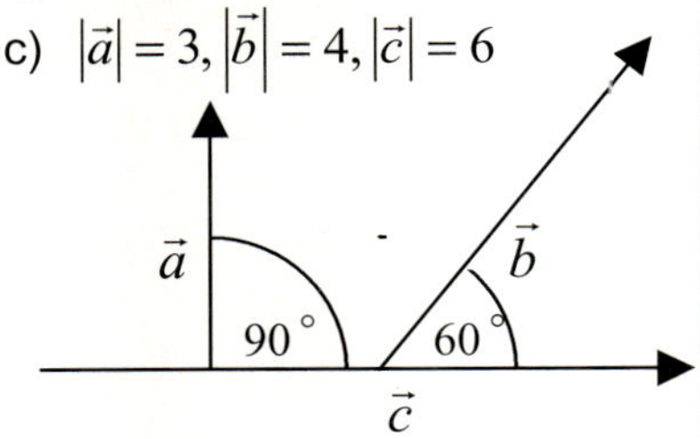

2. Addieren Sie die Vektoren $\vec{a}$ und $\vec{b}$ und berechnen Sie die Länge des Summenvektors:

   a) $|\vec{a}| = 2, |\vec{b}| = 3$ b) $|\vec{a}| = 3, |\vec{b}| = 5$

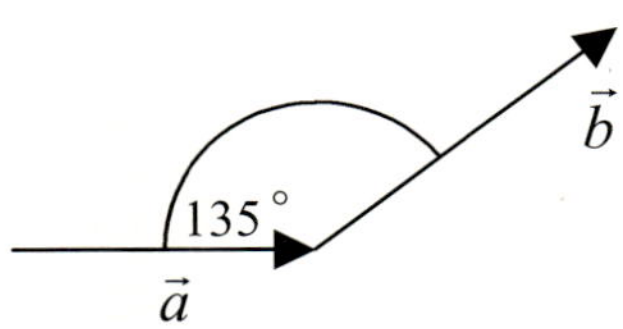

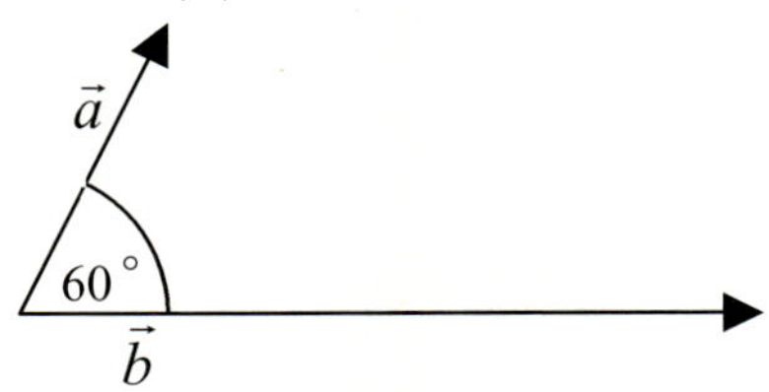

3. Zerlegen Sie den Vektor $\vec{a}$ auf Ihrem Übungsblatt in die zwei angegebenen Richtungen.

   a) $|\vec{a}| = 4$ b) $|\vec{a}| = 3$

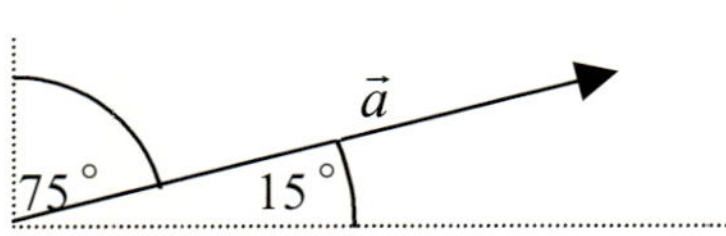

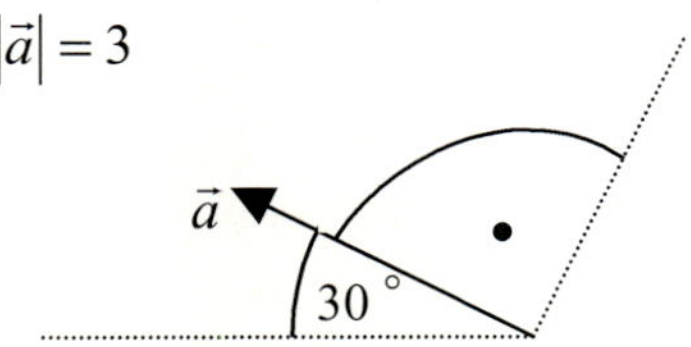

4. Ein Schiff fährt auf dem Meer mit 12 Knoten nach Westen und wird dabei von einer Meeresströmung mit 3,0 Knoten nach Norden abgetrieben. (1 Knoten = 1 Seemeile pro Stunde).
   Berechnen Sie mithilfe einer Skizze den Betrag und die Richtung der Gesamtgeschwindigkeit.

5. Die folgende Skizze zeigt zwei Stützen, die an der Spitze mit einer Gewichtskraft von 50 Newton belastet werden. Berechnen Sie mithilfe der Vektorzerlegung den Betrag der Kräfte, die auf die beiden Stützen wirken.

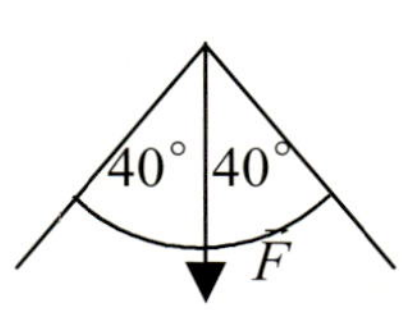

6. Zeichnen Sie für die unten abgebildeten Fachwerke die Kraft- und Lagepläne (Cremonapläne) wie in Beispiel 5.

a)

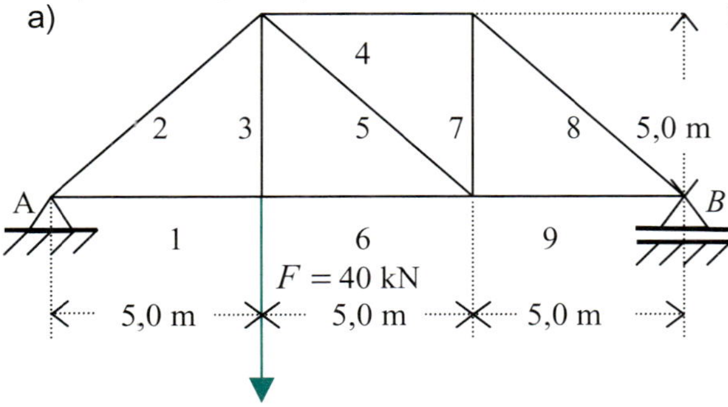

b)

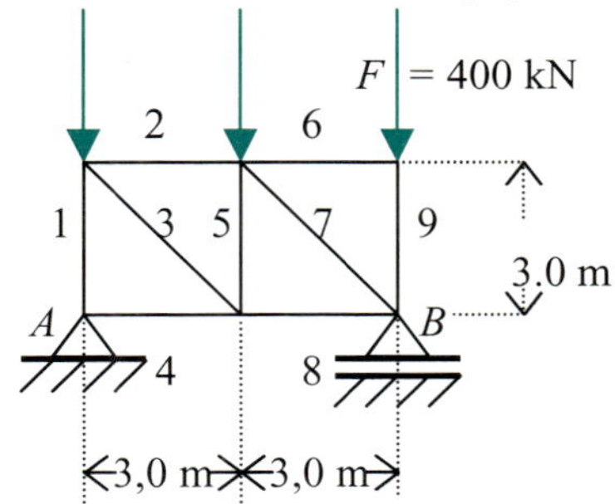

7. Berechnen Sie für die ersten drei Stäbe aus Aufgabe 6 die Stabkräfte.

8. Gegeben sind zwei harmonische Schwingungen $y_1(t) = \hat{y}_1 \sin(\omega \cdot t)$ und $y_2(t) = \hat{y}_2 \sin(\omega \cdot t + \frac{\pi}{2})$ mit derselben Frequenz f, wobei $\hat{y}_1$ =3,0 cm und $\hat{y}_2 = 5{,}0$ cm und $\omega = 2\pi\, f$. Stellen Sie die Schwingungen mithilfe eines Zeigerdiagramms dar und berechnen Sie dann die Gleichung für die Überlagerung beider Schwingungen.

9. Zwei Wechselspannungen $U_1(t) = 200\text{V} \sin(\omega \cdot t)$ und $U_2(t) = 300\text{V} \sin(\omega \cdot t - \frac{\pi}{4})$ sind gegeben.
Stellen Sie die beiden Spannungen mithilfe eines Zeigerdiagramms dar und berechnen Sie die Scheitelspannung und die Phasenverschiebung der Überlagerung.

1.3 Multiplikation eines Vektors mit einer reellen Zahl

Definition: Zu jeder reellen Zahl $\lambda \in$ IR und jedem Vektor $\vec{a} \in$ V gibt es genau einen Vektor $\lambda\vec{a}$. Dabei gilt:

Für $\vec{a} \neq \vec{0}$ und $\lambda > 0$ ist $\lambda\vec{a}$ der zu $\vec{a}$ gleichgerichtete Vektor der Länge $\lambda \,|\, \vec{a} \,|$.

Für $\vec{a} \neq \vec{0}$ und $\lambda < 0$ ist $\lambda\vec{a}$ der zu $-\vec{a}$ gleichgerichtete Vektor der Länge $|\, \lambda \,| \cdot |\, \vec{a} \,|$.

Für $\vec{a} \neq \vec{0}$ und $\lambda = 0$ oder $\vec{a} = \vec{0}$ und λ beliebig ist $\lambda\vec{a} = \vec{0}$.

Beispiele

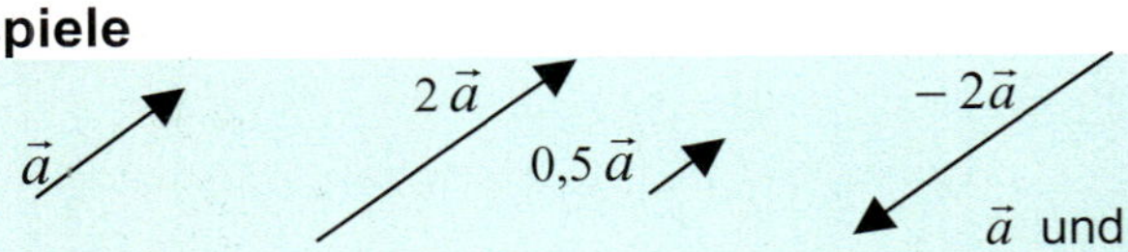

$\vec{a}$ und $\lambda\vec{a}$ sind parallele Vektoren!

Die folgenden **Rechengesetze** gelten für alle $\lambda \in \mathrm{IR}$ und alle $\vec{a}, \vec{b} \in V$:

$$
\begin{aligned}
1 \cdot \vec{a} &= \vec{a} \\
(-1)\vec{a} &= -\vec{a} \\
|\lambda\vec{a}| &= |\lambda|\,|\vec{a}| \\
(\lambda\mu)\vec{a} &= \lambda(\mu\vec{a}) \\
(\lambda+\mu)\vec{a} &= \lambda\vec{a} + \mu\vec{a} \\
\lambda(\vec{a}+\vec{b}) &= \lambda\vec{a} + \lambda\vec{b}
\end{aligned}
$$

▲ Die Division durch einen Vektor ist nicht definiert.
Man teile nie durch einen Vektor!

■ **Definition:** Eine Menge, für die eine **Addition** mit den Eigenschaften $1-5$ in Kapitel 1.2 (vgl. S.10) und eine **Multiplikation mit reellen Zahlen** mit den oben stehenden Eigenschaften definiert ist, heißt **Vektorraum über IR** oder **reeller Vektorraum**.

Alle hier besprochenen Eigenschaften gelten z.B. für die Ebene IR^2 und für den dreidimensionalen Raum IR^3.
Weitere Beispiele für reelle Vektorräume sind die Polynomfunktionen vom Grad ≤ 2 (oder vom Grad $\leq n$) oder der Vektorraum der 2 x 2-Matrizen. Diese Beispiele werden in Kapitel 1.5 näher behandelt.

Jetzt lassen sich Gleichungen für Vektoren lösen.

Beispiele

1. $9\,(\frac{1}{2}\vec{a} - \vec{x}) + 3(\vec{b} + \vec{c} + \vec{x}) - 3\vec{c} = \vec{0}$

$$
\begin{aligned}
\frac{9}{2}\vec{a} - 9\vec{x} + 3\vec{b} + 3\vec{c} + 3\vec{x} - 3\vec{c} &= \vec{0} \\
-6\vec{x} &= -\frac{9}{2}\vec{a} - 3\vec{b} \quad |:(-6) \\
\vec{x} &= \frac{3}{4}\vec{a} + \frac{1}{2}\vec{b}
\end{aligned}
$$

2. Gegeben ist ein Dreieck ABC durch die Vektoren $\vec{d} = \overrightarrow{AB}$ und $\vec{e} = \overrightarrow{AC}$. M ist der Mittelpunkt der Seite BC. Drücken Sie den Vektor $\overrightarrow{AM}$ durch $\vec{d}$ und $\vec{e}$ aus.

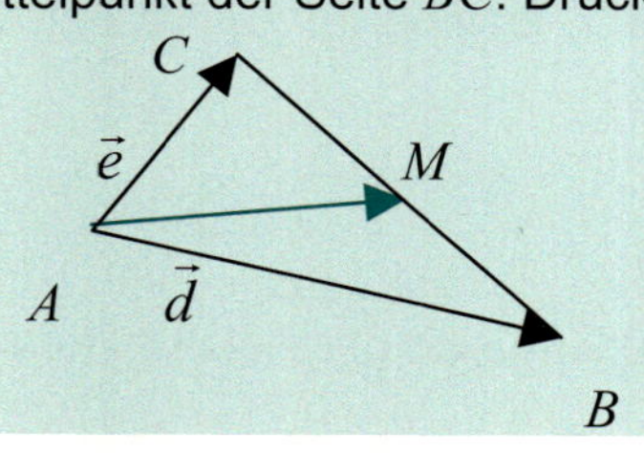

Man erhält die Gleichung

$$\overrightarrow{AM} = \vec{d} + \frac{1}{2}\,\overrightarrow{BC} = \vec{d} + \frac{1}{2}(-\vec{d} + \vec{e})$$

$$\overrightarrow{AM} = \frac{1}{2}\,(\vec{d} + \vec{e})$$

3. Gegeben ist ein Spat (Parallelflach) $ABCDEFGH$ durch $\vec{u} = \overrightarrow{AB}$, $\vec{v} = \overrightarrow{AD}$ und $\vec{w} = \overrightarrow{AE}$. Die Diagonale $\overrightarrow{AG}$ soll durch die Vektoren $\vec{u}, \vec{v}$ und $\vec{w}$ ausgedrückt werden.

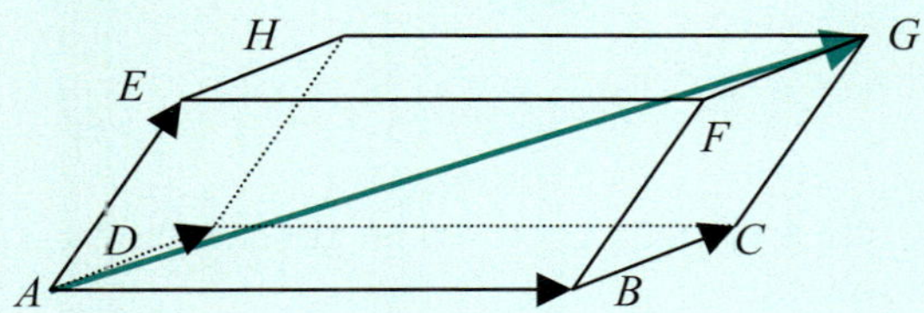

$\overrightarrow{AG} = \vec{u} + \vec{v} + \vec{w}$.

Aufgaben zu 1.3

Gegeben sind die Vektoren $\vec{a}, \vec{b}, \vec{c} \in V$. Lösen Sie die folgenden Gleichungen nach $\vec{x}$ auf:

a) $2(3\vec{a} - 3\vec{b} + \vec{x}) - \frac{1}{2}(3\vec{a} - 3\vec{b} - 12\vec{c}) + 4\vec{x} = \vec{0}$

b) $3(2\vec{a} - \vec{x} + 3\vec{b}) - \frac{1}{4}(8\vec{a} + 4\vec{b} + 2\vec{x}) = \frac{1}{2}(-3\vec{x} - \vec{c})$

c) $\frac{1}{4}(-12\vec{a} - \vec{c} + 4\vec{x}) - \frac{1}{2}(3\vec{b} + 4\vec{c} + 6\vec{x}) = 2\vec{x} - 5\vec{a} - \vec{c}$

d) $\frac{3}{2}\vec{a} + \vec{x} - \frac{1}{8}(2\vec{b} - 4\vec{x}) = -\frac{3}{2}\vec{x} - \frac{1}{4}\vec{a}$

1.4 Vektorketten und lineare Unabhängigkeit

Die Definition der Addition von Vektoren und ihrer Multiplikation mit reellen Zahlen erlaubt es jetzt, mehrere Vektoren **linear zu kombinieren.**
Man erhält auf diese Weise so genannte **Vektorketten:**

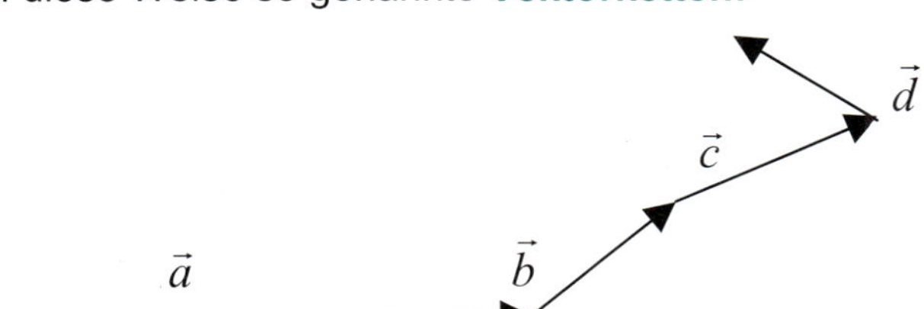

Definition: Eine beliebige Anzahl von Vektoren $\vec{a}_1, \vec{a}_2, \ldots, \vec{a}_n$ bilden eine **geschlossene Vektorkette**, falls ihr Summenvektor der Nullvektor ist, d.h. $\vec{a}_1 + \vec{a}_2 + \ldots + \vec{a}_n = \vec{0}$.

Beispiele

1.

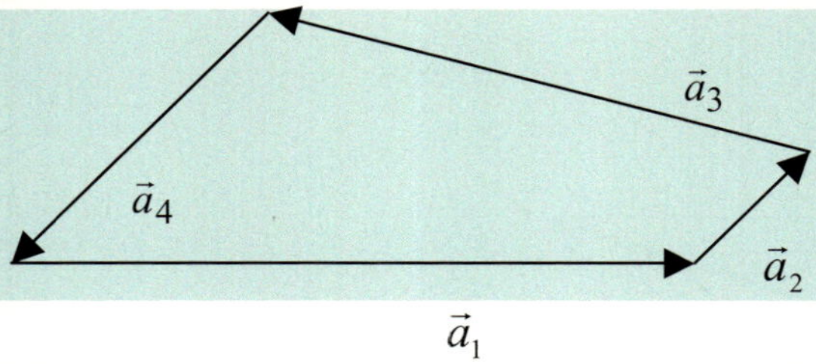

2. In Kapitel 1.2 Beispiel 6 bilden die Kräfte an jedem Knoten eine geschlossene Kette, damit das Fachwerk im Gleichgewicht ist.

3. In einem Parallelogramm, das durch die Vektoren $\overrightarrow{AB}$ und $\overrightarrow{AC}$ gegeben ist, bilden die Vektoren, $\overrightarrow{AB}$, $\overrightarrow{BC}$ und $\overrightarrow{CA}$ eine geschlossene Vektorkette.

4. In einem Parallelflach, das durch die Vektoren $\overrightarrow{AB}$, $\overrightarrow{AD}$ und $\overrightarrow{AE}$ aufgespannt ist, bilden die Vektoren $\overrightarrow{BC}, \overrightarrow{CH}$ und $\overrightarrow{HB}$ eine geschlossene Vektorkette.

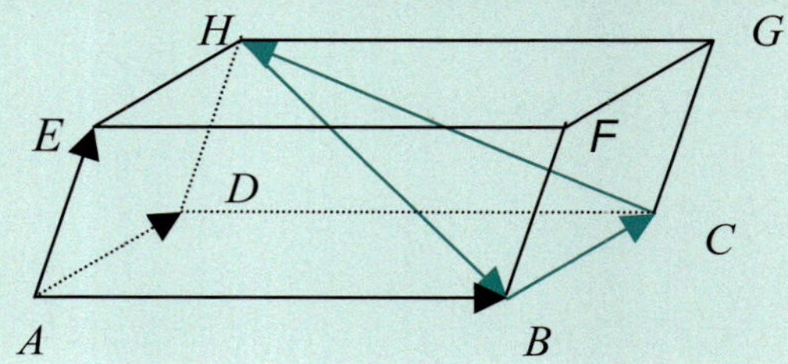

5. Gegeben sind die Vektoren

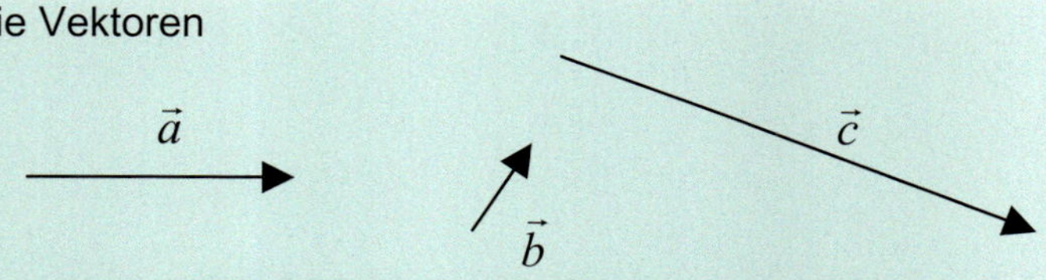

Der Vektor $\vec{z} = 3\vec{a} + 2\vec{b} - \vec{c}$ ist eine Linearkombination der Vektoren $\vec{a}, \vec{b}$ und $\vec{c}$ und lässt sich wie folgt darstellen:

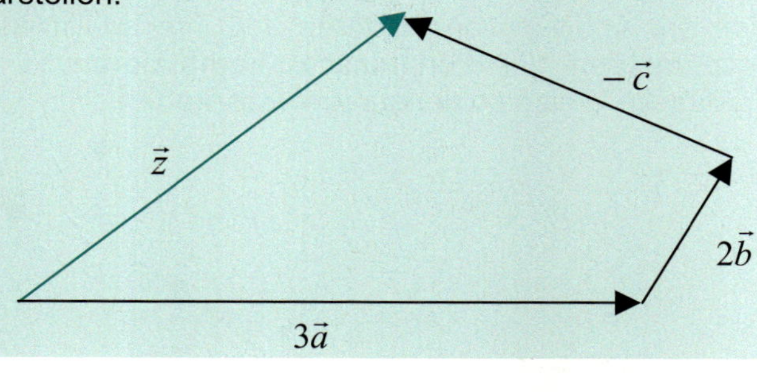

Definition: In einem Vektorraum heißen die Vektoren $\vec{a}_1, \vec{a}_2, \ldots, \vec{a}_n$ **linear abhängig,** wenn es reelle Zahlen $\lambda_1, \lambda_2, \ldots, \lambda_n$ gibt, die nicht alle null sind und für die gilt:

$$\boldsymbol{\lambda_1 \vec{a}_1 + \lambda_2 \vec{a}_2 + \ldots + \lambda_n \vec{a}_n = \vec{0}}$$

Gibt es keine derartige Linearkombination, dann heißen die Vektoren **linear unabhängig**.

▲ Es gilt also für *n* Vektoren $\vec{a}_1, \vec{a}_2, \ldots, \vec{a}_n$:

$\vec{a}_1, \vec{a}_2, \ldots, \vec{a}_n$ **linear unabhängig** $\Leftrightarrow$ $\lambda_1\vec{a}_1 + \lambda_2\vec{a}_2 + \ldots + \lambda_n\vec{a}_n = \vec{0}$ ist nur möglich, wenn $\lambda_1 = \lambda_2 = \ldots = \lambda_n = 0$

Linear abhängig bedeutet, dass sich die Vektoren linear zu einer nicht trivialen geschlossenen Vektorkette kombinieren lassen.

Die Lösung $\lambda_1 = \lambda_2 = \ldots = \lambda_n = 0$ ist immer möglich. Man nennt diese Lösung trivial.

Ist einer der Vektoren der Nullvektor, so ist die Menge linear abhängig.

Beispiele

1. Im Parallelogramm $ABCD$ sind die Vektoren $\vec{a}_1 = \overrightarrow{AB}$, $\vec{a}_2 = \overrightarrow{BC}$ und $\vec{a}_3 = \overrightarrow{AM}$ linear abhängig, denn $\vec{a}_1 + \vec{a}_2 - 2\vec{a}_3 = \vec{0}$.

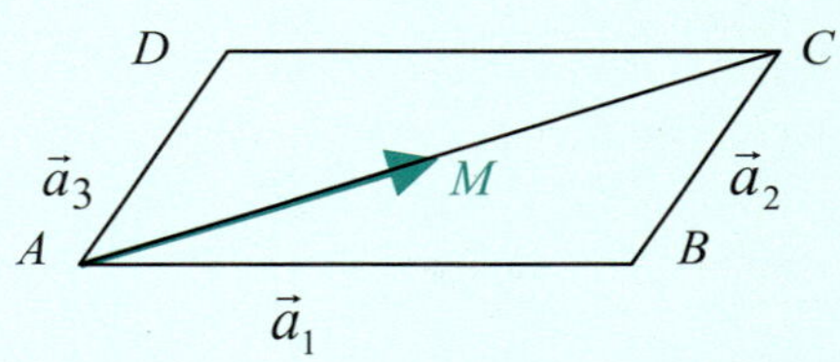

2. Im Quader $ABCDEFGH$ sind die drei Vektoren $\overrightarrow{AB}, \overrightarrow{AD}$ und $\overrightarrow{AE}$ linear unabhängig, da sich aus den drei aufeinander senkrecht stehenden Vektoren keine geschlossene Vektorkette bilden lässt.

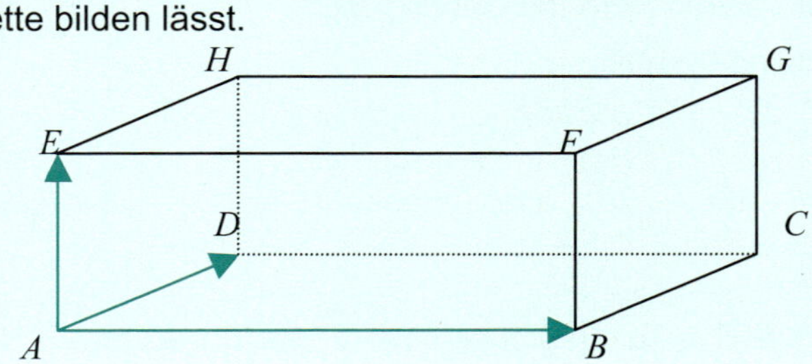

3. Die Seitenhalbierenden im Dreieck ABC schneiden sich in einem Punkt, dem Schwerpunkt S. Dieser teilt die Seitenhalbierenden im Verhältnis 2:1. Mithilfe der linearen Abhängigkeit lässt sich diese Aussage beweisen.

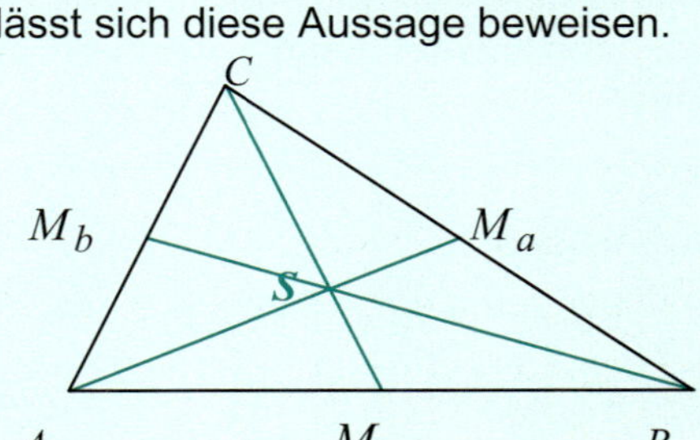

Beweis:

Da S auf $[AM_a]$ und auf $[CM_c]$ liegt, folgt $\overrightarrow{M_cS} = \alpha\,\overrightarrow{M_cC}$ und $\overrightarrow{SA} = \beta\,\overrightarrow{M_aA}$.

Man erhält die geschlossene Vektorkette $\overrightarrow{AM_c} + \overrightarrow{M_cS} + \overrightarrow{SA} = \vec{0}$

$$\Rightarrow \quad \frac{1}{2}\overrightarrow{AB} + \alpha\,\overrightarrow{M_cC} + \beta\,\overrightarrow{M_aA} = \vec{0} \quad (*)$$

Dabei ist $\overrightarrow{M_cC} = -\frac{1}{2}\overrightarrow{AB} + \overrightarrow{AC}$

und $\overrightarrow{M_aA} = \frac{1}{2}\overrightarrow{CB} + \overrightarrow{BA} = \frac{1}{2}(\overrightarrow{CA} + \overrightarrow{AB}) - \overrightarrow{AB} = -\frac{1}{2}\overrightarrow{AC} - \frac{1}{2}\overrightarrow{AB}$

Aus der Gleichung (*) folgt jetzt:

$$\frac{1}{2}\overrightarrow{AB} + \alpha\,(-\frac{1}{2}\overrightarrow{AB} + \overrightarrow{AC}) + \beta\,(-\frac{1}{2}\overrightarrow{AC} - \frac{1}{2}\overrightarrow{AB}) = \vec{0}$$

$$(\frac{1}{2} - \frac{1}{2}\alpha - \frac{1}{2}\beta)\overrightarrow{AB} + (\alpha - \frac{1}{2}\beta)\overrightarrow{AC} = \vec{0}$$

Da $\overrightarrow{AB}$ und $\overrightarrow{AC}$ linear unabhängig sind, müssen die Koeffizienten bei $\overrightarrow{AB}$ und $\overrightarrow{AC}$ null sein und man erhält folgende Gleichungen: I: $\frac{1}{2} - \frac{1}{2}\alpha - \frac{1}{2}\beta = 0$

II: $\alpha - \frac{1}{2}\beta = 0 \Rightarrow \beta = 2\alpha$

In Gleichung I einsetzen $\Rightarrow \frac{1}{2} - \frac{1}{2}\alpha - \alpha = 0 \Rightarrow \alpha = \frac{1}{3}$ und $\beta = \frac{2}{3}$.

Damit ist die Behauptung bewiesen.

Für zwei Vektoren gilt folgende Überlegung:

$\vec{a}$ und $\vec{b}$ sind linear abhängig

$\Rightarrow$ Es gibt λ_1, λ_2 mit $\lambda_1\vec{a} + \lambda_2\vec{b} = \vec{0}$ und $\lambda_1 \neq 0$ oder $\lambda_2 \neq 0$.

$\Rightarrow \vec{a} = -\frac{\lambda_2}{\lambda_1}\vec{b}$ falls $\lambda_1 \neq 0$ oder umgekehrt, also $\vec{a} \,||\, \vec{b}$.

Ist umgekehrt $\vec{a} \,||\, \vec{b}$, dann gibt es eine reelle Zahl α mit $\vec{a} = \alpha\,\vec{b} \Rightarrow \vec{a} - \alpha\,\vec{b} = \vec{0}$, also sind $\vec{a}$ und $\vec{b}$ linear abhängig.

Folgerung

Zwei Vektoren sind genau dann linear abhängig, wenn sie **parallel** sind. Man sagt dann auch, sie sind **kollinear**.

Für drei Vektoren gilt entsprechend:

Wenn $\vec{a}_1$, $\vec{a}_2$ und $\vec{a}_3$ linear abhängig sind, gibt es mindestens ein $\lambda_i \in \mathrm{IR}$, z.B. $\lambda_1 \neq 0$, mit $\lambda_1\vec{a}_1 + \lambda_2\vec{a}_2 + \lambda_3\vec{a}_3 = \vec{0} \quad \Rightarrow \quad \vec{a}_1 = -\frac{\lambda_2}{\lambda_1}\vec{a}_2 - \frac{\lambda_3}{\lambda_1}\vec{a}_3$.

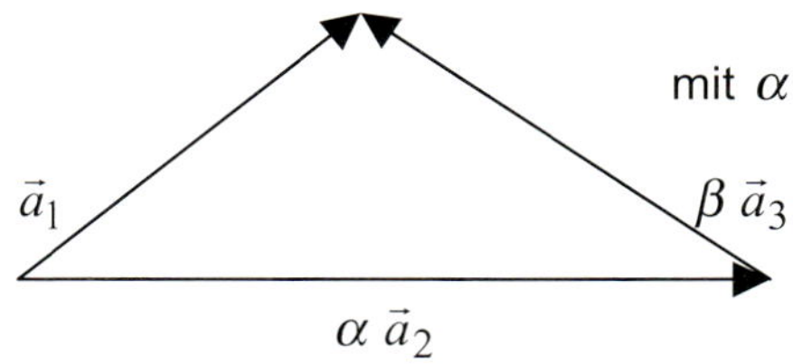

mit $\alpha = -\frac{\lambda_2}{\lambda_1}$, $\beta = -\frac{\lambda_3}{\lambda_1}$

Wie man sieht, bilden die Endpunkte der gezeichneten Vektoren ein Dreieck, das die Ebene bestimmt, in der die Vektoren liegen, sie sind also **komplanar.**

Liegen umgekehrt die Vektoren in einer Ebene, dann geben ihre Richtungen die Richtungen der drei Seiten eines Dreiecks ABC an. Man erhält daher durch Multiplikation der drei Vektoren mit reellen Zahlen eine geschlossene Vektorkette.

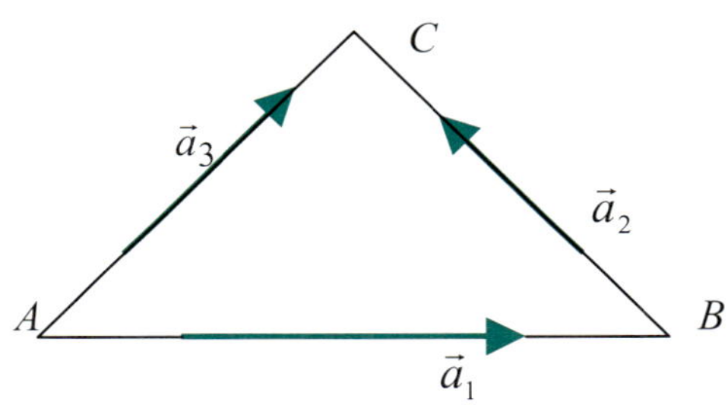

$\overrightarrow{AB} + \overrightarrow{BC} + \overrightarrow{CA} = \vec{0} \quad \Rightarrow$ Es gibt λ_1, λ_2 und λ_3 , die nicht alle Null sind und für die $\lambda_1\vec{a}_1 + \lambda_2\vec{a}_2 + \lambda_3\vec{a}_3 = \vec{0}$, also sind die Vektoren linear abhängig.

Folgerung
Drei Vektoren sind genau dann linear abhängig, wenn sie **in einer Ebene liegen**. Man sagt dann auch, sie sind **komplanar.**

Aufgaben zu 1.4

1. Übertragen Sie die folgenden Vektoren auf Ihr Übungsblatt und zeigen Sie, dass sie eine geschlossene Vektorkette bilden.
   a) $|\vec{a}| = 5$ b) $|\vec{a}| = 3$, $|\vec{b}| = 4$

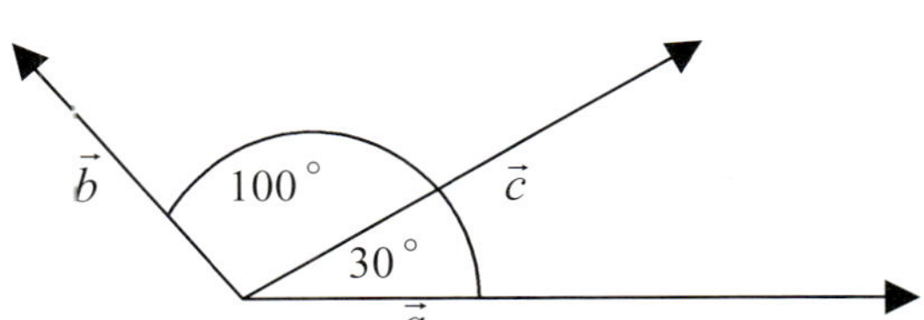

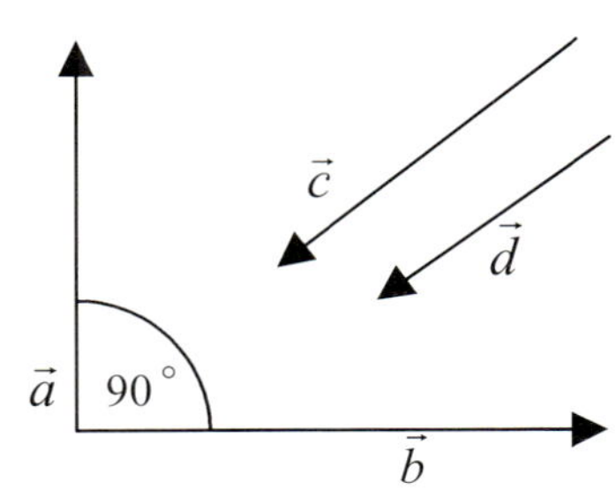

2. Zeigen Sie, dass in dem Parallelflach $ABCDEFGH$ die Vektoren $\overrightarrow{BC}, \overrightarrow{CH}$ und $\overrightarrow{AG}$ linear unabhängig sind.
   Verwenden Sie, dass die Vektoren $\vec{a}_1 = \overrightarrow{AB}, \vec{a}_2 = \overrightarrow{AD}$ und $\vec{a}_3 = \overrightarrow{AE}$ linear unabhängig sind, dass also gilt: $\lambda_1\vec{a}_1 + \lambda_2\vec{a}_2 + \lambda_3\vec{a}_3 = \vec{0} \Rightarrow \lambda_1 = \lambda_2 = \lambda_3 = 0.$

3. Gegeben ist das Parallelogramm $ABCD$. M und N sind die Mittelpunkte der Seiten BC bzw. CD, K der Schnittpunkt von AC mit MN.
   Berechnen Sie allein mithilfe der linearen Unabhängigkeit der Vektoren $\vec{a}_1 = \overrightarrow{AB}$ und $\vec{a}_2 = \overrightarrow{AD}$ den Vektor $\overrightarrow{AK}$.

1.5 Vektoren im Koordinatensystem

Ähnlich wie in der Ebene IR^2 legt man im dreidimensionalen Raum IR^3 ein kartesisches Koordinatensystem mit drei aufeinander senkrecht stehenden Achsen fest. Ein Punkt im Raum wird durch drei Koordinaten bestimmt: $P(p_1; p_2; p_3)$.

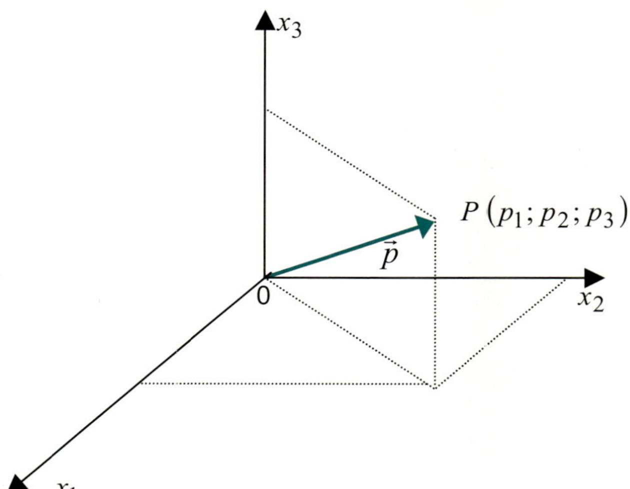

Als **Ortsvektor eines Punktes *P*** bezeichnet man den Vektor $\overrightarrow{0P}$. Ein Repräsentant dieses Vektors ist der Vektorpfeil, dessen Fußpunkt der Koordinatenursprung ist und der seine Spitze in P hat.
Der Ortsvektor von P lässt sich in abgekürzter Form durch die kartesischen Koordinaten von P beschreiben und wird auch mit $\vec{p}$ bezeichnet:

$$\overrightarrow{0P} = \vec{p} = \begin{pmatrix} p_1 \\ p_2 \\ p_3 \end{pmatrix}$$

Die reellen Zahlen p_1, p_2 und p_3 heißen **Komponenten** des Vektors $\vec{p}$, während der Punkt $P(p_1; p_2; p_3)$ die **Koordinaten** p_1, p_2 und p_3 hat:

Für jeden Vektor $\vec{a}$ lässt sich ein Vektorpfeil finden, der seinen Fußpunkt im Ursprung hat. Daher kann man jedem Vektor $\vec{a} \in \mathrm{V}$ auch den Ortsvektor eines Punktes A zuordnen.
So entspricht also bei festem Koordinatensystem jedem Vektor des Vektorraumes ein Punkt und umgekehrt, der Punkteraum und der Vektorraum entsprechen einander.
Für drei reelle Zahlen $a_1, a_2, a_3 \in \mathrm{IR}$ gilt:

$$\vec{a} = \begin{pmatrix} a_1 \\ a_2 \\ a_3 \end{pmatrix} \Leftrightarrow \vec{a} \text{ ist der Ortsvektor des Punktes } A\,(a_1; a_2; a_3).$$

Addition und Subtraktion werden **komponentenweise** durchgeführt:

$$\vec{a} = \begin{pmatrix} a_1 \\ a_2 \\ a_3 \end{pmatrix}, \vec{b} = \begin{pmatrix} b_1 \\ b_2 \\ b_3 \end{pmatrix} \Rightarrow \vec{a} + \vec{b} = \begin{pmatrix} a_1 + b_1 \\ a_2 + b_2 \\ a_3 + b_3 \end{pmatrix}.$$

Entsprechend für die Subtraktion.

Beispiele

1. $\begin{pmatrix} 3 \\ 4 \\ 5 \end{pmatrix} - \begin{pmatrix} 1 \\ -1 \\ 2 \end{pmatrix} = \begin{pmatrix} 4 \\ 3 \\ 7 \end{pmatrix}$

2. $\begin{pmatrix} 3 \\ 4 \\ 5 \end{pmatrix} - \begin{pmatrix} 1 \\ -1 \\ 2 \end{pmatrix} = \begin{pmatrix} 2 \\ 5 \\ 3 \end{pmatrix}$

Gleichheit von Vektoren

Zwei Vektoren sind gleich, wenn dies für alle entsprechenden Komponenten gilt:

$$\vec{a} = \vec{b} \Leftrightarrow \begin{cases} a_1 = b_1 \\ a_2 = b_2 \\ a_3 = b_3 \end{cases}.$$

Beispiel

Die Vektoren $\vec{a}$ und $\vec{b}$ haben die Form $\vec{a} = \begin{pmatrix} 2 \\ 3\lambda \\ 5 \end{pmatrix}, \vec{b} = \begin{pmatrix} 2\beta \\ 6 \\ 2\gamma \end{pmatrix}$.

Gesucht sind $\lambda, \beta, \gamma \in \mathrm{IR}$, so dass $\vec{a} = \vec{b}$. Dazu löst man das folgende Gleichungssystem:

I $\quad 2 = 2\beta \quad \Rightarrow \beta = 1$

III $\quad 5 = 2\gamma \quad \Rightarrow \gamma = \frac{5}{2}$

II $\quad 3\lambda = 6 \quad \Rightarrow \lambda = 2$

Multiplikation mit einer reellen Zahl:

$$\lambda\vec{a} = \begin{pmatrix} \lambda a_1 \\ \lambda a_2 \\ \lambda a_3 \end{pmatrix}, \ \lambda \in \mathrm{IR}.$$

Beispiel

$$3\begin{pmatrix} 1 \\ -4 \\ 2 \end{pmatrix} = \begin{pmatrix} 3 \\ -12 \\ 6 \end{pmatrix}$$

Bemerkung

Ein beliebiger Vektor $\overrightarrow{AB}$ kann als **Differenz der Ortsvektoren** der Punkte A und B angegeben werden:

$$\overrightarrow{\boldsymbol{AB}} = \vec{\boldsymbol{b}} - \vec{\boldsymbol{a}}$$

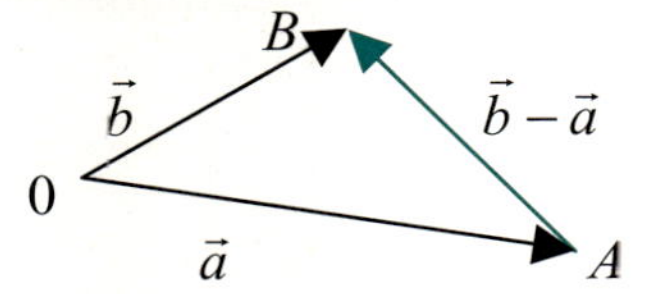

▲ **Merkregel: „Spitze minus Fuß“**

Parallelität

Zwei Vektoren $\vec{a}$ und $\vec{b}$ sind genau dann parallel ($\vec{a} \,||\, \vec{b}$), wenn es $\lambda \in \mathrm{IR}$ gibt mit der Eigenschaft: $\vec{a} = \lambda\vec{b} \iff \begin{cases} a_1 = \lambda b_1 \\ a_2 = \lambda b_2 \\ a_3 = \lambda b_3 \end{cases}$

Beispiel

Gegeben sind die Vektoren $\vec{a} = \begin{pmatrix} \alpha \\ -2 \\ 1 \end{pmatrix}$, $\vec{b} = \begin{pmatrix} 4 \\ 8 \\ \beta \end{pmatrix}$, $\alpha, \beta \in \mathrm{IR}$. Bestimmen Sie α und β so, dass $\vec{a} \,||\, \vec{b}$.

Es muss $\lambda \in \mathrm{IR}$ so gesucht werden, dass die folgenden drei Gleichungen gelten:

$$\left.\begin{array}{ll} \text{I} \ \ \alpha = 4\lambda & \\ \text{II} \ -2 = 8\lambda \ \Rightarrow \ \lambda = -\frac{1}{4} & \\ \text{III} \ 1 = \beta\lambda & \end{array}\right\} \begin{array}{l} \Rightarrow \alpha = -1 \\ \\ \Rightarrow \beta = -4 \end{array}$$

$\Rightarrow$ Für $\vec{a} = \begin{pmatrix} -1 \\ -2 \\ 1 \end{pmatrix}$, $\vec{b} = \begin{pmatrix} 4 \\ 8 \\ -4 \end{pmatrix}$ gilt $\vec{a} = -\frac{1}{4}\vec{b}$.

Länge eines Vektors

Durch die zweimalige Anwendung des Satzes von Pythagoras erhält man für die Länge eines Vektors $\vec{a} = \begin{pmatrix} a_1 \\ a_2 \\ a_3 \end{pmatrix}$:

$|\vec{a}| = \sqrt{{a_1}^2 + {a_2}^2 + {a_3}^2}$ (siehe Zeichnung zu Beginn von Kapitel 1.5)

Beispiel

$$\vec{a} = \begin{pmatrix} 1 \\ 4 \\ 8 \end{pmatrix} \Rightarrow |\vec{a}| = \sqrt{1^2 + 4^2 + 8^2} = \sqrt{81} = 9$$

Definition: Eine **Basis eines Vektorraumes V** ist eine Menge von linear unabhängigen Vektoren, die den ganzen Vektorraum erzeugen, d. h., dass sich jeder Vektor als Linearkombination der Basisvektoren schreiben lässt.
Die Anzahl dieser **Basisvektoren** ist nur von dem Vektorraum V abhängig und heißt **Dimension des Vektorraumes**.

Beispiele

1. Eine Basis des IR^3 sind die drei Vektoren $\vec{e}_1 = \begin{pmatrix} 1 \\ 0 \\ 0 \end{pmatrix}$, $\vec{e}_2 = \begin{pmatrix} 0 \\ 1 \\ 0 \end{pmatrix}$ und $\vec{e}_3 = \begin{pmatrix} 0 \\ 0 \\ 1 \end{pmatrix}$.

   Beweis:
   Die Vektoren sind linear unabhängig, denn aus $\lambda_1\vec{e}_1 + \lambda_2 e_2 + \lambda_3\vec{e}_3 = \vec{0}$ folgt

$$\lambda_1\begin{pmatrix} 1 \\ 0 \\ 0 \end{pmatrix} + \lambda_2\begin{pmatrix} 0 \\ 1 \\ 0 \end{pmatrix} + \lambda_3\begin{pmatrix} 0 \\ 0 \\ 1 \end{pmatrix} = \begin{pmatrix} 0 \\ 0 \\ 0 \end{pmatrix} \Rightarrow \begin{pmatrix} \lambda_1 \\ 0 \\ 0 \end{pmatrix} + \begin{pmatrix} 0 \\ \lambda_2 \\ 0 \end{pmatrix} + \begin{pmatrix} 0 \\ 0 \\ \lambda_3 \end{pmatrix} = \begin{pmatrix} 0 \\ 0 \\ 0 \end{pmatrix}$$

   $\Rightarrow \lambda_1 = \lambda_2 = \lambda_3 = 0$.
   Außerdem lässt sich jeder Vektor $\vec{a}$ als Linearkombination schreiben:
   $\vec{a} = a_1\vec{e}_1 + a_2\vec{e}_2 + a_3\vec{e}_3$. Der IR^3 hat also die Dimension 3.

2. Eine andere Basis des IR^3 bilden die Vektoren $\vec{c}_1 = \begin{pmatrix} 1 \\ 1 \\ 0 \end{pmatrix}$, $\vec{c}_2 = \begin{pmatrix} 0 \\ 1 \\ 1 \end{pmatrix}$ und $\vec{c}_3 = \begin{pmatrix} 1 \\ 0 \\ 1 \end{pmatrix}$.

   Die Vektoren sind linear unabhängig, denn aus $\lambda_1\vec{c}_1 + \lambda_2\vec{c}_2 + \lambda_3\vec{c}_3 = \vec{0}$ folgt:

$$\lambda_1\begin{pmatrix} 1 \\ 1 \\ 0 \end{pmatrix} + \lambda_2\begin{pmatrix} 0 \\ 1 \\ 1 \end{pmatrix} + \lambda_3\begin{pmatrix} 1 \\ 0 \\ 1 \end{pmatrix} = \begin{pmatrix} 0 \\ 0 \\ 0 \end{pmatrix} \Rightarrow \begin{pmatrix} \lambda_1 \\ \lambda_1 \\ 0 \end{pmatrix} + \begin{pmatrix} 0 \\ \lambda_2 \\ \lambda_2 \end{pmatrix} + \begin{pmatrix} \lambda_3 \\ 0 \\ \lambda_3 \end{pmatrix} = \begin{pmatrix} 0 \\ 0 \\ 0 \end{pmatrix}$$

$$\Rightarrow \begin{cases} \text{I} & \lambda_1 \quad\quad + \lambda_3 = 0 \\ \text{II} & \lambda_1 + \lambda_2 \quad\quad = 0 \\ \text{III} & \quad\quad \lambda_2 + \lambda_3 = 0 \end{cases} \qquad \begin{array}{rl} \text{I} - \text{II}: & -\lambda_2 + \lambda_3 = 0 \\ + \text{III}: & \lambda_2 + \lambda_3 = 0 \\ \hline & 2\lambda_3 = 0 \Rightarrow \lambda_3 = 0 \end{array}$$

$\Rightarrow \lambda_2 = \lambda_1 = 0$, also sind die Vektoren linear unabhängig.

Außerdem lässt sich jeder Vektor $\vec{a} = \begin{pmatrix} a_1 \\ a_2 \\ a_3 \end{pmatrix}$ als Linearkombination von $\vec{c}_1, \vec{c}_2$ und $\vec{c}_3$ schreiben, da man die ursprüngliche Basis $\vec{e}_1, \vec{e}_2$ und $\vec{e}_3$ darstellen kann:

$\vec{e}_1 = \frac{1}{2}\vec{c}_1 - \frac{1}{2}\vec{c}_2 + \frac{1}{2}\vec{c}_3$; $\vec{e}_2 = \frac{1}{2}\vec{c}_1 + \frac{1}{2}\vec{c}_2 - \frac{1}{2}\vec{c}_3$ und $\vec{e}_3 = -\frac{1}{2}\vec{c}_1 + \frac{1}{2}\vec{c}_2 + \frac{1}{2}\vec{c}_3$.

(Nachrechnen als Übungsaufgabe! Siehe Aufgaben zu 1.5)

Für den Vektor $\vec{a}$ folgt daher:

$$\vec{a} = a_1\vec{e}_1 + a_2\vec{e}_2 + a_3\vec{e}_3 =$$

$$= a_1\left(\frac{1}{2}\vec{c}_1 - \frac{1}{2}\vec{c}_2 + \frac{1}{2}\vec{c}_3 \right) + a_2\left(\frac{1}{2}\vec{c}_1 + \frac{1}{2}\vec{c}_2 - \frac{1}{2}\vec{c}_3 \right)$$

$$+ a_3\left(-\frac{1}{2}\vec{c}_1 + \frac{1}{2}\vec{c}_2 + \frac{1}{2}\vec{c}_3 \right) =$$

$$= \left(\frac{1}{2}a_1 + \frac{1}{2}a_2 - \frac{1}{2}a_3 \right)\vec{c}_1 + \left(-\frac{1}{2}a_1 + \frac{1}{2}a_2 + \frac{1}{2}a_3 \right)\vec{c}_2$$

$$+ \left(\frac{1}{2}a_1 - \frac{1}{2}a_2 + \frac{1}{2}a_3 \right)\vec{c}_3$$

Bemerkung:
Jeder Vektor eines Vektorraumes hat bezüglich einer Basis eine eindeutige Darstellung, bei einem Wechsel der Basis wechselt auch diese Darstellung (siehe Beispiel oben!).

3. Der $\mathbb{R}^2$ ist ein zweidimensionaler Vektorraum. Eine Basis bilden die zwei linear unabhängigen Vektoren $\vec{e}_1 = \begin{pmatrix} 1 \\ 0 \end{pmatrix}$ und $\vec{e}_2 = \begin{pmatrix} 0 \\ 1 \end{pmatrix}$.
   Der Beweis verläuft ähnlich wie in Beispiel 2.

4. Ein weiteres Beispiel für einen dreidimensionalen Vektorraum bilden die Polynomfunktionen vom Grad ≤ 2.
   Eine Basis erhält man mit den Polynomen $p_1(x) = 1$; $p_2(x) = x$ und $p_3(x) = x^2$.

   Beweis:
   Die Polynomfunktionen bilden einen Vektorraum mit der Addition von Funktionen und der Multiplikation mit reellen Zahlen.
   p_1, p_2 und p_3 sind linear unabhängig, denn aus $\lambda_1 p_1 + \lambda_2 p_2 + \lambda_3 p_3 = 0$ folgt
   $$\lambda_1 + \lambda_2 x + \lambda_3 x^2 = 0.$$
   Durch Einsetzen von $x = 0$, $x = 1$ und $x = -1$ erhält man drei Gleichungen:

$$\Rightarrow \begin{cases} \text{I} \quad \lambda_1 = 0 \\ \text{II} \quad \lambda_2 + \lambda_3 = 0 \\ \text{III} \quad -\lambda_2 + \lambda_3 = 0 \Rightarrow \text{II} + \text{III}: 2\lambda_3 = 0 \Rightarrow \lambda_3 = 0 \Rightarrow \lambda_2 = 0 \end{cases}$$

Jedes beliebige Polynom $a_2x^2 + a_1x + a_0$ lässt sich als Linearkombination der drei Basispolynome p_1, p_2 und p_3 schreiben:

$a_2x^2 + a_1x + a_0 = a_2p_3 + a_1p_2 + a_0p_1.$

5. Ein weiteres Beispiel ist der Vektorraum der 2 x 2 – Matrizen $\begin{pmatrix} a_{11} & a_{12} \\ a_{21} & a_{22} \end{pmatrix}$, wobei $a_{ij} \in \mathrm{IR}$. Die Addition erfolgt komponentenweise, ebenfalls die Multiplikation mit reellen Zahlen. Durch Nachrechnen kann man zeigen, dass alle Eigenschaften eines Vektorraumes erfüllt sind.

   Eine Basis sind die vier Matrizen $\begin{pmatrix} 1 & 0 \\ 0 & 0 \end{pmatrix}$, $\begin{pmatrix} 0 & 1 \\ 0 & 0 \end{pmatrix}$, $\begin{pmatrix} 0 & 0 \\ 1 & 0 \end{pmatrix}$ und $\begin{pmatrix} 0 & 0 \\ 0 & 1 \end{pmatrix}$

   (siehe Aufgabe 5 zu 1.5 und Kapitel 3.1).

6. Ein Beispiel für einen Vektorraum der Dimension $n, n \in \mathrm{IN}$ ist auch der Vektorraum V der n – Tupel, $\mathrm{V} = \{(a_1; a_2; ...; a_n),\ a_i \in \mathrm{IR}\}$.

   Für $n = 2$ oder $n = 3$ erhält man den gewohnten Raum IR^2 oder IR^3.
   Die Addition verläuft wieder komponentenweise, die Multiplikation mit reellen Zahlen ebenfalls.
   Eine Basis bilden die n Elemente $(1; 0; ... ; 0)$; $(0; 1; 0; ... ; 0)$; ... ; $(0; ... ; 0; 1)$.

Aufgaben zu 1.5

1. Gegeben sind die Punkte $A(1; 2; 4)$.und $B(4; 6; 4)$. Zeichnen Sie die folgenden Vektoren in ein kartesisches Koordinatensystem:

   $\overrightarrow{0A}, \overrightarrow{0B}, \overrightarrow{AB}, \frac{1}{2}\left(\overrightarrow{0A} + \overrightarrow{0B}\right), 2\,\overrightarrow{0A}, 2\,\overrightarrow{0B}.$

2. Untersuchen Sie , ob es α und $\beta \in \mathrm{IR}$ so gibt, dass die Vektoren $\vec{a}$ und $\vec{b}$ parallel sind

   a) $\vec{a} = \begin{pmatrix} 3 \\ \alpha \\ -1 \end{pmatrix}$, $\vec{b} = \begin{pmatrix} 2 \\ 3 \\ \beta \end{pmatrix}$ b) $\vec{a} = \begin{pmatrix} -4 \\ 1 \\ -\alpha \end{pmatrix}$, $\vec{b} = \begin{pmatrix} 2 \\ 2 \\ \beta \end{pmatrix}$

   c) $\vec{a} = \begin{pmatrix} \alpha \\ 2\alpha \\ 4 \end{pmatrix}$, $\vec{b} = \begin{pmatrix} -1 \\ -1 \\ \beta \end{pmatrix}$ d) $\vec{a} = \begin{pmatrix} \alpha \\ 1 \\ 3\alpha \end{pmatrix}$, $\vec{b} = \begin{pmatrix} -2 \\ \beta \\ -6 \end{pmatrix}$

3. Berechnen Sie die Länge der folgenden Vektoren:

a) $\vec{a} = \begin{pmatrix} 3 \\ 4 \\ 12 \end{pmatrix}$ b) $\vec{b} = \begin{pmatrix} 2 \\ 1 \\ -2 \end{pmatrix}$

c) $\vec{c} = \begin{pmatrix} -2 \\ 10 \\ 11 \end{pmatrix}$ d) $\vec{d} = \begin{pmatrix} 6 \\ -6 \\ 7 \end{pmatrix}$

4. Bestimmen Sie die fehlenden Koordinaten so, dass der Vektor die angegebene Länge hat

a) $\vec{a} = \begin{pmatrix} a_1 \\ -8 \\ 4 \end{pmatrix}, \left| \vec{a} \right| = 9$ b) $\vec{b} = \begin{pmatrix} 2 \\ b_2 \\ 6 \end{pmatrix}, \left| \vec{b} \right| = 11$ c) $\vec{c} = \begin{pmatrix} -2 \\ 10 \\ c_3 \end{pmatrix}, \left| \vec{c} \right| = 15$

5. Zeigen Sie, dass die in Beispiel 5 erwähnten 2 x 2-Matrizen einen Vektorraum mit der angegebenen Basis bilden.

6. Zeigen Sie, dass die Polynomfunktionen $q_1(x) = x^2 + x + 1$, $q_2(x) = x + 1$ und $q_3(x) = x^2 + x$ eine Basis des Vektorraums der Polynomfunktionen vom Grad ≤ 2 darstellen.

1.6 Das Teilverhältnis

Aus der Geometrie der Dreiecke kennt man die Aussage, dass der Schwerpunkt eines Dreiecks die Seitenhalbierenden im Verhältnis 2:1 teilt. (siehe auch Beispiel 3 in Kapitel 1.4). Ein Punkt teilt also eine Strecke $[AB]$, wenn er auf der Strecke liegt.

Das ergibt folgendes Bild:

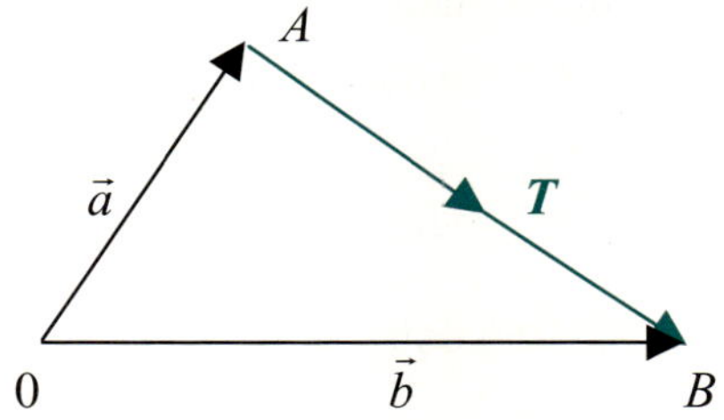

Drückt man diesen Sachverhalt durch Vektoren aus, so sind $\overrightarrow{AT}$ und $\overrightarrow{TB}$ parallele Vektoren, d.h. $\overrightarrow{AT} = \lambda \overrightarrow{TB}$. Wenn T die Strecke $[AB]$ im Verhältnis 2:1 teilt, ist also $\overrightarrow{AT} = 2\,\overrightarrow{TB}$.

Was bedeutet es nun, wenn man in der Gleichung $\overrightarrow{AT} = \lambda\overrightarrow{TB}$ für λ auch negative Zahlen zulässt? Das negative Vorzeichen bewirkt, dass $\overrightarrow{AT}$ und $\overrightarrow{TB}$ entgegengesetzt gerichtet sind. T liegt auf der Geraden durch A und B, aber nicht zwischen A und B. Für $\overrightarrow{AT} = -\frac{1}{3}\overrightarrow{TB}$ sieht das so aus:

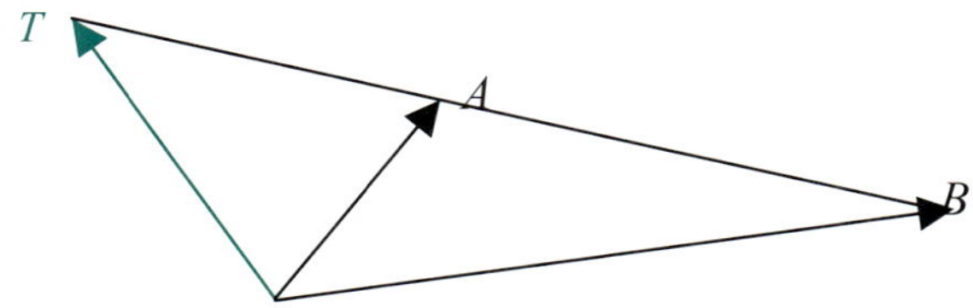

Definition: Gegeben sind zwei Punkte A und B.
Der Punkt T **teilt die Strecke** $[AB]$ **im Verhältnis** λ genau dann, wenn

$$\overrightarrow{AT} = \lambda\overrightarrow{TB}.$$

Die Zahl $\lambda \in \mathrm{IR}$ heißt **Teilverhältnis.**
***T* ist innerer Teilpunkt** $\Leftrightarrow \lambda > 0$
***T* ist äußerer Teilpunkt** $\Leftrightarrow \lambda < 0$.

Beispiele

1. Der Mittelpunkt M einer Strecke $[AB]$ teilt die Strecke im Verhältnis $\lambda = 1$ (Man sagt in der Umgangssprache auch im Verhältnis 1:1), denn $\overrightarrow{AM} = 1 \cdot \overrightarrow{MB}$

2. Gegeben sind die Punkte $A(-1;\, 0;\, -1)$ und $B\,(5;\, 3;\, 8)$. In welchem Verhältnis teilt der Punkt $T(1;\, 1;\, 2)$ die Strecke $[AB]$?
Es ist die Gleichung $\overrightarrow{AT} = \lambda\overrightarrow{TB}$ nach λ aufzulösen, d. h. $\vec{t} - \vec{a} = \lambda(\vec{b} - \vec{t})$

$$\Rightarrow \begin{pmatrix} 2 \\ 1 \\ 3 \end{pmatrix} = \lambda \begin{pmatrix} 4 \\ 2 \\ 6 \end{pmatrix} \Rightarrow \begin{array}{ll} \text{I} & 2 = 4\lambda \Rightarrow \lambda = \frac{1}{2} \\ \text{II} & 1 = 2\lambda \Rightarrow \lambda = \frac{1}{2} \\ \text{III} & 3 = 6\lambda \Rightarrow \lambda = \frac{1}{2} \end{array}$$

$\lambda = \frac{1}{2}$ löst also alle drei Gleichungen, deshalb teilt T die Strecke $[AB]$ im Verhältnis $\lambda = \frac{1}{2}$ oder in der Umgangssprache im Verhältnis 1:2.

Falls nicht alle drei Gleichungen dieselbe Lösung haben, bedeutet das, dass die Punkte A, B und C nicht auf einer Geraden liegen, T **also kein Teilpunkt ist.**

Wichtig: Da durch einen Vektor nicht geteilt werden kann, muss ein lineares Gleichungssystem gelöst werden.

Die Gleichung $\overrightarrow{AT} = \lambda \overrightarrow{TB}$ lässt sich durch die Ortsvektoren der drei Punkte beschreiben und nach $\vec{t}$ auflösen:

$$\vec{t} - \vec{a} = \lambda\left(\vec{b} - \vec{t}\right) \Leftrightarrow (1+\lambda)\vec{t} = \vec{a} - \lambda\vec{b}$$

$$\Leftrightarrow \quad \vec{t} = \frac{1}{1+\lambda}\left(\vec{a} + \lambda\vec{b}\right), \ \lambda \neq -1.$$

Folgerung

Sind die Punkte A und B und das Teilverhältnis λ gegeben, so erhält man den **Ortsvektor** $\vec{t}$ des Punktes T durch die folgende Gleichung

$$\vec{t} = \frac{1}{1+\lambda}\left(\vec{a} + \lambda\vec{b}\right), \lambda \neq 1.$$

Einen Punkt mit dem Teilverhältnis $\lambda = -1$ kann es nicht geben, in diesem Fall ist A gleich B.

Beispiele

1. Der **Mittelpunkt M einer Strecke** $[AB]$ teilt die Strecke im Verhältnis $\lambda = 1$, er hat daher den Ortsvektor $\vec{m} = \frac{1}{2}\left(\vec{a} + \vec{b}\right)$.

2. Für den Schwerpunkt S eines Dreiecks ABC erhält man den Ortsvektor

$$\vec{s} = \frac{1}{3}\left(\vec{a} + \vec{b} + \vec{c}\right).$$

Beweis:
Aus der Elementargeometrie weiß man, dass der Schwerpunkt S eines Dreiecks die Seitenhalbierenden im Verhältnis 2:1 teilt (siehe auch Kapitel 1.4).

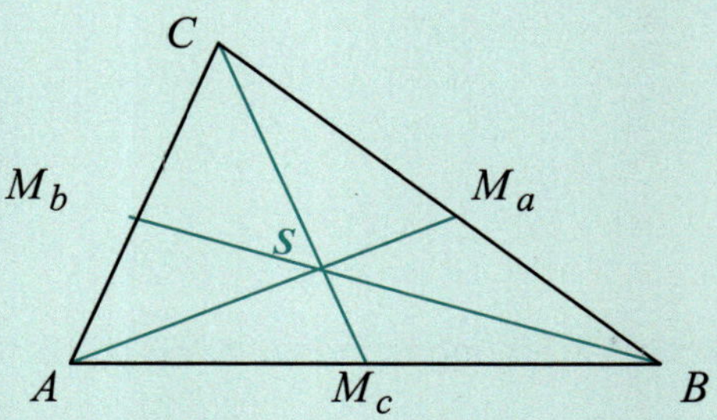

S teilt also die Strecke $[AM]$ im Verhältnis $\lambda = 2$.
Nach Beispiel 1 hat der Mittelpunkt M der Strecke $[BC]$ den Ortsvektor $\vec{m} = \frac{1}{2}\left(\vec{b} + \vec{c}\right)$. Damit folgt für den Ortsvektor $\vec{s}$:

$$\vec{s} = \frac{1}{1+2}(\vec{a} + 2\vec{m}) = \frac{1}{3}\left(\vec{a} + 2\frac{1}{2}\left(\vec{b} + \vec{c}\right)\right) = \frac{1}{3}\left(\vec{a} + \vec{b} + \vec{c}\right).$$

3. Gegeben sind die Punkte $A\,(2;-1;4)$ und $B\,(-4;2;1)$. Gesucht ist der Punkt T, der die Strecke $[AB]$ im Verhältnis 2:1 teilt.
Nach der Folgerung hat T den Ortsvektor

$$\vec{t}=\frac{1}{1+2}\left(\begin{pmatrix}2\\-1\\4\end{pmatrix}+2\begin{pmatrix}-4\\2\\1\end{pmatrix}\right)=\frac{1}{3}\begin{pmatrix}-6\\3\\6\end{pmatrix}=\begin{pmatrix}-2\\1\\2\end{pmatrix}.$$

Daher ist der Punkt $T\,(-2;1;2)$ innerer Teilpunkt der Strecke $[AB]$ und teilt diese Im Verhältnis $\lambda=2$.

Hat man vier Punkte A, B, S und T mit der Eigenschaft, dass S die Strecke $[AB]$ im Verhältnis λ und T die Strecke im Verhältnis $-\lambda$ teilt, dann sagt man S und T **teilen die Strecke harmonisch**.

Beispiel

Zu den Punkten A, B und T in Beispiel 3 soll ein vierter Punkt S so gesucht werden, dass S und T die Strecke $[AB]$ harmonisch teilen.
Wie oben berechnet wurde, teilt T die Strecke $[AB]$ im Verhältnis $\lambda=2$, daher muss S die Strecke im Verhältnis $\lambda=-2$ teilen. Für den Ortsvektor von S gilt daher

$$\vec{s}=\frac{1}{1-2}\left(\begin{pmatrix}2\\-1\\4\end{pmatrix}-2\begin{pmatrix}-4\\2\\1\end{pmatrix}\right)=\begin{pmatrix}-10\\5\\-2\end{pmatrix}\Rightarrow S\,(-10;5;-2).$$

Aufgaben zu 1.6

1. Berechnen Sie das Verhältnis, in dem T die Strecke $[AB]$ teilt:
   a) $A(-2;-1;4), B(10;8;-5), T(2;2;1)$ b) $A(-2;0;1)$, $B(0;2;4)$, $T(2;4;7)$
   c) $A(2;0;-3), B(5;2;0), T(8;4;3)$ d) $A(5;6;7)$, $B(9;18;11)$, $T(6;9;8)$

2. Berechnen Sie das Verhältnis, in dem T die Strecke $[AB]$ teilt und die fehlenden Koordinaten:
   a) $A(2;-1;a_3), B(8;1;9), T(t_1;0;5)$ b) $A(4;4;1), B(-1;b_2;-1)$; $T(14;8;t_3)$
   c) $A(6;a_2;1), B(b_1;9;8), T(5;3;5)$ d) $A(-2;2;a_3), B(3;b_2;1), T(2;-2;-1)$

3. Gegeben sind die Punkte $A(7;14;10)$ und $B(19;38;22)$. Berechnen Sie die Koordinaten der Teilpunkte T_i, $i=1,2,3,4,5$ so, dass T_i die Strecke $[AB]$ im angegebenen Verhältnis λ_i teilt:
   $\lambda_1=2$; $\lambda_2=-2$, $\lambda_3=3$; $\lambda_4=\frac{1}{2}$; $\lambda_5=-\frac{1}{3}$

4. Berechnen Sie die Teilpunkte T_1, T_2 und T_3 so, dass sie die Strecke $[AB]$ mit $A($ $A(5;6;-13), B(1;2;-1)$ in vier gleiche Teile teilen.

5 Gegeben sind die Punkte A, B und T. Berechnen Sie einen vierten Punkt S so, dass T .und S die Strecke $[AB]$ harmonisch teilen.
a) $A(14;\ 1;\ 5), B(6;\ 5,\ 1), T(12;\ 2;\ 4)$
b) $A(19;\ 2;-12), \ B(4;\ 2;\ 3), \ T(7;\ 2;\ 0)$
c) $A(-4;\ 8;-8), B(2;\ 11,\ 1), T(8;\ 14;\ 10)$
d) $A(-7;\ 7;-4), B(5;\ 3;\ 4), T(-13;\ 9;-8)$

6. Berechnen Sie den Schwerpunkt S des Dreiecks ABC:
a) $A(4;\ 1;\ 7), B(-1;\ 2,\ 6), C(3;\ -6;\ 2)$ b) $A(7;\ -1;\ 2), B(4;\ 2,\ -1), C(1;\ -4;\ 2)$

7. Berechnen Sie aus den Eckpunkten A und B und dem Schwerpunkt S des Dreiecks ABC den Eckpunkt C:
a) $A(3;\ 1;\ 4), B(-2;\ 2,\ 6), S(1;\ 3;\ 3)$ b) $A(-1;1;-2), B(4;\ 2,\ 2), S(-1;\ 2;\ 3)$

8. Gegeben sind die Punkte $T(1;\ -2;\ 7)$ und $S(0;-6;1)$. Die Strecke $[AB]$ wird von T im Verhältnis 1:4 geteilt und von S im Verhältnis 2:3.
Berechnen Sie die Koordinaten der Punkte A und B.

1.7 Zusammenfassung

Nach dem Durcharbeiten dieses Kapitels sollten Ihnen die folgenden Aussagen und Definitionen geläufig sein:

Was ist ein **Vektor** im zwei- oder dreidimensionalen Raum?
Wie ist die Addition erklärt und welche Eigenschaften hat sie?
Wie ist die Multiplikation mit reellen Zahlen erklärt und welche Eigenschaften hat sie?
Was ist ein **Vektorraum** über IR ?

Die lineare Unabhängigkeit:
Es gilt für n Vektoren $\vec{a}_1, \vec{a}_2, ..., \vec{a}_n$:

$\vec{a}_1, \vec{a}_2, ..., \vec{a}_n$ **linear unabhängig** $\Leftrightarrow$ $\lambda_1\vec{a}_1 + \lambda_2\vec{a}_2 + ... + \lambda_n\vec{a}_n = \vec{0}$ ist nur möglich, wenn $\lambda_1 = \lambda_2 = ... = \lambda_n = 0$

Im anderen Fall heißen die Vektoren **linear abhängig**.

Wie rechnet man mit **Vektoren im Koordinatensystem**?

Beschreiben Sie die Begriffe **Basis** und **Dimension** eines Vektorraumes.

Kapitel 2

Produkte von Vektoren

2.1 Das Skalarprodukt

Will man die Arbeit berechnen, die bei Einwirkung einer konstanten Kraft $\vec{F}$ auf einen Körper bei Zurücklegen des Wegs $\vec{s}$ verrichtet wird, so kommt es auf die Beträge der beiden Vektoren $\vec{F}$ und $\vec{s}$ und auf den Winkel α zwischen ihnen an: $W = |\vec{F}||\vec{s}|\cos\alpha$. Die Arbeit ist eine skalare Größe, eine reelle Zahl, die mit der Einheit Joule versehen wird.

Man sucht daher eine Vorschrift, die je zwei Vektoren aus dem Vektorraum IR^2 oder IR^3 eindeutig eine reelle Zahl so zuordnet, dass das Kommutativgesetz, das Distributivgesetz und eine Art von Assoziativgesetz gelten. In Komponentendarstellung erfüllt die folgende Definition diese Anforderung.

Definition: Für zwei Vektoren $\vec{a} = \begin{pmatrix} a_1 \\ a_2 \\ a_3 \end{pmatrix}$ und $\vec{b} = \begin{pmatrix} b_1 \\ b_2 \\ b_3 \end{pmatrix}$ heißt

$$\vec{a}\vec{b} = a_1 b_1 + a_2 b_2 + a_3 b_3$$

das **Skalarprodukt** der Vektoren $\vec{a}$ und $\vec{b}$,

$\vec{a}\vec{b}$ ist eine reelle Zahl.

Stehen zwei Vektoren also ohne Zeichen nebeneinander, so soll ihr Skalarprodukt gebildet werden.

Beispiel

$$\begin{pmatrix} 1 \\ 2 \\ 3 \end{pmatrix}\begin{pmatrix} 2 \\ 1 \\ -1 \end{pmatrix} = 1 \cdot 2 + 2 \cdot 1 + 3 \cdot (-1) = 1$$

Eigenschaften des Skalarprodukts

Für alle $\vec{a}, \vec{b}, \vec{c} \in \mathrm{IR}^3$, $\lambda \in \mathrm{IR}$ gilt

$\vec{a}\vec{b} = \vec{b}\vec{a}$ **Kommutativgesetz**

$\vec{a}(\vec{b} + \vec{c}) = \vec{a}\vec{b} + \vec{a}\vec{c}$ **Distributivgesetz**

$\lambda(\vec{a}\vec{b}) = (\lambda\vec{a})\vec{b}$ **gemischtes Assoziativgesetz**

Multipliziert man einen Vektor $\vec{a}$ mit sich selbst, so erhält man

$\vec{a}^2 = \vec{a}\vec{a} = a_1^2 + a_2^2 + a_3^2$. Da $|\vec{a}| = \sqrt{a_1^2 + a_2^2 + a_3^2}$ erhält man für die

Länge des Vektors $|\vec{a}| = \sqrt{\vec{a}^2} \Rightarrow |\vec{a}|^2 = \vec{a}^2$.

Für die **Länge einer Strecke** $[AB]$ gilt: $\overline{AB} = |\vec{b} - \vec{a}| = \sqrt{(\vec{b} - \vec{a})^2} = |\overrightarrow{AB}|$.

Um die Winkel zwischen zwei Vektoren zu berechnen, lässt sich der folgende Satz verwenden.

Satz: Sind $\vec{a} \neq \vec{0}$ und $\vec{b} \neq \vec{0}$ zwei Vektoren, so gilt für den Winkel α zwischen $\vec{a}$ und $\vec{b}$

$$\cos \alpha = \frac{\vec{a}\vec{b}}{|\vec{a}||\vec{b}|}, \quad 0^\circ \leq \alpha \leq 180^\circ$$

Beweis:

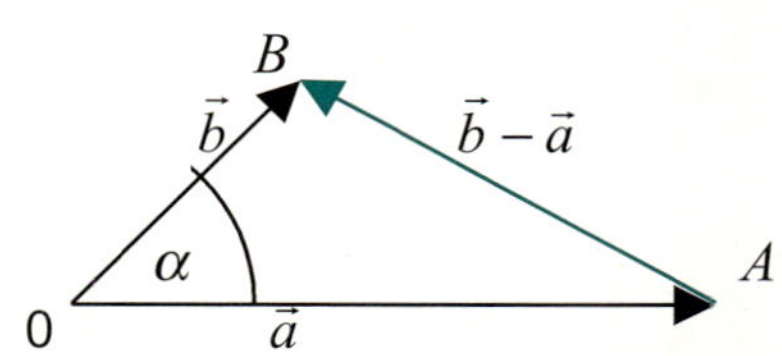

Nach dem allgemeinen Kosinussatz für das Dreieck OAB erhält man

$$\begin{aligned}
\left|\vec{b}-\vec{a}\right|^2 &= \left|\vec{a}\right|^2+\left|\vec{b}\right|^2-2\left|\vec{a}\right|\left|\vec{b}\right|\cos\alpha \\
\left(\vec{b}-\vec{a}\right)^2 &= \vec{a}^2+\vec{b}^2-2\left|\vec{a}\right|\left|\vec{b}\right|\cos\alpha \\
\vec{b}^2-2\vec{a}\vec{b}+\vec{a}^2 &= \vec{a}^2+\vec{b}^2-2\left|\vec{a}\right|\left|\vec{b}\right|\cos\alpha \\
-2\vec{a}\vec{b} &= -2\left|\vec{a}\right|\left|\vec{b}\right|\cos\alpha \\
\cos\alpha &= \frac{\vec{a}\vec{b}}{\left|\vec{a}\right|\left|\vec{b}\right|}.
\end{aligned}$$

Beispiel

Gegeben sind $\vec{a}=\begin{pmatrix}1\\-4\\5\end{pmatrix}$ und $\vec{b}=\begin{pmatrix}-3\\6\\4\end{pmatrix} \Rightarrow$

$$\cos\alpha=\frac{\begin{pmatrix}1\\-4\\5\end{pmatrix}\begin{pmatrix}-3\\6\\4\end{pmatrix}}{\sqrt{1^2+(-4)^2+5^2}\sqrt{(-3)^2+6^2+4^2}}=\frac{-7}{\sqrt{42}\sqrt{61}} \quad \Rightarrow \alpha=97{,}95°.$$

Folgerung: Der obenstehende Satz gibt uns ein Hilfsmittel in die Hand, um schnell festzustellen, ob zwei gegebene Vektoren aufeinander **senkrecht stehen.** Es gilt für $\vec{a},\vec{b}\neq\vec{0}$

$$\boldsymbol{\vec{a}\perp\vec{b} \Leftrightarrow \vec{a}\vec{b}=0}$$

Beweis:

$$\vec{a}\perp\vec{b} \Leftrightarrow \alpha=90° \Leftrightarrow 0=\cos\alpha=\frac{\vec{a}\vec{b}}{\left|\vec{a}\right|\left|\vec{b}\right|} \Leftrightarrow \vec{a}\vec{b}=0.$$

Definition: Zwei Vektoren $\vec{a}$ und $\vec{b}$ heißen **orthogonal,** wenn sie aufeinander senkrecht stehen, d. h., wenn ihr Zwischenwinkel $90°$ beträgt.

Beispiel

$$\vec{a}=\begin{pmatrix}1\\2\\-2\end{pmatrix},\vec{b}=\begin{pmatrix}2\\1\\2\end{pmatrix} \Rightarrow \vec{a}\vec{b}=\begin{pmatrix}1\\2\\-2\end{pmatrix}\begin{pmatrix}2\\1\\2\end{pmatrix}=2+2-4=0 \Rightarrow \vec{a}\perp\vec{b},$$

$\vec{a}$ und $\vec{b}$ sind orthogonal.

Flächenberechnungen

Mithilfe der Winkel lässt sich für ein gegebenes Parallelogramm oder Dreieck die Fläche berechnen.

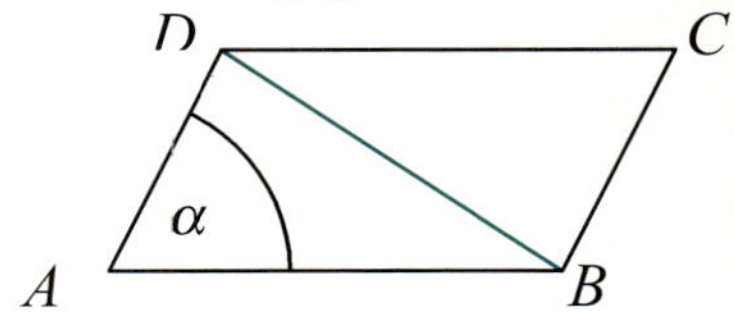

Für die **Dreiecksfläche** ist bekannt: $\mathrm{A}=\frac{1}{2}\left|\overrightarrow{AB}\right|\left|\overrightarrow{AD}\right|\sin\alpha$.

Für die **Fläche** des **Parallelogramms** gilt: $\mathrm{A}=\left|\overrightarrow{AB}\right|\left|\overrightarrow{AD}\right|\sin\alpha$

Beispiel

Gegeben sind die Punkte $A(2;0;1)$, $B(-1;3;2)$ und $D(1;-1;0)$. Es soll die Fläche des Dreiecks ABD berechnet werden. Zunächst berechnet man die Vektoren $\overrightarrow{AB}$ und $\overrightarrow{AD}$: $\overrightarrow{AB}=\begin{pmatrix}-1\\3\\2\end{pmatrix}-\begin{pmatrix}2\\0\\1\end{pmatrix}=\begin{pmatrix}-3\\3\\1\end{pmatrix}$, $\overrightarrow{AD}=\begin{pmatrix}1\\-1\\0\end{pmatrix}-\begin{pmatrix}2\\0\\1\end{pmatrix}=\begin{pmatrix}-1\\-1\\-1\end{pmatrix}$.

Daraus folgt für den Winkel α zwischen $\overrightarrow{AB}$ und $\overrightarrow{AD}$:

$$\cos\alpha=\frac{\begin{pmatrix}-3\\3\\1\end{pmatrix}\begin{pmatrix}-1\\-1\\-1\end{pmatrix}}{\sqrt{19}\sqrt{3}}=\frac{-1}{\sqrt{57}}\quad\Rightarrow\quad\alpha\approx 97{,}61^\circ.$$

Für die Dreiecksfläche ergibt sich dann $\mathrm{A}=\frac{1}{2}\sqrt{19}\sqrt{3}\sin 97{,}61^\circ\approx 3{,}74\,(\mathrm{FE})$.

Berechnung der Arbeit

Wie am Anfang des Kapitels erwähnt, findet sich eine weitere Anwendung des Skalarprodukts bei der Berechnung der Arbeit. Diese wird berechnet als das Produkt aus der Kraft in Wegrichtung und dem zurückgelegten Weg.

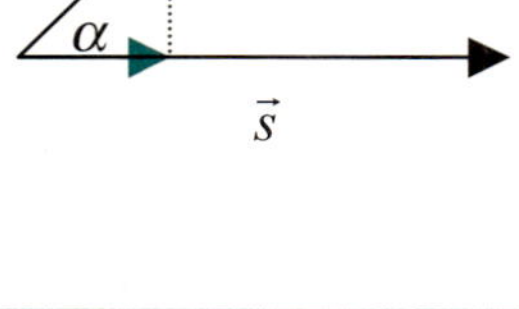

$W=\left|\vec{F}\right|\left|\vec{s}\right|\cos\alpha.$

Die Länge des grünen Vektors beträgt $\left|\vec{F}\right|\cos\alpha.$

Beispiel

1. Der Vektor der wirkenden Kraft ist $\vec{F}=\begin{pmatrix}3\\6\\6\end{pmatrix}\mathrm{N}$, der Weg $\vec{s}=\begin{pmatrix}2\\1\\2\end{pmatrix}\mathrm{m}$. Daher beträgt die verrichtete Arbeit $W=\begin{pmatrix}3\\6\\6\end{pmatrix}\begin{pmatrix}2\\1\\2\end{pmatrix}\mathrm{Nm}=24\mathrm{Nm}=24\mathrm{J}$.

2. Die Kraft $\vec{F}$ hat in jeder der drei Achsenrichtungen des Koordinatensystems eine Komponente von 30 N. Diese wirkt auf einen Körper entlang des unten gezeichneten Weges $\vec{s}$.

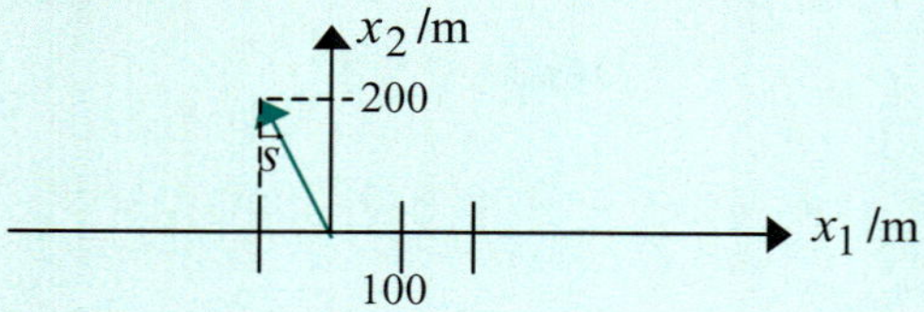

Für den Kraftvektor kann man $\vec{F} = \begin{pmatrix} 30 \\ 30 \\ 30 \end{pmatrix}$ N schreiben, den Weg $\vec{s} = \begin{pmatrix} -100 \\ 200 \\ 0 \end{pmatrix}$ m entnimmt man der Zeichnung. Daher folgt für die verrichtete Arbeit W:

$$W = \begin{pmatrix} 30 \\ 30 \\ 30 \end{pmatrix} \text{N} \cdot \begin{pmatrix} -100 \\ 200 \\ 0 \end{pmatrix} \text{m} = -30 \cdot 100 \text{ Nm} + 30 \cdot 200 \text{Nm} = 3{,}0 \cdot 10^3 \text{ Nm}.$$

Also beträgt die verrichtete Arbeit 3,0 kJ.

Einheitsvektoren

Die drei Vektoren $\vec{e}_1 = \begin{pmatrix} 1 \\ 0 \\ 0 \end{pmatrix}$, $\vec{e}_2 = \begin{pmatrix} 0 \\ 1 \\ 0 \end{pmatrix}$ und $\vec{e}_3 = \begin{pmatrix} 0 \\ 0 \\ 1 \end{pmatrix}$ in Richtung der Koordinatenachsen haben jeweils die Länge 1, $|\vec{e}_1| = |\vec{e}_2| = |\vec{e}_3| = 1$. Man sagt auch, sie sind **normiert.**

Zu einem beliebigen Vektor $\vec{a} \neq \vec{0}$ lässt sich ein Einheitsvektor $\vec{a}^{\,0}$ finden, der die gleiche Richtung hat, nämlich

$$\vec{\boldsymbol{a}}^{\,\mathbf{0}} = \frac{\mathbf{1}}{|\vec{\boldsymbol{a}}|}\vec{\boldsymbol{a}}.$$

Beispiel

$$\vec{a} = \begin{pmatrix} 2 \\ 1 \\ 2 \end{pmatrix} \Rightarrow |\vec{a}| = 3 \Rightarrow \vec{a}^{\,0} = \frac{1}{3}\begin{pmatrix} 2 \\ 1 \\ 2 \end{pmatrix}$$

Winkelhalbierende Vektoren

Zu zwei Vektoren $\vec{a} \neq \vec{0}, \vec{b} \neq \vec{0}$ sucht man Vektoren, die mit beiden den gleichen Winkel bilden. Es gibt unendlich viele Vektoren, die diese Eigenschaft erfüllen. Eine Möglichkeit ist der Vektor

$$\vec{\boldsymbol{w}} = \vec{\boldsymbol{a}}^{\,\mathbf{0}} + \vec{\boldsymbol{b}}^{\,\mathbf{0}}.$$

$\vec{w}$ und alle Vielfachen sind winkelhalbierende Vektoren von $\vec{a}$ und $\vec{b}$

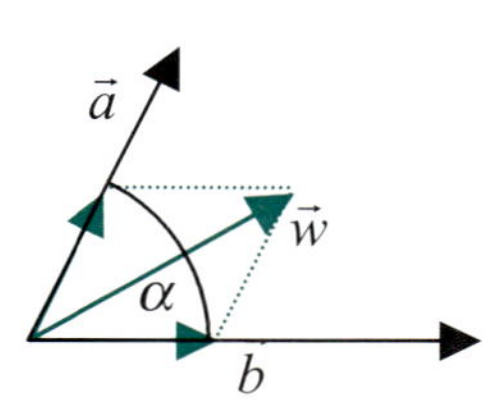

Beispiel

$$\vec{a}=\begin{pmatrix}2\\-2\\1\end{pmatrix},\ \vec{b}=\begin{pmatrix}3\\6\\6\end{pmatrix}\ \Rightarrow\ \vec{a}^{\,0}=\frac{1}{3}\begin{pmatrix}2\\-2\\1\end{pmatrix},\ \vec{b}^{\,0}=\frac{1}{9}\begin{pmatrix}3\\6\\6\end{pmatrix}$$

$$\Rightarrow\ \vec{w}=\frac{1}{3}\begin{pmatrix}2\\-2\\1\end{pmatrix}+\frac{1}{9}\begin{pmatrix}3\\6\\6\end{pmatrix}=\frac{1}{9}\begin{pmatrix}6+3\\-6+6\\3+6\end{pmatrix}=\begin{pmatrix}1\\0\\1\end{pmatrix}.$$ $\vec{w}$ ist ein winkelhalbierender Vektor.

Richtungswinkel

Die Richtungswinkel α_1, α_2 und α_3 eines Vektors $\vec{a} \neq \vec{0}$ sind die **Winkel**, die er **mit den Koordinatenachsen**, d.h. mit den Einheitsvektoren $\vec{e}_1, \vec{e}_2$ und $\vec{e}_3$ bildet. Es gilt:

$$\cos\alpha_1 = \frac{\vec{a}\vec{e}_1}{|\vec{a}\,\|\,\vec{e}_1|} = \frac{a_1}{|\vec{a}|}$$

$$\cos\alpha_2 = \frac{\vec{a}\vec{e}_2}{|\vec{a}\,\|\,\vec{e}_2|} = \frac{a_2}{|\vec{a}|}$$

$$\cos\alpha_3 = \frac{\vec{a}\vec{e}_3}{|\vec{a}\,\|\,\vec{e}_3|} = \frac{a_3}{|\vec{a}|}.$$

Ferner hat man die Beziehung

$$\cos^2\alpha_1 + \cos^2\alpha_2 + \cos^2\alpha_3 = 1.$$

Denn $\left(\frac{a_1}{|\vec{a}|}\right)^2 + \left(\frac{a_2}{|\vec{a}|}\right)^2 + \left(\frac{a_3}{|\vec{a}|}\right)^2 = \frac{a_1{}^2 + a_2{}^2 + a_3{}^2}{|\vec{a}|^2} = \frac{\vec{a}^2}{\vec{a}^2} = 1.$

Beispiel

Gegeben ist der Vektor $\vec{a}=\begin{pmatrix}-4\\0\\4\end{pmatrix} \Rightarrow |\vec{a}| = 4\sqrt{2}$. Damit erhält man für die Richtungswinkel:

$$\cos\alpha_1 = \frac{-4}{4\sqrt{2}} = -\frac{1}{2}\sqrt{2} \Rightarrow \alpha_1 = 135^\circ,\quad \cos\alpha_2 = 0 \Rightarrow \alpha_2 = 90^\circ,$$

$$\cos\alpha_3 = \frac{4}{4\sqrt{2}} = \frac{1}{2}\sqrt{2} \Rightarrow \alpha_3 = 45^\circ$$

Aufgaben zu 2.1

1. Berechnen Sie das Skalarprodukt der folgenden Vektoren:

a) $\begin{pmatrix}3\\5\\-2\end{pmatrix}\begin{pmatrix}-1\\2\\4\end{pmatrix}$ b) $\begin{pmatrix}2\\3\\6\end{pmatrix}\begin{pmatrix}9\\-6\\1\end{pmatrix}$ c) $\begin{pmatrix}-8\\0\\8\end{pmatrix}\begin{pmatrix}2\\2\\-2\end{pmatrix}$

2. Untersuchen Sie, welche der folgenden Vektoren aufeinander senkrecht stehen:

$$\vec{a} = \begin{pmatrix} 4 \\ 6 \\ 2 \end{pmatrix},\ \vec{b} = \begin{pmatrix} 1 \\ -1 \\ 1 \end{pmatrix},\ \vec{c} = \begin{pmatrix} 2 \\ 2 \\ 1 \end{pmatrix},\ \vec{d} = \begin{pmatrix} -4 \\ 0 \\ 8 \end{pmatrix},\ \vec{e} = \begin{pmatrix} -3 \\ 1 \\ 4 \end{pmatrix}$$

3. Bestimmen Sie den Parameter $\lambda \in \mathrm{IR}$ so, dass die Vektoren $\vec{a}$ und $\vec{b}$ aufeinander senkrecht stehen:

a) $\vec{a} = \begin{pmatrix} 2 \\ \lambda \\ -4 \end{pmatrix}, \vec{b} = \begin{pmatrix} 3 \\ 6 \\ 0 \end{pmatrix}$ b) $\vec{a} = \begin{pmatrix} 2\lambda \\ -4 \\ 2 \end{pmatrix}, \vec{b} = \begin{pmatrix} 3 \\ 2 \\ 2 \end{pmatrix}$ c) $\vec{a} = \begin{pmatrix} 5 \\ 2 \\ -1 \end{pmatrix}, \vec{b} = \begin{pmatrix} -2 \\ 3 \\ \lambda \end{pmatrix}$

4. Berechnen Sie den Winkel zwischen den Vektoren $\vec{a}$ und $\vec{b}$:

a) $\vec{a} = \begin{pmatrix} -6 \\ 2 \\ 1 \end{pmatrix}, \vec{b} = \begin{pmatrix} 2 \\ 1 \\ 1 \end{pmatrix}$ b) $\vec{a} = \begin{pmatrix} 4 \\ 0 \\ 1 \end{pmatrix}, \vec{b} = \begin{pmatrix} 3 \\ 2 \\ 8 \end{pmatrix}$ c) $\vec{a} = \begin{pmatrix} 1 \\ 0 \\ 1 \end{pmatrix}, \vec{b} = \begin{pmatrix} 2 \\ -2 \\ 0 \end{pmatrix}$

5. Bestimmen Sie den Parameter $\lambda \in \mathrm{IR}$ so, dass die Vektoren $\vec{a}$ und $\vec{b}$ jeweils den gegebenen Winkel miteinander einschließen:

a) $\vec{a} = \begin{pmatrix} \lambda \\ 0 \\ 2 \end{pmatrix}, \vec{b} = \begin{pmatrix} 4 \\ 4 \\ 0 \end{pmatrix}, \alpha = 60^\circ$ b) $\vec{a} = \begin{pmatrix} 5 \\ \lambda \\ 0 \end{pmatrix}, \vec{b} = \begin{pmatrix} 2 \\ 1 \\ 2 \end{pmatrix}, \alpha = 45^\circ$, jeweils 2 Lösungen.

6. Die Kraft $\vec{F}$ wirkt entlang des Wegs $\vec{s} = \begin{pmatrix} 20 \\ 100 \\ 200 \end{pmatrix}\mathrm{m}$, wobei $\vec{F} = \begin{pmatrix} 10 \\ -20 \\ 30 \end{pmatrix}\mathrm{N}$. Berechnen Sie die Arbeit, die verrichtet wurde!

7. Eine Kraft hat in jeder der drei Koordinatenrichtungen eine Komponente von $50\ \mathrm{N}$. Sie wirkt auf einen Körper, der dabei den nebenstehend eingezeichneten Weg zurücklegt. Berechnen Sie die Arbeit, die dabei verrichtet wird.

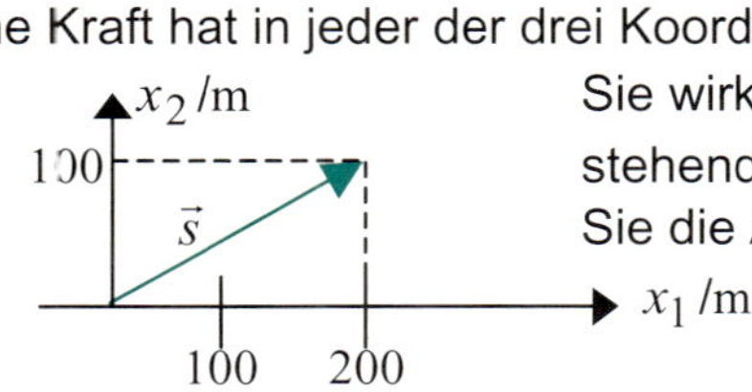

8. Zwei Arbeiter schieben einen auf Rollen gelagerten Wagen über ansteigendes Gelände genau nach Nordosten. Der Höhenunterschied zwischen Ausgangs- und Endpunkt beträgt $150\ \mathrm{m}$. Dabei muss jeder der beiden Arbeiter in Ostrichtung eine Reibungskraft von 80 Newton, in Nordrichtung von 50 Newton zusätzlich überwinden. Auf einer Landkarte sieht der Weg folgendermaßen aus:

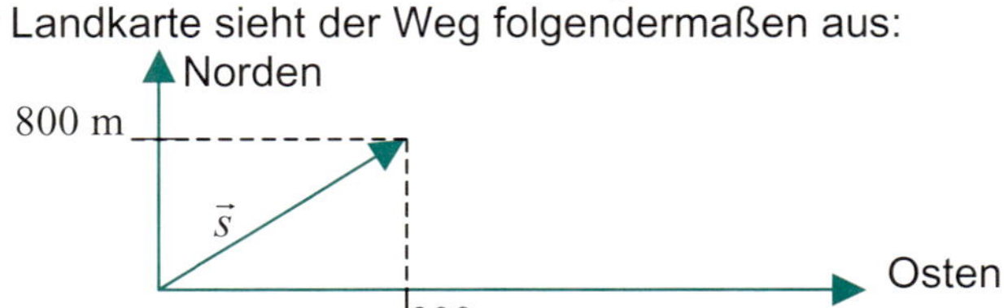

Berechnen Sie mithilfe des Skalarprodukts die Arbeit, die beide leisten.

9. Berechnen Sie die Winkel des Dreiecks ABC:
   a) $A(3;4;2), B(2;2;1)$ und $C(4;5;3)$
   b) $A(-2;5;1), B(2;6;2)$ und $C(6;-1;3)$
   c) $A(7;2;4), B(-1;-2;3)$ und $C(-3;4;1)$

10. Berechnen Sie die Richtungswinkel der folgenden Vektoren:
   $\vec{a} = \begin{pmatrix} 1 \\ 2 \\ -2 \end{pmatrix}, \quad \vec{b} = \begin{pmatrix} 8 \\ 4 \\ 1 \end{pmatrix}, \quad \vec{c} = \begin{pmatrix} -3 \\ 2 \\ 6 \end{pmatrix}$

11. Berechnen Sie die Parameter $\lambda, \mu \in \mathrm{IR}$ so, dass die Richtungswinkel den angegebenen Wert haben:
   a) $\vec{a} = \begin{pmatrix} \lambda \\ -3 \\ 4 \end{pmatrix}, \ \alpha_1 = 45^\circ$, b) $\vec{a} = \begin{pmatrix} \lambda \\ \mu \\ 11 \end{pmatrix}, \cos\alpha_1 = \frac{2}{15}, \cos\alpha_2 = \frac{2}{3}$ und $\cos\alpha_3 = \frac{11}{15}$

2.2 Das Vektorprodukt zweier Vektoren im IR^3

Aus der Physik kennt man die Lorentzkraft, die auf ein sich bewegendes, geladenes Teilchen im Magnetfeld wirkt, man kennt die Dreifingerregel oder das Drehmoment.
In allen diesen Fällen braucht man einen Vektor $\vec{n}$, der auf zwei anderen, vorgegebenen Vektoren senkrecht steht.
Es gibt unendlich viele parallele Vektoren, die diese Eigenschaft haben.

Für $\vec{a} = \begin{pmatrix} a_1 \\ a_2 \\ a_3 \end{pmatrix}$ und $\vec{b} = \begin{pmatrix} b_1 \\ b_2 \\ b_3 \end{pmatrix}$ muss der Vektor $\vec{n} = \begin{pmatrix} n_1 \\ n_2 \\ n_3 \end{pmatrix}$ die folgenden Gleichungen lösen:

$$\vec{a} \perp \vec{n} \Leftrightarrow \vec{a}\vec{n} = 0 \Leftrightarrow \quad \mathrm{I} \quad a_1 n_1 + a_2 n_2 + a_3 n_3 = 0$$
$$\vec{b} \perp \vec{n} \Leftrightarrow \vec{b}\vec{n} = 0 \Leftrightarrow \quad \mathrm{II} \quad b_1 n_1 + b_2 n_2 + b_3 n_3 = 0$$

Dieses Gleichungssystem hat unendlich viele Lösungen, da jedes Vielfache von $\vec{n}$ auch Lösung ist. Man wählt deshalb zunächst willkürlich $n_1 = 1$ (Falls dies in besonderen Fällen nicht möglich ist, $n_2 = 1$ oder $n_3 = 1$). Man erhält damit die Gleichungen

$$\mathrm{I} \quad a_1 + a_2 n_2 + a_3 n_3 = 0$$
$$\mathrm{II} \quad b_1 + b_2 n_2 + b_3 n_3 = 0$$

$$b_3 \cdot \mathrm{I} \quad a_1 b_3 + a_2 b_3 n_2 + a_3 b_3 n_3 = 0$$
$$a_3 \cdot \mathrm{II} \quad a_3 b_1 + a_3 b_2 n_2 + a_3 b_3 n_3 = 0$$

$$b_3 \cdot \mathrm{I} - a_3 \cdot \mathrm{II} \qquad a_1 b_3 - a_3 b_1 + (a_2 b_3 - a_3 b_2) n_2 = 0$$

Falls $a_2b_3 - a_3b_2 \neq 0 \qquad \Rightarrow \qquad n_2 = \dfrac{a_3b_1 - a_1b_3}{a_2b_3 - a_3b_2}$.

Entsprechend erhält man

$$\begin{array}{ll} b_2 \cdot \mathrm{I} & a_1b_2 + a_2b_2n_2 + a_3b_2n_3 = 0 \\ a_2 \cdot \mathrm{II} & a_2b_1 + a_2b_2n_2 + a_2b_3n_3 = 0 \\ \hline \end{array}$$

$b_2 \cdot \mathrm{I} \; - \; a_2 \cdot \mathrm{II} \qquad a_1b_2 - a_2b_1 + (a_3b_2 - a_2b_3)n_3 = 0$

Falls $a_2b_3 - a_3b_2 \neq 0 \qquad \Rightarrow \qquad n_3 = \dfrac{a_1b_2 - a_2b_1}{a_2b_3 - a_3b_2}$.

Es ergibt sich daher der Vektor $\vec{n} = \begin{pmatrix} 1 \\ \dfrac{a_3b_1 - a_1b_3}{a_2b_3 - a_3b_2} \\ \dfrac{a_1b_2 - a_2b_1}{a_2b_3 - a_3b_2} \end{pmatrix} \Rightarrow \vec{n}^* = \begin{pmatrix} a_2b_3 - a_3b_2 \\ a_3b_1 - a_1b_3 \\ a_1b_2 - a_2b_1 \end{pmatrix}$ durch Multiplikation mit $a_2b_3 - a_3b_2$, $\vec{n}^*$ ist ebenfalls ein Vektor, der auf $\vec{a}$ und $\vec{b}$ senkrecht steht, wobei die Bedingung $a_2b_3 - a_3b_2 \neq 0$ wegfällt. Diese Konstruktion führt zu der folgenden

■ **Definition**: Gegeben sind zwei Vektoren $\vec{a}$ und $\vec{b}$. Der Vektor

$$\vec{a} \times \vec{b} = \begin{pmatrix} a_2b_3 - a_3b_2 \\ a_3b_1 - a_1b_3 \\ a_1b_2 - a_2b_1 \end{pmatrix}$$

heißt das **Vektorprodukt** der Vektoren $\vec{a}$ und $\vec{b}$.

Beispiel

$$\vec{a} = \begin{pmatrix} 2 \\ 3 \\ 2 \end{pmatrix}, \vec{b} = \begin{pmatrix} 1 \\ 2 \\ 4 \end{pmatrix} \Rightarrow \vec{a} \times \vec{b} = \begin{pmatrix} 2 \\ 3 \\ 2 \end{pmatrix} \times \begin{pmatrix} 1 \\ 2 \\ 4 \end{pmatrix} = \begin{pmatrix} 3 \cdot 4 - 2 \cdot 2 \\ 2 \cdot 1 - 2 \cdot 4 \\ 2 \cdot 2 - 3 \cdot 1 \end{pmatrix} = \begin{pmatrix} 8 \\ -6 \\ 1 \end{pmatrix}$$

$$\begin{array}{cc} 2 & 1 \\ 3 & 2 \end{array}$$

▲ **Die erste Zeile zudecken, über Kreuz multiplizieren und die gestrichene Zeile unten anfügen usw.**

Eigenschaften des Vektorprodukts

Für Vektoren $\vec{a} \neq \vec{0}$, $\vec{b} \neq \vec{0}$ und $\vec{c} \neq \vec{0}$ mit $\vec{a}, \vec{b}, \vec{c} \in \mathbb{R}^3$ und reelle Zahlen $\lambda, \mu \in \mathbb{R}$ gilt

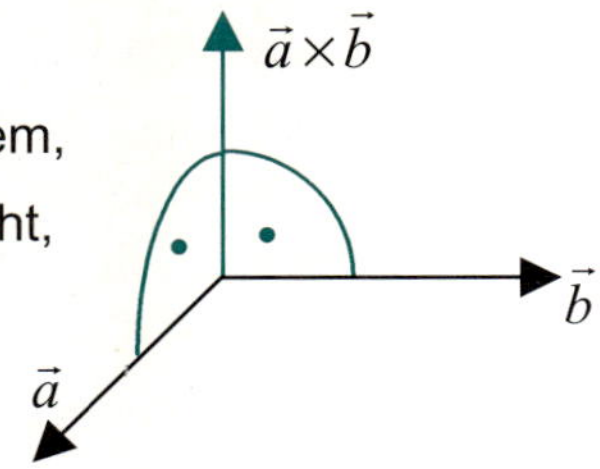

1. $\vec{a} \times \vec{b}$ steht senkrecht auf $\vec{a}$ und auf $\vec{b}$
2. Die Vektoren $\vec{a}, \vec{b}$ und $\vec{a} \times \vec{b}$ bilden ein Rechtssystem, wird $\vec{a}$ auf dem kürzesten Weg in Richtung $\vec{b}$ gedreht, so zeigt $\vec{a} \times \vec{b}$ in Richtung einer Rechtsschraube.
3. $\vec{a} \times \vec{b} = -\vec{b} \times \vec{a}$
4. $\vec{a} \times (\vec{b} + \vec{c}) = \vec{a} \times \vec{b} + \vec{a} \times \vec{c}$
5. $\lambda\vec{a} \times \mu\vec{b} = \lambda\mu(\vec{a} \times \vec{b})$

Diese Eigenschaften folgen direkt aus der Definition des Vektorprodukts.

Zur Berechnung der Flächen von Parallelogrammen und Dreiecken lässt sich der folgende Satz verwenden:

Satz: Für zwei Vektoren $\vec{a} \neq \vec{0}$, $\vec{b} \neq \vec{0}$ ist der Betrag des Vektors $\vec{a} \times \vec{b}$ der Maßzahl nach gleich dem **Flächeninhalt** des von $\vec{a}$ und $\vec{b}$ aufgespannten **Parallelogramms**

$$\left|\vec{a} \times \vec{b}\right| = \left|\vec{a}\right| \left|\vec{b}\right| \sin\alpha$$

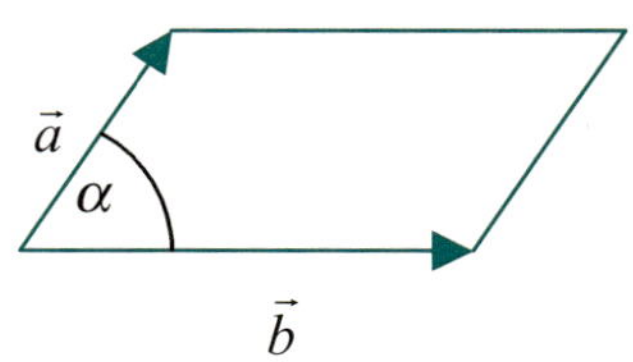

Beweis durch Quadrieren und Ausrechnen beider Seiten der Gleichung.

Beispiel

Gegeben sind im $\mathbb{R}^3$ die Punkte $A(1;-1;3)$, $B(3;3;6)$ und $D(3;-3;3)$. Zu berechnen ist die Fläche des durch $\overrightarrow{AB}$ und $\overrightarrow{AD}$ aufgespannten Parallelogramms $ABCD$.
Zuerst werden die Vektoren berechnet, die das Parallelogramm aufspannen:

$$\overrightarrow{AB} = \begin{pmatrix} 3 \\ 3 \\ 6 \end{pmatrix} - \begin{pmatrix} 1 \\ -1 \\ 3 \end{pmatrix} = \begin{pmatrix} 2 \\ 4 \\ 3 \end{pmatrix},\ \overrightarrow{AD} = \begin{pmatrix} 3 \\ -3 \\ 3 \end{pmatrix} - \begin{pmatrix} 1 \\ -1 \\ 3 \end{pmatrix} = \begin{pmatrix} 2 \\ -2 \\ 0 \end{pmatrix} \Rightarrow \overrightarrow{AB} \times \overrightarrow{AD} = \begin{pmatrix} 2 \\ 4 \\ 3 \end{pmatrix} \times \begin{pmatrix} 2 \\ -2 \\ 0 \end{pmatrix} = \begin{pmatrix} 6 \\ 6 \\ -12 \end{pmatrix}$$

Damit ergibt sich für die Fläche $A = \left|\overrightarrow{AB} \times \overrightarrow{AD}\right| = \left|\begin{pmatrix} 6 \\ 6 \\ -12 \end{pmatrix}\right| = 6\sqrt{6}\ \text{(FE)}$

Da die Dreiecksfläche gleich der halben Fläche des entsprechenden Parallelogramms ist, gilt

Folgerung 1: Für die Fläche A des durch die Vektoren $\vec{a}$ und $\vec{b}$ aufgespannten Dreiecks ergibt sich

$$\mathbf{A = \frac{1}{2}\left|\vec{a}\times\vec{b}\right|\ (FE)}$$

Aus $\vec{a}\times\vec{b}=\vec{0}$ folgt, dass die zugehörige Parallelogrammfläche Null ist, daher gilt in diesem Fall $\vec{a}\parallel\vec{b}$ und umgekehrt. Man erhält

Folgerung 2: Für zwei Vektoren $\vec{a}\neq\vec{0}$, $\vec{b}\neq\vec{0}$ gilt:

$$\vec{a}\times\vec{b}=\vec{0} \Leftrightarrow \vec{a}\parallel\vec{b} \quad \Leftrightarrow \quad \vec{a}=\lambda\vec{b}, \lambda\in \mathrm{IR}$$

$\Leftrightarrow$ **$\vec{a}$ und $\vec{b}$ sind linear abhängig**

Beispiel

Gegeben sind im IR^3 die Punkte $A(2;0;1)$, $B(4;b_2;3)$ und $C(4;2;2)$. Der Punkt B ist so zu bestimmen, dass das Dreieck ABC einen Flächeninhalt von 1,5 FE hat.
Man berechnet

$$\overrightarrow{AB}=\begin{pmatrix}4\\b_2\\3\end{pmatrix}-\begin{pmatrix}2\\0\\1\end{pmatrix}=\begin{pmatrix}2\\b_2\\2\end{pmatrix}, \overrightarrow{AC}=\begin{pmatrix}4\\2\\2\end{pmatrix}-\begin{pmatrix}2\\0\\1\end{pmatrix}=\begin{pmatrix}2\\2\\1\end{pmatrix} \Rightarrow \overrightarrow{AB}\times\overrightarrow{AC}=\begin{pmatrix}2\\b_2\\2\end{pmatrix}\times\begin{pmatrix}2\\2\\1\end{pmatrix}=\begin{pmatrix}b_2-4\\2\\4-2b_2\end{pmatrix}$$

Damit erhält man den Ansatz

$$1{,}5=\frac{1}{2}\left|\overrightarrow{AB}\times\overrightarrow{AC}\right| \Rightarrow 3=\left|\begin{pmatrix}b_2-4\\2\\4-2b_2\end{pmatrix}\right| \Rightarrow 3=\sqrt{(b_2-4)^2+4+(4-2b_2)^2}$$

Durch Quadrieren folgt

$$9=(b_2-4)^2+4+(4-2b_2)^2$$
$$9={b_2}^2-8b_2+16+4+16-16b_2+4{b_2}^2$$
$$0=5{b_2}^2-24b_2+27$$

Diese quadratische Gleichung hat die Lösungen $b_2=3$ oder $b_2=\frac{9}{5}$. Daher erfüllen die Punkte $B_1(4;3;3)$ und $B_2\left(4;\frac{9}{5};3\right)$ die Bedingung der Aufgabe.

Eine **Anwendung des Vektorprodukts** findet sich bei der Bewegung eines geladenen Teilchens im Magnetfeld. Bewegt sich ein Teilchen mit der Ladung Q und der Geschwindigkeit $\vec{v}$ in einem Magnetfeld der Flussdichte $\vec{B}$, so wirkt auf das Teilchen die Lorentzkraft

$$\vec{F}=\mathrm{Q}\cdot\vec{v}\times\vec{B}.$$

In dieser Schreibweise kann man der Formel die Aussage entnehmen, dass die Lorentzkraft immer senkrecht zu $\vec{v}$ und senkrecht zu $\vec{B}$ wirkt, also auch senkrecht zu der durch $\vec{v}$ und $\vec{B}$ aufgespannten Ebene.

Beispiel

Ein positiv geladenes Teilchen mit der Ladung $Q = 3{,}2 \cdot 10^{-19}\,\text{Coulomb}$ tritt mit der Geschwindigkeit $\vec{v} = 2{,}0 \cdot 10^7\,\frac{\text{m}}{\text{s}} \begin{pmatrix} 1 \\ 0 \\ 1 \end{pmatrix}$ in ein homogenes Magnetfeld der Flussdichte $\vec{B} = 3{,}0 \cdot 10^{-3}\,\text{Tesla} \begin{pmatrix} 0 \\ 2 \\ 1 \end{pmatrix}$ ein. Für die Lorentzkraft erhält man

$$\vec{F} = 3{,}2 \cdot 10^{-19}\,\text{C} \cdot 2{,}0 \cdot 10^7\,\frac{\text{m}}{\text{s}} \begin{pmatrix} 1 \\ 0 \\ 1 \end{pmatrix} \times 3{,}0 \cdot 10^{-3}\,\text{T} \begin{pmatrix} 0 \\ 2 \\ 1 \end{pmatrix} \approx 19 \cdot 10^{-15} \begin{pmatrix} -2 \\ -1 \\ 2 \end{pmatrix} \text{N}$$

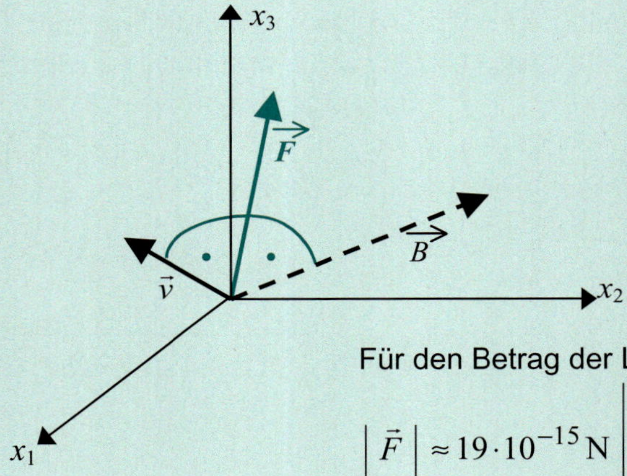

Für den Betrag der Lorentzkraft errechnet man:

$$\left|\vec{F}\right| \approx 19 \cdot 10^{-15}\,\text{N} \left|\begin{pmatrix} -2 \\ -1 \\ 2 \end{pmatrix}\right| \approx 57 \cdot 10^{-15}\,\text{N}$$

Aufgaben zu 2.2

1. Berechnen Sie das Vektorprodukt der folgenden Vektoren

a) $\vec{a} = \begin{pmatrix} 1 \\ 1 \\ 0 \end{pmatrix}$, $\vec{b} = \begin{pmatrix} 1 \\ 0 \\ 1 \end{pmatrix}$

b) $\vec{a} = \begin{pmatrix} 4 \\ 0 \\ 1 \end{pmatrix}$, $\vec{b} = \begin{pmatrix} 0 \\ 2 \\ -1 \end{pmatrix}$

c) $\vec{a} = \begin{pmatrix} 1 \\ 2 \\ 2 \end{pmatrix}$, $\vec{b} = \begin{pmatrix} 2 \\ 1 \\ 2 \end{pmatrix}$

d), $\vec{a} = \begin{pmatrix} -3 \\ 1 \\ -2 \end{pmatrix}$, $\vec{b} = \begin{pmatrix} 9 \\ -3 \\ 6 \end{pmatrix}$

2. Berechnen Sie die Vektoren $\vec{a}$ und $\vec{b}$ so, dass sich das angegebene Vektorprodukt ergibt:

   a) $\vec{a} = \begin{pmatrix} a_1 \\ -7 \\ 4 \end{pmatrix}$, $\vec{b} = \begin{pmatrix} 8 \\ -4 \\ b_3 \end{pmatrix}$, $\vec{a} \times \vec{b} = \begin{pmatrix} 9 \\ 36 \\ 72 \end{pmatrix}$ b) $\vec{a} = \begin{pmatrix} 2 \\ a_2 \\ -2 \end{pmatrix}$, $\vec{b} = \begin{pmatrix} b_1 \\ 2 \\ 2 \end{pmatrix}$, $\vec{a} \times \vec{b} = \begin{pmatrix} 6 \\ -6 \\ 3 \end{pmatrix}$

3. Das Vektorprodukt der Vektoren $\vec{a} = \begin{pmatrix} 6 \\ 6 \\ a_3 \end{pmatrix}$ und $\vec{b} = \begin{pmatrix} 9 \\ -2 \\ b_3 \end{pmatrix}$ ist parallel zu $\begin{pmatrix} 2 \\ -9 \\ 6 \end{pmatrix}$.

   Bestimmen Sie a_3 und b_3.

4. Gegeben sind die Vektoren $\vec{a} = \begin{pmatrix} 1 \\ 2 \\ -2 \end{pmatrix}$ und $\vec{b} = \begin{pmatrix} b_1 \\ -5 \\ 2 \end{pmatrix}$. Berechnen Sie b_1 so, dass das Vektorprodukt eine Länge von $45\,\mathrm{LE}$ hat.

5. Berechnen Sie jeweils die Fläche des Parallelogramms $ABCD$:
   a) $A\,(3;\,4;\,2), B\,(12;-2;\,4), C\,(18;\,5;-2)$ und $D\,(9;\,11;-4)$
   b) $A\,(-3;\,5;\,1), B\,(5;\,1;\,2), C\,(9;\,8;-2)$ und $D\,(1;\,12;-3)$
   c) $A\,(5;\,11;\,4), B\,(17;\,15;\,1), C\,(25;\,27;\,-8)$ und $D\,(13;\,23;\,-5)$

6. Berechnen Sie die fehlenden Koordinaten so, dass das Parallelogramm $ABCD$ die angegebene Fläche hat (zwei Lösungen):
   a) $A\,(a_1;\,0;\,-1), B\,(2;\,4;\,-4)$ und $D\,(3;\,0;\,-1)$; $\mathrm{A} = 5\,\mathrm{FE}$
   b) $A\,(-3;\,4;\,1), B\,(b_1;\,5;\,-1)$ und $D\,(-1;\,2;\,2)$; $\mathrm{A} = 9\,\mathrm{FE}$

7. Berechnen Sie die Fläche des Dreiecks ABC:
   a) $A\,(-4;\,1;\,5), B\,(0;\,3;\,1)$ und $C\,(10;\,-1;\,0)$
   b) $A\,(1;\,3;\,6), B\,(-1;\,2;\,5)$ und $C\,(4;\,2;\,7)$
   c) $A\,(2;\,8;\,2), B\,(-2;\,5;\,4)$ und $C\,(-5;\,4;\,6)$

8. Geben Sie jeweils den Vektor der Lorentzkraft $\vec{F} = Q\,\vec{v} \times \vec{B}$ an:

   a) $Q = -1{,}6 \cdot 10^{-19}\,\mathrm{C}$, $\vec{v} = 1{,}5 \cdot 10^{6}\,\frac{\mathrm{m}}{\mathrm{s}} \begin{pmatrix} 2 \\ 2 \\ 1 \end{pmatrix}$, $\vec{B} = 35 \cdot 10^{-3}\,\mathrm{T} \begin{pmatrix} -1 \\ 2 \\ 1 \end{pmatrix}$

   b) $Q = 4{,}8 \cdot 10^{-19}\,\mathrm{C}$, $\vec{v} = 3{,}0 \cdot 10^{7}\,\frac{\mathrm{m}}{\mathrm{s}} \begin{pmatrix} 1 \\ 0 \\ 2 \end{pmatrix}$, $\vec{B} = 5{,}0 \cdot 10^{-3}\,\mathrm{T} \begin{pmatrix} -2 \\ 3 \\ 1 \end{pmatrix}$

2.3 Das Spatprodukt

Definition: Für drei Vektoren $\vec{a}$, $\vec{b}$ und $\vec{c}$ mit $\vec{a},\vec{b},\vec{c} \in \mathrm{IR}^3$ ist das **Spatprodukt** das gemischte Produkt aus Vektor- und Skalarprodukt

$$(\vec{a}\times\vec{b})\vec{c}$$

Das Spatprodukt ist eine reelle Zahl.

Beispiel

Sei $\vec{a}=\begin{pmatrix}1\\2\\0\end{pmatrix}, \vec{b}=\begin{pmatrix}2\\2\\1\end{pmatrix}$ und $\vec{c}=\begin{pmatrix}1\\3\\4\end{pmatrix}$, dann erhält man für das Spatprodukt

$$(\vec{a}\times\vec{b})\vec{c}=\left(\begin{pmatrix}1\\2\\0\end{pmatrix}\times\begin{pmatrix}2\\2\\1\end{pmatrix}\right)\begin{pmatrix}1\\3\\4\end{pmatrix}=\begin{pmatrix}2\\-1\\-2\end{pmatrix}\begin{pmatrix}1\\3\\4\end{pmatrix}=2-3-8=-9$$

Bemerkung

Drei linear unabhängige Vektoren im IR^3 bestimmen einen Spat (Parallelflach)

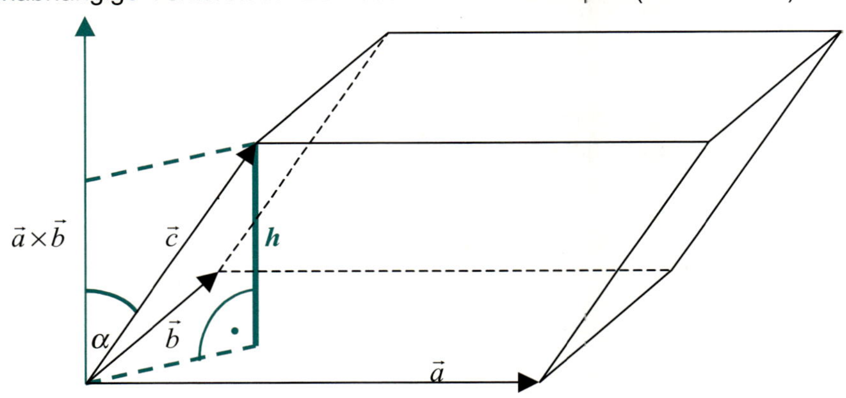

Für die Höhe h erhält man $h=|\vec{c}|\cos\alpha$ oder $h=-|\vec{c}|\cos\alpha$ je nach Orientierung der drei Vektoren, die den Spat aufspannen. Hierbei ist α der Winkel zwischen $\vec{a}\times\vec{b}$ und $\vec{c}$. Für die Grundfläche G des durch $\vec{a}$ und $\vec{b}$ aufgespannten Parallelogramms gilt $G=|\vec{a}\times\vec{b}|$ (siehe Kap.2.2). Daher folgt für das gesamte Volumen

$$V=Gh=|\vec{a}\times\vec{b}||\vec{c}|\cos\alpha=(\vec{a}\times\vec{b})\vec{c} \quad \text{oder} \quad V=-|\vec{a}\times\vec{b}||\vec{c}|\cos\alpha=-(\vec{a}\times\vec{b})\vec{c}\,.$$

Folgerung: Mithilfe des Spatprodukts lässt sich das Volumen des Spats bestimmen.

$$\mathbf{V}=|(\vec{a}\times\vec{b})\vec{c}|$$

Beispiel

Gegeben sind die Punkte $A\,(1;4;6)$, $B\,(4;4;1)$, $D\,(2;2;2)$ und $E\,(0;1;1)$. Die Vektoren $\overrightarrow{AB}$, $\overrightarrow{AD}$ und $\overrightarrow{AE}$ spannen einen Spat auf, dessen Volumen berechnet werden soll. Zuerst werden die drei Vektoren berechnet:

$$\overrightarrow{AB}=\begin{pmatrix}4\\4\\1\end{pmatrix}-\begin{pmatrix}1\\4\\6\end{pmatrix}=\begin{pmatrix}3\\0\\-5\end{pmatrix},\ \overrightarrow{AD}=\begin{pmatrix}2\\2\\2\end{pmatrix}-\begin{pmatrix}1\\4\\6\end{pmatrix}=\begin{pmatrix}1\\-2\\-4\end{pmatrix}\text{ und }\overrightarrow{AE}=\begin{pmatrix}0\\1\\1\end{pmatrix}-\begin{pmatrix}1\\4\\6\end{pmatrix}=\begin{pmatrix}-1\\-3\\-5\end{pmatrix}$$

$$\Rightarrow\left(\overrightarrow{AB}\times\overrightarrow{AD}\right)\overrightarrow{AE}=\left(\begin{pmatrix}3\\0\\-5\end{pmatrix}\times\begin{pmatrix}1\\-2\\-4\end{pmatrix}\right)\begin{pmatrix}-1\\-3\\-5\end{pmatrix}=\begin{pmatrix}-10\\7\\-6\end{pmatrix}\begin{pmatrix}-1\\-3\\-5\end{pmatrix}=19\quad\Rightarrow\quad \mathrm{V}=19\,\mathrm{VE}$$

Für das Spatprodukt gibt es auch noch die Bezeichnung dreireihige Determinante.

Definition: Unter einer **dreireihigen Determinante** $\det(\vec{a};\vec{b};\vec{c})$ versteht man das Spatprodukt der Vektoren $\vec{a},\vec{b}$ und $\vec{c}$; man schreibt dafür auch

$$\det(\vec{a};\vec{b};\vec{c})=\begin{vmatrix}a_1 & b_1 & c_1\\ a_2 & b_2 & c_2\\ a_3 & b_3 & c_3\end{vmatrix}=\left(\vec{a}\times\vec{b}\right)\vec{c}$$

wobei $\vec{a}=\begin{pmatrix}a_1\\a_2\\a_3\end{pmatrix}$, $\vec{b}=\begin{pmatrix}b_1\\b_2\\b_3\end{pmatrix}$ und $\vec{c}=\begin{pmatrix}c_1\\c_2\\c_3\end{pmatrix}$.

Es gilt also

$$\det(\vec{a};\vec{b};\vec{c})=\begin{vmatrix}a_1 & b_1 & c_1\\ a_2 & b_2 & c_2\\ a_3 & b_3 & c_3\end{vmatrix}=\left(\begin{pmatrix}a_1\\a_2\\a_3\end{pmatrix}\times\begin{pmatrix}b_1\\b_2\\b_3\end{pmatrix}\right)\begin{pmatrix}c_1\\c_2\\c_3\end{pmatrix}=\begin{pmatrix}a_2b_3-a_3b_2\\a_3b_1-a_1b_3\\a_1b_2-a_2b_1\end{pmatrix}\begin{pmatrix}c_1\\c_2\\c_3\end{pmatrix}=$$

$$=a_2b_3c_1-a_3b_2c_1+a_3b_1c_2-a_1b_3c_2+a_1b_2c_3-a_2b_1c_3$$

Daher gilt die nach dem französischen Mathematiker P. F. Sarrus benannte

Regel von Sarrus: $\det(\vec{a};\vec{b};\vec{c})=\left|\begin{matrix}a_1 & b_1 & c_1\\ a_2 & b_2 & c_2\\ a_3 & b_3 & c_3\end{matrix}\right|\begin{matrix}a_1 & b_1\\ a_2 & b_2\\ a_3 & b_3\end{matrix}=$

$$=a_1b_2c_3+b_1c_2a_3+c_1a_2b_3-a_3b_2c_1-b_3c_2a_1-c_3a_2b_1$$

Man schreibt die ersten beiden Spalten noch einmal rechts daneben, addiert die Produkte längs der ↘ -Diagonalen und subtrahiert die Produkte längs der ↗ -Diagonalen.

Beispiel

Gegeben sind die Vektoren $\vec{a} = \begin{pmatrix} 2 \\ 2 \\ 1 \end{pmatrix}$, $\vec{b} = \begin{pmatrix} 2 \\ 1 \\ 1 \end{pmatrix}$ und $\vec{c} = \begin{pmatrix} -2 \\ -2 \\ -4 \end{pmatrix}$. Für die Determinante

det($\vec{a};\vec{b};\vec{c}$) gilt: $\left|\begin{matrix} 2 & 2 & -2 \\ 2 & 1 & -2 \\ 1 & 1 & -4 \end{matrix}\right|\begin{matrix} 2 & 2 \\ 2 & 1 \\ 1 & 1 \end{matrix} = -8-4-4+2+4+16 = 6$

Eigenschaften des Spatprodukts

Für drei Vektoren $\vec{a},\vec{b},\vec{c}$ im IR^3 und $\lambda \in \mathrm{IR}$ gilt

1. $\det(\vec{a};\vec{b};\vec{c}) = -\det(\vec{b};\vec{a};\vec{c})$
2. $\det(\lambda\vec{a};\vec{b};\vec{c}) = \lambda\det(\vec{a};\vec{b};\vec{c})$
3. $\det(\vec{a}+\vec{d};\vec{b};\vec{c}) = \det(\vec{a};\vec{b};\vec{c}) + \det(\vec{d};\vec{b};\vec{c})$
4. $\det(\vec{a};\vec{b};\vec{c}) = 0 \quad \Leftrightarrow \quad \vec{a},\vec{b},\vec{c}$ sind linear abhängig

Beweis:

1. folgt aus $\vec{a}\times\vec{b} = -\vec{b}\times\vec{a}$ (siehe 2.2)
2. und 3. folgen direkt aus der Definition des Spatprodukts
4. Diese Eigenschaft folgt aus der Formel für die Volumenberechnung:

$\det(\vec{a};\vec{b};\vec{c}) = 0 \Leftrightarrow$ Das Volumen des durch $\vec{a},\vec{b}$ und $\vec{c}$ aufgespannten Spats ist null

$\Leftrightarrow$ $\vec{a},\vec{b}$ und $\vec{c}$ liegen in einer Ebene, d. h., sie sind linear abhängig.

Die Eigenschaften 2. und 3. gelten sinngemäß auch für die anderen beiden Komponenten.

Beispiel

Gegeben sind die Vektoren $\vec{a} = \begin{pmatrix} 2 \\ 0 \\ 1 \end{pmatrix}$, $\vec{b} = \begin{pmatrix} 1 \\ b_2 \\ 3 \end{pmatrix}$ und $\vec{c} = \begin{pmatrix} 3 \\ 4 \\ 2 \end{pmatrix}$. b_2 soll so bestimmt werden, dass die Vektoren linear abhängig sind.

Es muss also gelten $(\vec{a}\times\vec{b})\vec{c} = 0 \Leftrightarrow \begin{vmatrix} 2 & 1 & 3 \\ 0 & b_2 & 4 \\ 1 & 3 & 2 \end{vmatrix} = 0 \Leftrightarrow \left|\begin{matrix} 2 & 1 & 3 \\ 0 & b_2 & 4 \\ 1 & 3 & 2 \end{matrix}\right|\begin{matrix} 2 & 1 \\ 0 & b_2 \\ 1 & 3 \end{matrix} = 0$

$\Leftrightarrow 4b_2 + 4 - 3b_2 - 24 = 0 \quad \Leftrightarrow b_2 = 20$

Volumenberechnungen von Pyramiden

Ist $ABCDS$ eine Pyramide mit dem Parallelogramm $ABCD$ als Grundfläche und der Spitze S, so gilt für das Volumen dieser Pyramide

$$V = \frac{1}{3}\left|\left(\overrightarrow{AB} \times \overrightarrow{AC}\right)\overrightarrow{AS}\right|,$$

denn das Volumen dieser Pyramide beträgt $\frac{1}{3}$ vom Spatvolumen.

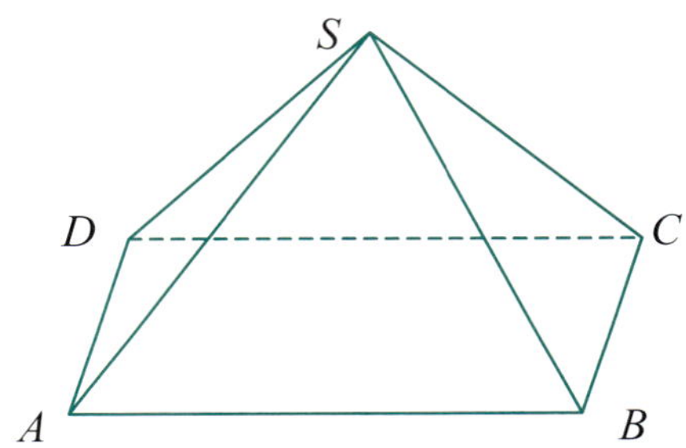

Ist $ABCS$ eine **dreiseitige Pyramide** mit dem Dreieck ABC als Grundfläche und der Spitze S, ist die Pyramide also ein **Tetraeder**, dann gilt für das Volumen V

$$V = \frac{1}{6}\left|\left(\overrightarrow{AB} \times \overrightarrow{AC}\right)\overrightarrow{AS}\right|$$

Bei einem **regulären Tetraeder** müssen alle Kanten die gleiche Länge haben.

Beispiel

Gegeben ist die Pyramide $ABCS$ mit dem Dreieck ABC als Grundfläche und der Spitze S. Gesucht ist das Volumen der Pyramide, wobei die Eckpunkte die folgenden Koordinaten haben: $A(5;0;-1)$, $B(3;4;-5)$, $C(-1;6;-1)$ und $S(-2;-1;-3)$.
Zunächst berechnet man die Vektoren, die die Pyramide aufspannen:

$$\overrightarrow{AB} = \begin{pmatrix} 3 \\ 4 \\ -5 \end{pmatrix} - \begin{pmatrix} 5 \\ 0 \\ -1 \end{pmatrix} = \begin{pmatrix} -2 \\ 4 \\ -4 \end{pmatrix}, \overrightarrow{AC} = \begin{pmatrix} -1 \\ 6 \\ -1 \end{pmatrix} - \begin{pmatrix} 5 \\ 0 \\ -1 \end{pmatrix} = \begin{pmatrix} -6 \\ 6 \\ 0 \end{pmatrix} \text{ und}$$

$$\overrightarrow{AS} = \begin{pmatrix} -2 \\ -1 \\ -3 \end{pmatrix} - \begin{pmatrix} 5 \\ 0 \\ -1 \end{pmatrix} = \begin{pmatrix} -7 \\ -1 \\ -2 \end{pmatrix} \Rightarrow \left(\overrightarrow{AB} \times \overrightarrow{AC}\right)\overrightarrow{AS} = \left|\begin{array}{ccc|cc} -2 & -6 & -7 & -2 & -6 \\ 4 & 6 & -1 & 4 & 6 \\ -4 & 0 & -2 & -4 & 0 \end{array}\right. =$$

$$= 24 - 24 - 168 - 48 = -216 \Rightarrow \text{V} = \frac{1}{6}\left|-216\right| \text{ (VE)} = 36 \text{ (VE)}$$

Aufgaben zu 2.3

1. Berechnen Sie das Volumen des Spats, der durch die Vektoren $\vec{a}, \vec{b}$ und $\vec{c}$ aufgespannt wird:

   a) $\vec{a} = \begin{pmatrix} 2 \\ 4 \\ -1 \end{pmatrix}$, $\vec{b} = \begin{pmatrix} -2 \\ 1 \\ 3 \end{pmatrix}$ und $\vec{c} = \begin{pmatrix} 0 \\ 2 \\ 1 \end{pmatrix}$

   b) $\vec{a} = \begin{pmatrix} -1 \\ 2 \\ 0 \end{pmatrix}$, $\vec{b} = \begin{pmatrix} 3 \\ 3 \\ 4 \end{pmatrix}$ und $\vec{c} = \begin{pmatrix} 8 \\ 7 \\ -5 \end{pmatrix}$.

2. Gegeben sind die Vektoren $\vec{a} = \begin{pmatrix} a_1 \\ 2 \\ 3 \end{pmatrix}$, $\vec{b} = \begin{pmatrix} 1 \\ 0 \\ 1 \end{pmatrix}$ und $\vec{c} = \begin{pmatrix} 2 \\ 4 \\ -3 \end{pmatrix}$.

   Bestimmen Sie den Vektor $\vec{a}$ so, dass der von $\vec{a}, \vec{b}$ und $\vec{c}$ aufgespannte Spat das Volumen $6\,\text{VE}$ hat.

3. Untersuchen Sie die Vektoren $\vec{a}, \vec{b}$ und $\vec{c} \in \text{IR}^3$ auf lineare Unabhängigkeit:

   a) $\vec{a} = \begin{pmatrix} 2 \\ 1 \\ 0 \end{pmatrix}$, $\vec{b} = \begin{pmatrix} -4 \\ 1 \\ 3 \end{pmatrix}$ und $\vec{c} = \begin{pmatrix} 5 \\ 3 \\ 4 \end{pmatrix}$. b) $\vec{a} = \begin{pmatrix} 4 \\ 3 \\ 2 \end{pmatrix}$, $\vec{b} = \begin{pmatrix} 2 \\ -1 \\ 3 \end{pmatrix}$ und $\vec{c} = \begin{pmatrix} 10 \\ 5 \\ 7 \end{pmatrix}$.

   c) $\vec{a} = \begin{pmatrix} -5 \\ 8 \\ 10 \end{pmatrix}$, $\vec{b} = \begin{pmatrix} 2 \\ 2 \\ 3 \end{pmatrix}$ und $\vec{c} = \begin{pmatrix} 1 \\ -1 \\ 12 \end{pmatrix}$. d) $\vec{a} = \begin{pmatrix} 8 \\ 1 \\ 2 \end{pmatrix}$, $\vec{b} = \begin{pmatrix} 1 \\ 4 \\ 3 \end{pmatrix}$ und $\vec{c} = \begin{pmatrix} 6 \\ -7 \\ -4 \end{pmatrix}$.

4. Bestimmen Sie, welche Zahlen die unbekannte Komponente annehmen kann, sodass die Vektoren linear abhängig werden:

   a) $\vec{a} = \begin{pmatrix} a_1 \\ 2 \\ 1 \end{pmatrix}$, $\vec{b} = \begin{pmatrix} 1 \\ 0 \\ 2 \end{pmatrix}$ und $\vec{c} = \begin{pmatrix} 3 \\ 4 \\ -4 \end{pmatrix}$. b) $\vec{a} = \begin{pmatrix} 2 \\ -1 \\ 4 \end{pmatrix}$, $\vec{b} = \begin{pmatrix} b \\ 2 \\ b \end{pmatrix}$ und $\vec{c} = \begin{pmatrix} 1 \\ 8 \\ -2 \end{pmatrix}$.

5. Bestimmen sie die unbekannte Komponente so, dass die Vektoren linear unabhängig werden:

   a) $\vec{a} = \begin{pmatrix} -4 \\ 6 \\ 3 \end{pmatrix}$, $\vec{b} = \begin{pmatrix} 2 \\ -2 \\ 1 \end{pmatrix}$ und $\vec{c} = \begin{pmatrix} 4 \\ c \\ 2c \end{pmatrix}$. b) $\vec{a} = \begin{pmatrix} 3 \\ 6a \\ -3 \end{pmatrix}$, $\vec{b} = \begin{pmatrix} -3 \\ 3 \\ -6 \end{pmatrix}$ und $\vec{c} = \begin{pmatrix} -9 \\ 3 \\ 6 \end{pmatrix}$.

6. Gegeben sind die Punkte A, B, C und S im IR^3. Berechnen Sie das Volumen der Pyramide $ABCS$ mit dem Dreieck ABC als Grundfläche und der Spitze S:

   a) $A\,(2; 3; 1)$, $B\,(1; -1; 2)$, $C\,(4; -2; 5)$, $S\,(5; 9; -2)$

   b) $A\,(4; 3; 5)$, $B\,(8; 8; 25)$, $C\,(9; -17; 9)$, $S\,(3; -1; 1)$

7. Gegeben sind die Punkte $A\,(1; 0; 3)$, $B\,(1; 6; 2)$, $C\,(4; 4; 3)$ und $S\,(4; 4+s; 3+s)$, $s \in \text{IR}$.

   Bestimmen Sie s so, dass das Volumen der dreiseitigen Pyramide $ABCS$ $7\,\text{VE}$ beträgt.

8. Die unten stehende Zeichnung gibt den Grundriss und die Seitenansicht eines Dachstuhls wieder. Berechnen Sie mithilfe des Spatprodukts das Volumen des Dachstuhls.

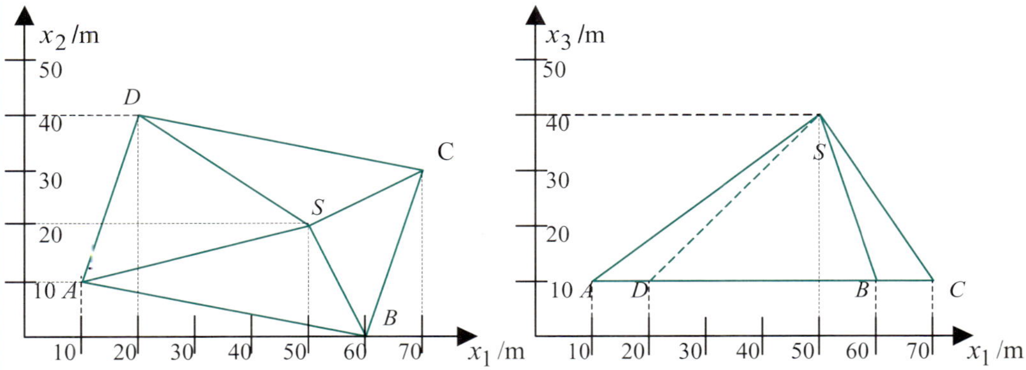

2.4 Zusammenfassung

Prüfen Sie, ob Sie die Eigenschaften der drei Produkte im IR^3 kennen.

Das Skalarprodukt: $\vec{a}\vec{b} = \begin{pmatrix} a_1 \\ a_2 \\ a_3 \end{pmatrix} \begin{pmatrix} b_1 \\ b_2 \\ b_3 \end{pmatrix} = a_1 b_1 + a_2 b_2 + a_3 b_3$

Zur **Winkelberechnung** dient der folgende Satz:

Satz: Sind $\vec{a} \neq \vec{0}$ und $\vec{b} \neq \vec{0}$ zwei Vektoren (im IR^2 oder im IR^3), so gilt für den Winkel α zwischen $\vec{a}$ und $\vec{b}$: $\cos\alpha = \dfrac{\vec{a}\vec{b}}{|\vec{a}|\,|\vec{b}|}$ $, 0^\circ \leq \alpha \leq 180^\circ$

Einheitsvektoren: $\vec{a}^{\,0} = \dfrac{1}{|\vec{a}|}\vec{a}$

Winkelhalbierende Vektoren: $\vec{w} = \vec{a}^{\,0} + \vec{b}^{\,0}$

Das Vektorprodukt: Gegeben sind zwei Vektoren $\vec{a} \neq \vec{0}$ und $\vec{b} \neq \vec{0}$.

$\vec{a} \times \vec{b} = \begin{pmatrix} a_2 b_3 - a_3 b_2 \\ a_3 b_1 - a_1 b_3 \\ a_1 b_2 - a_2 b_1 \end{pmatrix}$, wobei $\vec{a} \times \vec{b} \perp \vec{a}$ und $\vec{a} \times \vec{b} \perp \vec{b}$

Satz: Für zwei Vektoren $\vec{a} \neq \vec{0}$, $\vec{b} \neq \vec{0}$ ist der Betrag des Vektors $\vec{a} \times \vec{b}$ der Maßzahl nach gleich dem **Flächeninhalt** des von $\vec{a}$ und $\vec{b}$ aufgespannten **Parallelogramms:** $A_{▰} = |\vec{a} \times \vec{b}| = |\vec{a}|\,|\vec{b}| \sin\alpha$

Für die Fläche des Dreiecks gilt: $A_{\blacktriangle} = \frac{1}{2}|\vec{a} \times \vec{b}| = \frac{1}{2}|\vec{a}|\,|\vec{b}| \sin\alpha$

Das Spatprodukt: $\det(\vec{a}; \vec{b}; \vec{c}) = \begin{vmatrix} a_1 & b_1 & c_1 \\ a_2 & b_2 & c_2 \\ a_3 & b_3 & c_3 \end{vmatrix} = (\vec{a} \times \vec{b})\,\vec{c}$

Regel von Sarrus: $\det(\vec{a}; \vec{b}; \vec{c}) = \left|\begin{matrix} a_1 & b_1 & c_1 \\ a_2 & b_2 & c_2 \\ a_3 & b_3 & c_3 \end{matrix}\right|\begin{matrix} a_1 & b_1 \\ a_2 & b_2 \\ a_3 & b_3 \end{matrix} =$

$= a_1 b_2 c_3 + b_1 c_2 a_3 + c_1 a_2 b_3 - a_3 b_2 c_1 - b_3 c_2 a_1 - c_3 a_2 b_1$

Das **Volumen eines** durch $\vec{a}, \vec{b}, \vec{c}$ aufgespannten **Spats** beträgt:

$$V = |(\vec{a} \times \vec{b})\vec{c}|$$

Das **Volumen einer vierseitigen Pyramide** beträgt: $V = \frac{1}{3}|(\vec{a} \times \vec{b})\vec{c}|$

Das **Volumen eines Tetraeders** beträgt: $V = \frac{1}{6}|(\vec{a} \times \vec{b})\vec{c}|$

Lineare Unabhängigkeit: $\vec{a}, \vec{b}, \vec{c}$ linear unabhängig $\Leftrightarrow$ **det**$(\vec{a}; \vec{b}; \vec{c}) \neq 0$

Kapitel 3

Lineare Gleichungssysteme

Lineare Gleichungssysteme für zwei oder mehr Unbekannte ergeben sich sehr häufig in Mathematik, Physik und Technik:
Beim Aufstellen von Funktionsgleichungen für Polynomfunktionen beispielsweise, bei der Bestimmung der Schnittmenge von Geraden und Ebenen, bei Aufgaben, die die Bewegung von Körpern behandeln und beim Berechnen der dabei auftretenden Bahnkurven. Das folgende Kapitel behandelt systematisch die Lösungsmöglichkeiten bei solchen Aufgaben.

3.1 Matrizen

Definition: Eine **2 x 2-Matrix** ist ein Zahlenschema $\begin{pmatrix} a_1 & b_1 \\ a_2 & b_2 \end{pmatrix}$,

eine **3 x 3-Matrix** ein Zahlenschema $\begin{pmatrix} a_1 & b_1 & c_1 \\ a_2 & b_2 & c_2 \\ a_3 & b_3 & c_3 \end{pmatrix}$ mit reellen

Zahlen $a_i, b_i, c_i \in \mathrm{IR}$

Allgemein gibt es n x m -Matrizen mit n Zeilen und m Spalten. Eine Matrix, bei der alle Komponenten Null sind, heißt Null-Matrix: $\begin{pmatrix} 0 & 0 \\ 0 & 0 \end{pmatrix}$ und $\begin{pmatrix} 0 & 0 & 0 \\ 0 & 0 & 0 \\ 0 & 0 & 0 \end{pmatrix}$.

Multiplikation mit Vektoren

Matrizen lassen sich mit entsprechenden Vektoren aus IR^2 oder IR^3 multiplizieren:

$$\begin{pmatrix} a_1 & b_1 \\ a_2 & b_2 \end{pmatrix}\begin{pmatrix} x_1 \\ x_2 \end{pmatrix} = \begin{pmatrix} a_1x_1 & + & b_1x_2 \\ a_2x_1 & + & b_2x_2 \end{pmatrix}$$ und

$$\begin{pmatrix} a_1 & b_1 & c_1 \\ a_2 & b_2 & c_2 \\ a_3 & b_3 & c_3 \end{pmatrix}\begin{pmatrix} x_1 \\ x_2 \\ x_3 \end{pmatrix} = \begin{pmatrix} a_1x_1 & + & b_1x_2 & + & c_1x_3 \\ a_2x_1 & + & b_2x_2 & + & c_2x_3 \\ a_3x_1 & + & b_3x_2 & + & c_3x_3 \end{pmatrix}.$$

Das Ergebnis ist, wie man sieht, wieder ein Vektor im IR^2 oder IR^3.

Beipiele

1. $\begin{pmatrix} -6 & 2 \\ 9 & -3 \end{pmatrix}\begin{pmatrix} 2 \\ 3 \end{pmatrix} = \begin{pmatrix} -12+6 \\ 18-9 \end{pmatrix} = \begin{pmatrix} -6 \\ 9 \end{pmatrix}$

2. $\begin{pmatrix} 2 & 7 & 8 \\ 3 & 5 & 2 \\ -1 & 2 & 6 \end{pmatrix}\begin{pmatrix} 3 \\ -1 \\ 2 \end{pmatrix} = \begin{pmatrix} 6-7+16 \\ 9-5+4 \\ -3-2+12 \end{pmatrix} = \begin{pmatrix} 15 \\ 8 \\ 7 \end{pmatrix}$

Bemerkung

Matrizen lassen sich auch dazu benutzen, den Übergang von einer Basis eines Vektorraums zu einer anderen zu beschreiben (siehe Kapitel 1.1).

Beispiel

Die Basis $\vec{e}_1 = \begin{pmatrix} 1 \\ 0 \\ 0 \end{pmatrix}$, $\vec{e}_2 = \begin{pmatrix} 0 \\ 1 \\ 0 \end{pmatrix}$ und $\vec{e}_3 = \begin{pmatrix} 0 \\ 0 \\ 1 \end{pmatrix}$ und die Basis

$\vec{c}_1 = \begin{pmatrix} 1 \\ 1 \\ 0 \end{pmatrix}$, $\vec{c}_2 = \begin{pmatrix} 0 \\ 1 \\ 1 \end{pmatrix}$ und $\vec{c}_3 = \begin{pmatrix} 1 \\ 0 \\ 1 \end{pmatrix}$ aus Kapitel 1.1 (S. 27) kann man mit folgender Matrix ineinander überführen: $\begin{pmatrix} \vec{e}_1 \\ \vec{e}_2 \\ \vec{e}_3 \end{pmatrix} = \begin{pmatrix} \frac{1}{2} & -\frac{1}{2} & \frac{1}{2} \\ \frac{1}{2} & \frac{1}{2} & -\frac{1}{2} \\ -\frac{1}{2} & \frac{1}{2} & \frac{1}{2} \end{pmatrix} \begin{pmatrix} \vec{c}_1 \\ \vec{c}_2 \\ \vec{c}_3 \end{pmatrix}$, wobei wie oben bei der Multiplikation eines Vektors mit einer Matrix vorgegangen wird, also

$\vec{e}_1 = \frac{1}{2}\vec{c}_1 - \frac{1}{2}\vec{c}_2 + \frac{1}{2}\vec{c}_3$, $\vec{e}_2 = \frac{1}{2}\vec{c}_1 + \frac{1}{2}\vec{c}_2 - \frac{1}{2}\vec{c}_3$ und $\vec{e}_3 = -\frac{1}{2}\vec{c}_1 + \frac{1}{2}\vec{c}_2 + \frac{1}{2}\vec{c}_3$

Definition: Die **Determinante** einer 2 x 2-Matrix ist folgendermaßen definiert:

$$\mathbf{det}\begin{pmatrix} a_1 & b_1 \\ a_2 & b_2 \end{pmatrix} = \begin{vmatrix} a_1 & b_1 \\ a_2 & b_2 \end{vmatrix} = a_1 b_2 - a_2 b_1$$

Für det $\begin{pmatrix} a_1 & b_1 \\ a_2 & b_2 \end{pmatrix}$ schreibt man auch det($\vec{a};\vec{b}$), wobei $\vec{a} = \begin{pmatrix} a_1 \\ a_2 \end{pmatrix}$ und $\vec{b} = \begin{pmatrix} b_1 \\ b_2 \end{pmatrix}$.

Vertauscht man die Zeilen der Matrix mit den Spalten, so ergibt die Rechnung:

$$\det\begin{pmatrix} a_1 & b_1 \\ a_2 & b_2 \end{pmatrix} = a_1 b_2 - a_2 b_1 = a_1 b_2 - b_1 a_2 = \det\begin{pmatrix} a_1 & a_2 \\ b_1 & b_2 \end{pmatrix}.$$

Folgerung

Der Wert der Determinante einer 2 x 2-Matrix ändert sich nicht, wenn man Zeilen und Spalten vertauscht.

Für zwei Vektoren $\vec{a}, \vec{b} \in \mathrm{IR}^2$, $\vec{b} \neq \vec{0}$, gilt folgende Überlegung:

$\vec{a}$ und $\vec{b}$ linear abhängig $\Leftrightarrow$ $\vec{a} = \alpha\vec{b}$ $\Leftrightarrow$ $\begin{matrix} \mathrm{I} & a_1 = \alpha b_1 \\ \mathrm{II} & a_2 = \alpha b_2 \end{matrix}$ $\Leftrightarrow$ $\frac{a_1}{b_1} = \alpha$, falls $b_1 \neq 0$

$\Leftrightarrow a_2 = \frac{a_1}{b_1} b_2$ $\qquad \Leftrightarrow a_1 b_2 - a_2 b_1 = 0 \Leftrightarrow \begin{vmatrix} a_1 & b_1 \\ a_2 & b_2 \end{vmatrix} = 0$.

Falls $b_1 = 0$, nimmt man die Gleichung II, da dann $b_2 \neq 0$.

Folgerung

Die **Spaltenvektoren** $\vec{a}, \vec{b} \neq \vec{0}$ einer 2 x 2-Matrix sind genau dann **linear abhängig**, wenn ihre Determinante null ist , wenn also $\begin{vmatrix} a_1 & b_1 \\ a_2 & b_2 \end{vmatrix} = 0$

Beispiel

Gegeben sind die Vektoren $\vec{a}=\begin{pmatrix}2\\3\end{pmatrix}$ und $\vec{b}=\begin{pmatrix}1\\5\end{pmatrix}$. Für die Determinante errechnet man $D=\begin{vmatrix}2 & 1\\3 & 5\end{vmatrix}=10-3=7\neq 0 \Rightarrow \vec{a}$ und $\vec{b}$ sind linear unabhängig, also nicht parallel.

Die **Determinante einer 3 x 3-Matrix** wurde schon als Spatprodukt in Kapitel 2.3 eingeführt:

$$\det\begin{pmatrix}a_1 & b_1 & c_1\\a_2 & b_2 & c_2\\a_3 & b_3 & c_3\end{pmatrix}=\det(\vec{a};\vec{b};\vec{c})=\begin{vmatrix}a_1 & b_1 & c_1\\a_2 & b_2 & c_2\\a_3 & b_3 & c_3\end{vmatrix}=\left(\vec{a}\times\vec{b}\right)\vec{c}$$

$$=a_2b_3c_1-a_3b_2c_1+a_3b_1c_2-a_1b_3c_2+a_1b_2c_3-a_2b_1c_3\,.$$

Zur schnellen Berechnung eignet sich die **Regel von Sarrus** (siehe Kap.2.3)

Bemerkung

Für alle Determinanten gelten die Eigenschaften des Spatprodukts (siehe Kap. 2.3):

für 2 x 2-Matrizen

1. $\det(\vec{a};\vec{b}) = -\det(\vec{b};\vec{a})$
2. $\det(\lambda\vec{a};\vec{b}) = \lambda\det(\vec{a};\vec{b})$
3. $\det(\vec{a}+\vec{d};\vec{b}) = \det(\vec{a};\vec{b})+\det(\vec{d};\vec{b})$
4. $\det(\vec{a};\vec{b})=0 \Leftrightarrow \vec{a},\vec{b}$ sind linear abhängig

für 3 x 3-Matrizen

1. $\det(\vec{a};\vec{b};c) = -\det(\vec{b};\vec{a};\vec{c})$
2. $\det(\lambda\vec{a};\vec{b}) = \lambda\det(\vec{a};\vec{b})$
3. $\det(\vec{a}+\vec{d};\vec{b};\vec{c}) = \det(\vec{a};\vec{b};\vec{c})+\det(\vec{d};\vec{b};\vec{c})$
4. $\det(\vec{a};\vec{b};\vec{c})=0 \Leftrightarrow \vec{a},\vec{b},\vec{c}$ sind linear abhängig

Der **Determinantenentwicklungssatz** führt die Berechnung von 3 x 3-Matrizen auf diejenige bei 2 x 2-Matrizen zurück:

$$\begin{vmatrix}a_1 & b_1 & c_1\\a_2 & b_2 & c_2\\a_3 & b_3 & c_3\end{vmatrix}=a_1\begin{vmatrix}b_2 & c_2\\b_3 & c_3\end{vmatrix}-a_2\begin{vmatrix}b_1 & c_1\\b_3 & c_3\end{vmatrix}+a_3\begin{vmatrix}b_1 & c_1\\b_2 & c_2\end{vmatrix}$$

▲ Als **Hilfe** merke man sich, dass jeweils die erste Spalte und die entsprechende Zeile gestrichen werden:

$$\begin{vmatrix}a_1 & b_1 & c_1\\a_2 & b_2 & c_2\\a_3 & b_3 & c_3\end{vmatrix}=a_1\begin{vmatrix}- & - & -\\ & b_2 & c_2\\ & b_3 & c_3\end{vmatrix}-a_2\begin{vmatrix} & b_1 & c_1\\- & - & -\\ & b_3 & c_3\end{vmatrix}+a_3\begin{vmatrix} & b_1 & c_1\\ & b_2 & c_2\\- & - & -\end{vmatrix}$$

Auf diese Weise lassen sich auch Determinanten für mehr als drei Komponenten definieren.

Beispiel

$$\begin{vmatrix} 2 & 5 & 4 \\ 3 & 1 & 2 \\ 1 & -3 & 4 \end{vmatrix} = 2\begin{vmatrix} 1 & 2 \\ -3 & 4 \end{vmatrix} - 3\begin{vmatrix} 5 & 4 \\ -3 & 4 \end{vmatrix} + 1\begin{vmatrix} 5 & 4 \\ 1 & 2 \end{vmatrix} = 2(4+6) - 3(20+12) + 1(10-4) = -70$$

Bemerkung

Der Wert der Determinante ändert sich nicht, wenn die Spalten als Zeilen geschrieben werden. Dies erkennt man durch die Anwendung der Regel von Sarrus:

$$\left|\begin{matrix} a_1 & b_1 & c_1 \\ a_2 & b_2 & c_2 \\ a_3 & b_3 & c_3 \end{matrix}\right|\begin{matrix} a_1 & b_1 \\ a_2 & b_2 \\ a_3 & b_3 \end{matrix} = a_1b_2c_3 + b_1c_2a_3 + c_1a_2b_3 - a_3b_2c_1 - b_3c_2a_1 - c_3a_2b_1$$

$$\left|\begin{matrix} a_1 & a_2 & a_3 \\ b_1 & b_2 & b_3 \\ c_1 & c_2 & c_3 \end{matrix}\right|\begin{matrix} a_1 & a_2 \\ b_1 & b_2 \\ c_1 & c_2 \end{matrix} = a_1b_2c_3 + a_2b_3c_1 + a_3b_1c_2 - c_1b_2a_3 - c_2b_3a_1 - c_3b_1a_2 .$$

Da die rechten Seiten gleich sind, folgt die Behauptung.

Definition: Der **Rang einer Matrix** ist die maximale Anzahl von linear unabhängigen Spaltenvektoren (Spaltenrang).

Falls die Matrix nicht null ist, ist der Rang einer 2 x 2-Matrix 1 oder 2, der einer 3 x 3-Matrix ist 1, 2 oder 3. Die Nullmatrix hat den Rang 0.

Satz: Der Rang einer Matrix lässt sich auch durch die maximale Anzahl linear unabhängiger Zeilenvektoren bestimmen.
Der Zeilenrang ist gleich dem Spaltenrang.

Beweis:
Falls die Matrix die Nullmatrix ist, sind Zeilen- und Spaltenrang 0.
Ist die Matrix nicht null, so hilft eine Fallunterscheidung weiter.

Für 2 x 2-Matrizen $\begin{pmatrix} a_1 & b_1 \\ a_2 & b_2 \end{pmatrix}$:

1. Fall: Spaltenrang $= 2 \Leftrightarrow \vec{a}$ und $\vec{b}$ sind linear unabhängig

$$\Leftrightarrow \begin{vmatrix} a_1 & b_1 \\ a_2 & b_2 \end{vmatrix} \neq 0 \Leftrightarrow \begin{vmatrix} a_1 & a_2 \\ b_1 & b_2 \end{vmatrix} \neq 0$$

$\Leftrightarrow$ die Zeilenvektoren sind linear unabhängig

$\Leftrightarrow$ Zeilenrang $= 2$

2. Fall: Spaltenrang $= 1 \Leftrightarrow$ die Spaltenvektoren sind linear abhängig

$$\Leftrightarrow \begin{vmatrix} a_1 & b_1 \\ a_2 & b_2 \end{vmatrix} = 0 \Leftrightarrow \begin{vmatrix} a_1 & a_2 \\ b_1 & b_2 \end{vmatrix} = 0$$

$\Leftrightarrow$ die Zeilenvektoren sind linear abhängig

$\Leftrightarrow$ Zeilenrang $= 1$

Für 3 x 3-Matrizen $\begin{pmatrix} a_1 & b_1 & c_1 \\ a_2 & b_2 & c_2 \\ a_3 & b_3 & c_3 \end{pmatrix}$:

1. Fall: Spaltenrang $= 3 \iff \vec{a}, \vec{b}$ und $\vec{c}$ sind linear unabhängig

$$\iff \begin{vmatrix} a_1 & b_1 & c_1 \\ a_2 & b_2 & c_2 \\ a_3 & b_3 & c_3 \end{vmatrix} \neq 0 \iff \begin{vmatrix} a_1 & a_2 & a_3 \\ b_1 & b_2 & b_3 \\ c_1 & c_2 & c_3 \end{vmatrix} \neq 0$$

$\iff$ die Zeilenvektoren sind linear unabhängig $\iff$ Zeilenrang $= 3$.

2. Fall: Spaltenrang $= 1 \iff$ alle Spaltenvektoren sind Vielfache eines einzigen Vektors $\begin{pmatrix} a_1 \\ a_2 \\ a_3 \end{pmatrix}$, d. h., die Matrix hat die Form $\begin{pmatrix} a_1 & \alpha a_1 & \beta a_1 \\ a_2 & \alpha a_2 & \beta a_2 \\ a_3 & \alpha a_3 & \beta a_3 \end{pmatrix}$, wobei $\alpha, \beta \in \mathrm{IR}$.

(oder, falls die erste Spalte null ist, ein Vielfaches der 2. oder 3. Spalte)

$\iff$ alle Zeilenvektoren sind ein Vielfaches der Zeile $(1 \quad \alpha \quad \beta)$ (oder die 1 an anderer Stelle) $\iff$ Zeilenrang $= 1$.

Wegen Fall 1 und Fall 2 erhält man dann

3. Fall: Spaltenrang $= 2 \iff$ Zeilenrang $= 2$.

Beispiele

1. Die Matrix $\begin{pmatrix} -6 & 2 \\ 9 & -3 \end{pmatrix}$ hat die Determinante $\begin{vmatrix} -6 & 2 \\ 9 & -3 \end{vmatrix} = 18 - 18 = 0$ und daher den Rang 1.

2. Die Matrix $\begin{pmatrix} 2 & 7 & 8 \\ 3 & 5 & 2 \\ -1 & 2 & 6 \end{pmatrix}$ hat die Determinante $D = \begin{vmatrix} 2 & 7 & 8 \\ 3 & 5 & 2 \\ -1 & 2 & 6 \end{vmatrix}$,

   $D = 60 - 14 + 48 + 40 - 8 - 126 = 0$. Daraus folgt, dass der Rang der Matrix 1 oder 2 ist. Wenn der Rang 1 wäre, müsste die erste Spalte ein Vielfaches der zweiten sein: $\begin{pmatrix} 2 \\ 3 \\ -1 \end{pmatrix} = \alpha \begin{pmatrix} 7 \\ 5 \\ 2 \end{pmatrix} \Rightarrow \begin{array}{l} 2 = 7\alpha \Rightarrow \alpha = \frac{2}{7} \\ 3 = 5\alpha \Rightarrow \alpha = \frac{3}{5} \end{array}$.

   Dies ergibt einen Widerspruch, also ist der Rang 2.

▲ **Der Rang einer Matrix ändert sich nicht**, wenn Zeilen oder Spalten **mit einer reellen Zahl** ungleich null **multipliziert** werden oder wenn man zu einer Zeile oder Spalte ein Vielfaches einer anderen addiert.

Auch das **Vertauschen** von zwei Zeilen oder Spalten ändert den Rang nicht.

Durch solche Operationen ändert sich ja die maximale Anzahl linear unabhängiger Spalten- oder Zeilenvektoren nicht.

Diese Operationen werden benützt, um eine Matrix auf die so genannte **Stufenform** zu bringen (siehe auch **Gaußalgorithmus** in Kapitel 3.2). Da sich dabei der Rang nicht ändert, kann man an der Stufenform den Rang einer Matrix ablesen.

Beispiele

1. $$\begin{pmatrix} 2 & 7 & 8 \\ 3 & 5 & 2 \\ -1 & 2 & 6 \end{pmatrix} \Rightarrow \begin{pmatrix} 2 & 7 & 8 \\ 0 & 11 & 20 \\ 0 & 11 & 20 \end{pmatrix} \begin{matrix} \\ \text{2.Zeile} + 3 \times \text{3.Zeile} \\ \text{1.Zeile} + 2 \times \text{3.Zeile} \end{matrix} \Rightarrow \begin{pmatrix} 2 & 7 & 8 \\ 0 & 11 & 20 \\ 0 & 0 & 0 \end{pmatrix} \begin{matrix} \\ \\ \text{3.Zeile} - \text{2.Zeile} \end{matrix}$$

   An dieser Stufenform der Matrix liest man den Rang 2 ab, da die beiden Zeilenvektoren nicht parallel sind, der Rang aber nicht 3 sein kann, da die 3. Zeile null ist.

2. Die 2 x 2-Matrizen bilden einen **Vektorraum der Dimension 4**
   Die **Addition** wird komponentenweise durchgeführt:
   $$\begin{pmatrix} a_1 & b_1 \\ a_2 & b_2 \end{pmatrix} + \begin{pmatrix} c_1 & d_1 \\ c_2 & d_2 \end{pmatrix} = \begin{pmatrix} a_1 + c_1 & b_1 + d_1 \\ a_2 + c_2 & b_2 + d_2 \end{pmatrix}.$$
   Die **Multiplikation** mit reellen Zahlen erfolgt ebenfalls komponentenweise:
   $$\lambda \begin{pmatrix} a_1 & b_1 \\ a_2 & b_2 \end{pmatrix} = \begin{pmatrix} \lambda a_1 & \lambda b_1 \\ \lambda a_2 & \lambda b_2 \end{pmatrix}, \lambda \in \text{IR}$$
   Eine **Basis** bilden die folgenden vier Matrizen:
   $$\begin{pmatrix} 1 & 0 \\ 0 & 0 \end{pmatrix}, \begin{pmatrix} 0 & 0 \\ 1 & 0 \end{pmatrix}, \begin{pmatrix} 0 & 1 \\ 0 & 0 \end{pmatrix}, \begin{pmatrix} 0 & 0 \\ 0 & 1 \end{pmatrix}.$$
   Der Nachweis der Eigenschaften eines Vektorraums und einer Basis wird als Übungsaufgabe gestellt

Aufgaben zu 3.1

1. Berechnen Sie die Determinanten der folgenden Matrizen:

   a) $\begin{pmatrix} 1 & -2 \\ -1 & 4 \end{pmatrix}$ b) $\begin{pmatrix} 2 & 4 \\ 1 & 2 \end{pmatrix}$ c) $\begin{pmatrix} -3 & 0 \\ 5 & 6 \end{pmatrix}$

   d) $\begin{pmatrix} 3 & -2 & -1 \\ 1 & 3 & 1 \\ 2 & 5 & -2 \end{pmatrix}$ e) $\begin{pmatrix} 1 & -2 & 3 \\ -2 & 1 & -4 \\ 1 & 4 & -1 \end{pmatrix}$ f) $\begin{pmatrix} 8 & 2 & 3 \\ -3 & 1 & -2 \\ 2 & -3 & -4 \end{pmatrix}$

2. Bestimmen Sie den Rang der folgenden Matrizen:

   a) $\begin{pmatrix} 1 & 0 \\ -4 & 4 \end{pmatrix}$ b) $\begin{pmatrix} 6 & 3 \\ 9 & 12 \end{pmatrix}$ c) $\begin{pmatrix} 2 & -6 \\ 1 & 13 \end{pmatrix}$

3. Bringen Sie die folgenden Matrizen auf Stufenform und bestimmen Sie ihren Rang:

   a) $\begin{pmatrix} 3 & 2 & 9 \\ 0 & 1 & 5 \\ -1 & 4 & 6 \end{pmatrix}$ b) $\begin{pmatrix} 1 & 3 & -2 \\ 2 & 8 & -5 \\ -1 & -9 & 5 \end{pmatrix}$ c) $\begin{pmatrix} 3 & 2 & -1 \\ -12 & -8 & 4 \\ -6 & -4 & 2 \end{pmatrix}$

4. Zeigen Sie, dass die 2 x 2-Matrizen einen Vektorraum der Dimension 4 bilden.

3.2 Gleichungssysteme mit zwei Variablen

Ein Beispiel soll die Problemstellung zeigen. Es sind zwei Gleichungen gegeben

I $2x_1 - 3x_2 = 1$

II $5x_1 + 4x_2 = 14$

$x_1 = 2, x_2 = 1$ ist die einzige Lösung. Sie lässt sich in Vektorform schreiben:

$\begin{pmatrix} x_1 \\ x_2 \end{pmatrix} = \begin{pmatrix} 2 \\ 1 \end{pmatrix}.$

Die so genannte **Koeffizientenmatrix des Gleichungssystems** ist in diesem Fall die 2 x 2-Matrix $\begin{pmatrix} 2 & -3 \\ 5 & 4 \end{pmatrix}$, das Gleichungssystem lässt sich daher in folgender Form schreiben: $\begin{pmatrix} 2 & -3 \\ 5 & 4 \end{pmatrix}\begin{pmatrix} x_1 \\ x_2 \end{pmatrix} = \begin{pmatrix} 1 \\ 14 \end{pmatrix}.$

Die Überprüfung ergibt $\begin{pmatrix} 2 & -3 \\ 5 & 4 \end{pmatrix}\begin{pmatrix} 2 \\ 1 \end{pmatrix} = \begin{pmatrix} 1 \\ 14 \end{pmatrix}.$

Um die oben angegebene Lösung zu erhalten, gibt es verschiedene Methoden, die hier vorgestellt werden.

A. Das Einsetzverfahren

Gleichung I wird nach x_1 (oder x_2) aufgelöst und der entsprechende Ausdruck in Gleichung II eingesetzt.

I $x_1 = \frac{1}{2}(1 + 3x_2)$

in II $5 \cdot \frac{1}{2}(1 + 3x_2) + 4x_2 = 14$

$$\frac{5}{2} + \frac{15}{2}x_2 + 4x_2 = 14$$

$$\frac{23}{2}x_2 = \frac{23}{2} \Rightarrow x_2 = 1 \quad \text{in I} \quad x_1 = \frac{1}{2}(1 + 3 \cdot 1) \Rightarrow x_1 = 2.$$

Es ergibt sich also die oben angegebene Lösung $\begin{pmatrix} x_1 \\ x_2 \end{pmatrix} = \begin{pmatrix} 2 \\ 1 \end{pmatrix}.$

B. Das Additionsverfahren

Hierbei werden die Gleichungen so mit reellen Zahlen multipliziert und dann addiert, dass eine Unbekannte wegfällt.

$4 \cdot \text{I} \quad 8x_1 - 12x_2 = 4$

$+\ 3 \cdot \text{II} \quad 15x_1 + 12x_2 = 42$

$23x_1 = 46 \quad \Rightarrow \quad x_1 = 2$. Einsetzen in I (oder II) ergibt

$2 \cdot 2 - 3x_2 = 1 \quad \Rightarrow \quad x_2 = 1.$

Man erhält also wieder die oben angegebene Lösung.

C. Das Determinantenverfahren

Um dieses Verfahren zu entwickeln, schreibt man das allgemeine Gleichungssystem auf und wendet auf dieses das Additionsverfahren an.

$$\begin{array}{ll} \text{I} & a_1x_1 + b_1x_2 = d_1 \\ \text{II} & a_2x_1 + b_2x_2 = d_2 \end{array}$$

Die **Determinante *D* des Gleichungssystems** ist die Determinante der Koeffizientenmatrix $\begin{pmatrix} a_1 & b_1 \\ a_2 & b_2 \end{pmatrix}$:

$$D = \det\,(\,\vec{a};\vec{b};\vec{c}\,) = \begin{vmatrix} a_1 & b_1 \\ a_2 & b_2 \end{vmatrix} = a_1b_2 - a_2b_1\,.$$

Man löst dieses Gleichungssystem mit dem Additionsverfahren:

$$\begin{array}{ll} b_2 \cdot \text{I} & a_1b_2x_1 + b_1b_2x_2 = d_1b_2 \\ b_1 \cdot \text{II} & a_2b_1x_1 + b_1b_2x_2 = d_2b_1 \end{array}$$

$$\begin{array}{lr} b_2 \cdot \text{I} - b_1 \cdot \text{II} & (\,a_1b_2 - a_2b_1\,)\,x_1 = d_1b_2 - d_2b_1 \\ & D \cdot x_1 = d_1b_2 - d_2b_1 \qquad \circ \end{array}$$

Falls $D \neq 0$ erhält man $\quad x_1 = \dfrac{d_1b_2 - d_2b_1}{D}$

Entsprechend für x_2

$$\begin{array}{ll} a_2 \cdot \text{I} & a_1a_2x_1 + b_1a_2x_2 = a_2d_1 \\ a_1 \cdot \text{II} & a_1a_2x_1 + a_1b_2x_2 = a_1d_2 \end{array}$$

$$\begin{array}{lr} a_2 \cdot \text{I} - a_1 \cdot \text{II} & (\,a_2b_1 - a_1b_2\,)\,x_2 = a_2d_1 - a_1d_2 \quad \Big| \quad \cdot(-1) \\ & (\,a_1b_2 - a_2b_1\,)\,x_2 = a_1d_2 - a_2d_1 \\ & D \cdot x_2 = a_1d_2 - a_2d_1 \qquad \circ\circ \end{array}$$

Falls $D \neq 0$ erhält man $\quad x_2 = \dfrac{a_1d_2 - a_2d_1}{D}$

Mit $D_1 = \begin{vmatrix} d_1 & b_1 \\ d_2 & b_2 \end{vmatrix} = d_1b_2 - d_2b_1$ und $D_2 = \begin{vmatrix} a_1 & d_1 \\ a_2 & d_2 \end{vmatrix} = a_1d_2 - a_2d_1$

erhalten die Gleichungen $^{\circ}$ und $^{\circ\circ}$ die Form

$$\begin{array}{ll} D \cdot x_1 = D_1 & \circ \\ D \cdot x_2 = D_2 & \circ\circ \end{array}$$

Für $D \neq 0$ lassen sich diese Gleichungen eindeutig nach x_1 und x_2 auflösen.

Für $D = 0$ folgt $D_1 = D_2 = 0$, sonst ergibt sich ein Widerspruch und es existiert keine Lösung des Gleichungssystems.

Mit den bisherigen Überlegungen ergibt sich die folgende Methode zur Lösung eines linearen Gleichungssystems für zwei Variable:

> Ist $D = a_1b_2 - a_2b_1 \neq 0$,
> dann hat das Gleichungssystem **eine eindeutig bestimmte Lösung,** für die gilt:
> $x_1 = \frac{D_1}{D}$, $x_2 = \frac{D_2}{D}$,
> wobei $D_1 = \begin{vmatrix} d_1 & b_1 \\ d_2 & b_2 \end{vmatrix}$, $D_2 = \begin{vmatrix} a_1 & d_1 \\ a_2 & d_2 \end{vmatrix}$
> Dies ist die so genannte **Cramer-Regel**

▲ Um D_1 zu erhalten, ersetzt man in der Koeffizientenmatrix die 1. Spalte, für D_2 die 2. Spalte durch die Konstantenspalte auf der rechten Seite des Gleichungssystems.

In unserem **Beispiel**

I $2x_1 - 3x_2 = 1$

II $5x_1 + 4x_2 = 14$

erhält man $D = \begin{vmatrix} 2 & -3 \\ 5 & 4 \end{vmatrix} = 2 \cdot 4 - 5 \cdot (-3) = 23 \neq 0$,

es gibt also, wie wir schon wissen, genau eine eindeutig bestimmte Lösung.

$D_1 = \begin{vmatrix} 1 & -3 \\ 14 & 4 \end{vmatrix} = 1 \cdot 4 - 14 \cdot (-3) = 46$ und $D_2 = \begin{vmatrix} 2 & 1 \\ 5 & 14 \end{vmatrix} = 2 \cdot 14 - 5 \cdot 1 = 23$

$\Rightarrow x_1 = \frac{46}{23} = 2$ und $x_2 = \frac{23}{23} = 1$.

Beim Determinantenverfahren lässt sich die **Anzahl der Lösungen** folgendermaßen bestimmen:

$\boldsymbol{D \neq 0}$:	**Es gibt genau eine Lösung (Cramer-Regel).**
$\boldsymbol{D = 0}$ **und** $\boldsymbol{D_1 = D_2 = 0}$:	**Es gibt unendlich viele Lösungen oder keine.**
$\boldsymbol{D = 0}$ **und** $\boldsymbol{D_1 \neq 0}$ **oder** $\boldsymbol{D_2 \neq 0}$:	**Es gibt keine Lösung.**

Im Fall $D = 0$ und $D_1 = D_2 = 0$ kann man zeigen, dass es immer unendlich viele Lösungen gibt, falls die Koeffizientenmatrix nicht die Nullmatrix ist.

Beispiel

$3x_1 - 5x_2 = -2$

$-6x_1 + 10x_2 = 4$.

Hier erhält man $D=\begin{vmatrix} 3 & -5 \\ -6 & 10 \end{vmatrix}=30-30=0$, $D_1=\begin{vmatrix} -2 & -5 \\ 4 & 10 \end{vmatrix}=-20+20=0$

$D_2=\begin{pmatrix} 3 & -2 \\ -6 & 4 \end{pmatrix}=3\cdot 4-(-6)(-2)=0$.

Mit $x_2=\lambda$ folgt aus der ersten Gleichung $3x_1=-2+5\lambda \Rightarrow x_1=-\frac{2}{3}+\frac{5}{3}\lambda$

Es gibt daher unendlich viele Lösungen $\begin{pmatrix} x_1 \\ x_2 \end{pmatrix}=\begin{pmatrix} -\frac{2}{3} \\ 0 \end{pmatrix}+\lambda\begin{pmatrix} \frac{5}{3} \\ 1 \end{pmatrix}, \lambda \in \mathrm{IR}$.

Homogene Gleichungssysteme

Definition: Ein lineares Gleichungssystem heißt **homogen,** wenn die Konstanten null sind, d. h. $d_1=d_2=0$.

Ein derartiges Gleichungssystem hat in jedem Fall eine Lösung, nämlich $x_1=x_2=0$. Hat das zu einem Gleichungssystem gehörende homogene Gleichungssystem nur die triviale Lösung null, so hat das inhomogene Gleichungssystem genau eine Lösung.

Beispiel

Das zu unserem für alle drei Verfahren durchgerechnete Gleichungssystem hat

I $\quad 2x_1-3x_2=0$

II $\quad 5x_1+4x_2=0$ als zugehöriges homogenes Gleichungssytem.

Dieses hat $\begin{pmatrix} x_1 \\ x_2 \end{pmatrix}=\begin{pmatrix} 0 \\ 0 \end{pmatrix}$ als einzige Lösung, da die Determinante $D=23$ nicht null ist.

Geometrische Deutung

Die Anzahl der Lösungen eines linearen Gleichungssytems mit zwei Variablen lässt sich auch geometrisch veranschaulichen. Jede der beiden Gleichungen beschreibt eine Gerade im IR^2, falls nicht alle Koeffizienten einer Gleichung null sind.

Für die Lage von zwei Geraden im IR^2 gibt es drei Möglichkeiten:

Die Geraden **schneiden sich** in einem Punkt	**eine Lösung**
Die Geraden sind **parallel**	**keine Lösung**
Die Geraden sind **identisch**	**unendlich viele Lösungen**

Beispiel

Bei dem Eingangsbeispiel sieht das folgendermaßen aus:

I $\quad 2x_1-3x_2=1 \qquad \Rightarrow g: 3x_2=2x_1-1 \qquad g: x_2=\frac{2}{3}x_1-\frac{1}{3}$

II $\quad 5x_1+4x_2=14 \qquad \Rightarrow h: 4x_2=-5x_1+14 \qquad h: x_2=-\frac{5}{4}x_1+\frac{7}{2}$

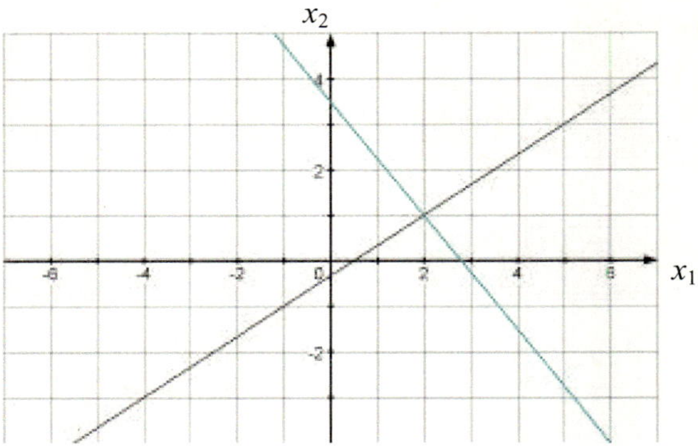

Ein **homogenes Gleichungssystem** dagegen **wird durch zwei Ursprungsgeraden** dargestellt. Diese haben immer mindestens einen Punkt gemeinsam, nämlich den Ursprung.

Aufgaben zu 3.2

1. Berechnen Sie die Lösungen der folgenden Gleichungssysteme:

a) $x_1 - 2x_2 = -4$
$-3x_1 + 7x_2 = 15$

b) $2x_1 + 5x_2 = -2$
$7x_1 - 10x_2 = -7$

c) $0{,}5 \cdot x_1 - 3x_2 = 6$
$-x_1 + 6x_2 = -12$

d) $3x_1 + 4x_2 = 16$
$5x_1 + 12x_2 = 16$

e) $\frac{2}{3}x_1 + \frac{1}{2}x_2 = 3$
$-4x_1 + 3x_2 = 5$

f) $2x_1 + 3x_2 = 7$
$\frac{3}{2}x_1 + x_2 = -1$

g) $4x_1 - 8x_2 = -12$
$8x_1 - 4x_2 = 12$

h) $4x_1 + x_2 = -6$
$-8x_1 + 5x_2 = -18$

2. Stellen Sie fest, ob sich der Parameter $a \in \mathbb{R}$ so bestimmen lässt, dass das Gleichungssystem eine, keine oder unendlich viele Lösungen hat:

a) $ax_1 - 2x_2 = -8$
$-4x_1 + 4x_2 = 5$

b) $x_1 + ax_2 = 3$
$-2x_1 + 3x_2 = 2a$

c) $4ax_1 + 2x_2 = 6$
$2x_1 + ax_2 = 3$

3. Gegeben sind zwei Punkte A und B in der Ebene. Die Gerade g soll die Punkte A und B enthalten und hat die Gleichung $g: y = mx + t,\ m,t \in \mathbb{R}$. Bestimmen Sie mithilfe des Determinantenverfahrens die Werte für m und t.

a) $A(2; -5)$, $B(3; 1)$

b) $A(-4; -1)$, $B(8; 2)$

3.3 Gleichungssysteme mit drei Variablen

Wie im vorhergehenden Abschnitt sollen die Lösungsmöglichkeiten wieder an einem Beispiel untersucht werden. Gegeben ist das folgende lineare Gleichungssystem

I $\quad x_1 + 2x_2 - 4x_3 = -12$

II $\quad x_1 - x_2 + 4x_3 = 17$

III $\quad -2x_1 + 2x_2 + x_3 = 2$

Die Koeffizientenmatrix ist in diesem Fall die 3 x 3-Matrix $\begin{pmatrix} 1 & 2 & -4 \\ 1 & -1 & 4 \\ -2 & 2 & 1 \end{pmatrix}$.

Damit lässt sich das Gleichungssystem in folgender Form schreiben:

$$\begin{pmatrix} 1 & 2 & -4 \\ 1 & -1 & 4 \\ -2 & 2 & 1 \end{pmatrix}\begin{pmatrix} x_1 \\ x_2 \\ x_3 \end{pmatrix} = \begin{pmatrix} -12 \\ 17 \\ -2 \end{pmatrix}$$

Wieder gibt es drei Lösungsverfahren

A. Das Einsetzverfahren

Man löst eine der Gleichungen nach einer Variablen auf, setzt diesen Ausdruck in die anderen beiden ein und verfährt weiter wie in 3.2, da man jetzt zwei lineare Gleichungen für zwei Variable hat.

I $\quad x_1 = -12 - 2x_2 + 4x_3$

in II $\quad (-12 - 2x_2 + 4x_3) - x_2 + 4x_3 = 17$

II* $\quad -3x_2 + 8x_3 = 29$

in III $\quad -2(-12 - 2x_2 + 4x_3) + 2x_2 + x_3 = 2$

$\quad 24 + 4x_2 - 8x_3 + 2x_2 + x_3 = 2$

III* $\quad 6x_2 - 7x_3 = -22$

Gleichungen II* und III* lassen sich jetzt mit einem der Verfahren aus 3.2 lösen,

z. B. einsetzen aus II* $\quad x_2 = \frac{1}{3}(8x_3 - 29)$

in III* $\quad 6 \cdot \frac{1}{3}(8x_3 - 29) - 7x_3 = -22$

$\quad 16x_3 - 58 - 7x_3 = -22$

$\quad 9x_3 = 36 \quad \Rightarrow \quad x_3 = 4$

in II* $\Rightarrow \quad x_2 = \frac{1}{3}(8 \cdot 4 - 29) \Rightarrow x_2 = 1$

in III* $\Rightarrow \quad x_1 = -12 - 2 \cdot 1 + 4 \cdot 4 \quad \Rightarrow \quad x_1 = 2$.

Man erhält die Lösung $\begin{pmatrix} x_1 \\ x_2 \\ x_3 \end{pmatrix} = \begin{pmatrix} 2 \\ 1 \\ 4 \end{pmatrix}$, es gilt $\begin{pmatrix} 1 & 2 & -4 \\ 1 & -1 & 4 \\ -2 & 2 & 1 \end{pmatrix}\begin{pmatrix} 2 \\ 1 \\ 4 \end{pmatrix} = \begin{pmatrix} -12 \\ 17 \\ -2 \end{pmatrix}$.

B. Das Additionsverfahren

Die zweite Methode ist wieder die elegantere. Man multipliziert die Gleichungen mit den passenden Faktoren so, dass beim Addieren eine Variable herausfällt und fährt mit dieser Methode fort, bis das Gleichungssystem

$$\begin{array}{ll} \text{I} & x_1 + 2x_2 - 4x_3 = -12 \\ \text{II} & x_1 - x_2 + 4x_3 = 17 \\ \text{III} & -2x_1 + 2x_2 + x_3 = 2 \end{array}$$

eine **Dreiecksform** angenommen hat.

Im ersten Schritt wird x_1 eliminiert:

$$\begin{array}{ll} \text{I} & x_1 + 2x_2 - 4x_3 = -12 \\ -1 \cdot \text{II} & -x_1 + x_2 - 4x_3 = -17 \\ \hline \text{II*} & 3x_2 - 8x_3 = -29 \end{array}$$

$$\begin{array}{ll} 2 \cdot \text{I} & 2x_1 + 4x_2 - 8x_3 = -24 \\ \text{III} & -2x_1 + 2x_2 + x_3 = 2 \\ \hline \text{III*} & 6x_2 - 7x_3 = -22 \end{array}$$

Aus II* und III* eliminiert man noch x_2:

$$\begin{array}{ll} 2 \cdot \text{II*} & 6x_2 - 16x_3 = -58 \\ (-1) \cdot \text{III*} & -6x_2 + 7x_3 = +22 \\ \hline \text{III**} & -9x_3 = -36 \end{array}$$

Jetzt hat das Gleichungssystem die folgende Dreiecksform:

$$\begin{array}{ll} \text{I} & x_1 + 2x_2 - 4x_3 = -12 \\ \text{II*} & 3x_2 - 8x_3 = -29 \\ \text{III*} & -9x_3 = -36 \end{array}$$

In dieser Form lassen sich die Unbekannten leicht berechnen. Dieses Verfahren heißt **Gaußverfahren** oder **Gaußalgorithmus.** Man erhält

$$\begin{array}{lll} \text{III**} & x_3 = 4 & \\ \text{II*} & x_2 = \frac{1}{3}(-29 + 8x_3) & \Rightarrow x_2 = 1 \\ \text{I} & x_1 = -12 - 2x_2 + 4x_3 & \Rightarrow x_1 = 2\,. \end{array}$$

Wieder erhält man die Lösung $\begin{pmatrix} 2 \\ 1 \\ 4 \end{pmatrix}$. Um die Umformung übersichtlicher zu machen, formt man nur die erweiterte Koeffizientenmatrix um:

$$\left(\begin{array}{ccc|c} 1 & 2 & -4 & -12 \\ 1 & -1 & 4 & 17 \\ -2 & 2 & 1 & 2 \end{array}\right) \qquad \left(\begin{array}{ccc|c} 1 & 2 & -4 & -12 \\ 0 & 3 & -8 & -29 \\ 0 & 6 & -7 & -22 \end{array}\right) \begin{array}{l} \\ 1.\text{Zeile} - 2.\text{Zeile} \\ 2\times 1.\text{Zeile} + 3.\text{Zeile} \end{array}$$

$$\left(\begin{array}{ccc|c} 1 & 2 & -4 & -12 \\ 0 & 3 & -8 & -29 \\ 0 & 0 & -9 & -36 \end{array}\right) \; 2\times 2.\text{Zeile} - 3.\text{Zeile}$$

Man sieht, dass sich jetzt die Unbekannten leicht berechnen lassen. Die letzte Umformung ergibt die gewünschte **Dreiecksform**.

Der Rang der Koeffizientenmatrix ändert sich bei diesen Umformungen nicht. An der Dreiecksform der Matrix erkennt man, dass ihr Rang 3 ist.

C. Das Determinantenverfahren

Für dieses Verfahren benützt man die Determinante der Koeffizientenmatrix. Es lässt sich aus den Eigenschaften der Determinanten herleiten.

Das allgemeine lineare System hat die Form

I $\quad a_1x_1 + b_1x_2 + c_1x_3 = d_1$

II $\quad a_2x_1 + b_2x_2 + c_2x_3 = d_2$

III $\quad a_3x_1 + b_3x_2 + c_3x_3 = d_3$

Jetzt kann man das Gleichungssystem als Vektorgleichung schreiben:

$$\circ \qquad \vec{a}\, x_1 + \vec{b}\, x_2 + \vec{c}\, x_3 = \vec{d}$$

wobei

$$\vec{a} = \begin{pmatrix} a_1 \\ a_2 \\ a_3 \end{pmatrix}, \vec{b} = \begin{pmatrix} b_1 \\ b_2 \\ b_3 \end{pmatrix}, \vec{c} = \begin{pmatrix} c_1 \\ c_2 \\ c_3 \end{pmatrix} \text{ und } \vec{d} = \begin{pmatrix} d_1 \\ d_2 \\ d_3 \end{pmatrix}.$$

Die dreireihige Determinante $D = \det\left(\vec{a};\vec{b};c\right)$ wurde in Kapitel 2.3 als Spatprodukt $\left(\vec{a}\times\vec{b}\right)\vec{c}$ definiert, d. h.

$$D = \det\left(\vec{a};\vec{b};c\right) = \left(\vec{a}\times\vec{b}\right)\vec{c} = \begin{vmatrix} a_1 & b_1 & c_1 \\ a_2 & b_2 & c_2 \\ a_3 & b_3 & c_3 \end{vmatrix}.$$

Aus den Eigenschaften des Spatprodukts ergeben sich unter Verwendung des Gleichungssystems $\circ$

$$\begin{aligned} D_1 = \det\left(\vec{d};\vec{b};\vec{c}\right) &= \det\left(\vec{a}x_1 + \vec{b}x_2 + \vec{c}x_3;\vec{b};\vec{c}\right) = \\ &= \det\left(\vec{a}x_1;\vec{b};\vec{c}\right) + \det\left(\vec{b}x_2;\vec{b};\vec{c}\right) + \det\left(\vec{c}x_3;\vec{b};\vec{c}\right) = \\ &= x_1 \cdot \det\left(\vec{a};\vec{b};\vec{c}\right) + 0 + 0 \\ D_1 &= x_1 \cdot D \end{aligned}$$

da die Determinante der linear abhängigen Vektoren $\vec{b}x_2$ und $\vec{b}$ bzw. $\vec{c}x_3$ und $\vec{c}$ null ist.

Entsprechend gilt

$$\begin{aligned}
D_2 = \det\left(\vec{a};\vec{d};\vec{c}\right) &= \det\left(\vec{a};\vec{a}x_1+\vec{b}x_2+\vec{c}x_3;\ \vec{c}\right) = \\
&= \det\left(\vec{a};\vec{a}x_1;\vec{c}\right) + x_2\det\left(\vec{a};\vec{b};\vec{c}\right) + \det\left(\vec{a};\vec{c}x_3;\vec{c}\right) = \\
&= x_2 \cdot \det\left(\vec{a};\vec{b};\vec{c}\right) \\
D_2 &= x_2 \cdot D \\
D_3 = \det\left(\vec{a};\vec{b};\vec{c}\right) &= \det\left(\vec{a};\vec{b};\vec{a}x_1+\vec{b}x_2+\vec{c}x_3\right) = \\
&= \det\left(\vec{a};\vec{b};\vec{a}x_1\right) + \det\left(\vec{a};\vec{b};\vec{b}x_2\right) + x_3\det\left(\vec{a};\vec{b};\vec{c}\right) = \\
&= x_3 \cdot \det\left(\vec{a};\vec{b};\vec{c}\right) \\
D_3 &= x_3 \cdot D
\end{aligned}$$

Cramerregel: Falls $\boldsymbol{D = \det\left(\vec{a};\vec{b};\vec{c}\right) \neq 0}$, erhält man für das lineare Gleichungssystem die **eindeutig bestimmte Lösung**

$$\boldsymbol{x_1 = \frac{D_1}{D},\quad x_2 = \frac{D_2}{D},\quad x_3 = \frac{D_3}{D}}$$

▲ In D_1 ersetzt man $\vec{a}$ durch $\vec{d}$, in D_2 ersetzt man $\vec{b}$ durch $\vec{d}$ und in D_3 $\vec{c}$ durch $\vec{d}$.

In dem oben behandelten **Beispiel**

$$\begin{array}{ll}
\text{I} & x_1 + 2x_2 - 4x_3 = -12 \\
\text{II} & x_1 - x_2 + 4x_3 = 17 \\
\text{III} & -2x_1 + 2x_2 + x_3 = 2
\end{array}$$

lassen sich zunächst mit der Regel von Sarrus die in Frage kommenden Determinanten berechnen.

$$D = \left|\begin{array}{ccc|cc} 1 & 2 & -4 & 1 & 2 \\ 1 & -1 & 4 & 1 & -1 \\ -2 & 2 & 1 & -2 & 2 \end{array}\right| = -1-16-8+8-8-2 = -27 \neq 0,$$

Daher hat das Gleichungssystem eine eindeutig bestimmte Lösung.

Für D_1, D_2 und D_3 erhält man

$$D_1 = \left|\begin{array}{ccc|cc} -12 & 2 & -4 & -12 & 2 \\ 17 & -1 & 4 & 17 & -1 \\ 2 & 2 & 1 & 2 & 2 \end{array}\right| = 12+16-136-8+96-34 = -54$$

$$D_2 = \left|\begin{array}{ccc|cc} 1 & -12 & -4 & 1 & -12 \\ 1 & 17 & 4 & 1 & 17 \\ -2 & 2 & 1 & -2 & 2 \end{array}\right| = 17+96-8-136-8+12 = -27$$

$$D_3 = \left|\begin{array}{ccc|cc} 1 & 2 & -12 & 1 & 2 \\ 1 & -1 & 17 & 1 & -1 \\ -2 & 2 & 2 & -2 & 2 \end{array}\right| = -2-68-24+24-34-4 = -108$$

$$\Rightarrow x_1 = \frac{-54}{-27} = 2\,,\ x_2 = \frac{-27}{-27} = 1\,, \quad x_3 = \frac{-108}{-27} = 4\,, \quad \begin{pmatrix} x_1 \\ x_2 \\ x_3 \end{pmatrix} = \begin{pmatrix} 2 \\ 1 \\ 4 \end{pmatrix}.$$

In diesem Beispiel gibt es **genau eine eindeutig bestimmte Lösung**, da die Determinante des Gleichungssystems nicht null ist. Der Rang der Koeffizientenmatrix ist, wie der Gaußalgorithmus ergab, drei. Es kann aber, wie im Fall von zwei Variablen, vorkommen, dass das Gleichungssystem keine oder unendlich viele Lösungen hat.

Als nächstes werden zwei Beispiele untersucht, bei denen die Determinante null ist. Im ersten Beispiel gibt es keine, im zweiten unendlich viele Lösungen.

Beispiele

1. $\begin{array}{ll} \text{I} & x_1 + 2x_2 - 2x_3 = 2 \\ \text{II} & x_1 + x_2 - 2x_3 = 2 \\ \text{III} & 2x_1 + x_2 - 4x_3 = 1 \end{array} \qquad \left(\begin{array}{ccc|c} 1 & 2 & -2 & 2 \\ 1 & 1 & -2 & 2 \\ 2 & 1 & -4 & 1 \end{array}\right)$

   Umformen nach dem Gaußverfahren ergibt

   $\left(\begin{array}{ccc|c} 1 & 2 & -2 & 2 \\ 0 & 1 & 0 & 0 \\ 0 & 3 & 0 & 3 \end{array}\right) \begin{array}{l} \\ 1.\text{ Zeile} - 2.\text{ Zeile} \\ 2\times 1.\text{ Zeile} - 3.\text{ Zeile} \end{array} \quad \left(\begin{array}{ccc|c} 1 & 2 & -2 & 2 \\ 0 & 1 & 0 & 0 \\ 0 & 0 & 0 & -3 \end{array}\right) \begin{array}{l} \\ \\ 3\times 2.\text{ Zeile} - 3.\text{ Zeile} \end{array}$

   Man erhält also einen Widerspruch in der 3. Zeile, das Gleichungssystem **hat keine Lösung.**

   Der **Rang der Koeffizientenmatrix ist 2, der Rang der um die Konstantenspalte erweiterten Matrix ist 3.**

   Bei Anwenden des Determinantenverfahrens erhält man für die Determinante des Gleichungssystems

   $$D = \left|\begin{array}{ccc|cc} 1 & 2 & -2 & 1 & 2 \\ 1 & 1 & -2 & 1 & 1 \\ 2 & 1 & -4 & 2 & 1 \end{array}\right. = -4 - 8 - 2 + 2 + 4 + 8 = 0$$

   dagegen $D_1 = \left|\begin{array}{ccc|cc} 2 & 2 & -2 & 2 & 2 \\ 2 & 1 & -2 & 2 & 1 \\ 1 & 1 & -4 & 1 & 1 \end{array}\right. = -8 - 4 - 4 + 2 + 4 + 16 = 8 \neq 0\,.$

   Man erhält also ebenfalls einen Widerspruch, nämlich zu der Beziehung $D_1 = x_1 D$.

2. $\begin{array}{ll} \text{I} & 3\,x_1 + x_2 - x_3 = 13 \\ \text{II} & -9\,x_1 + 10\,x_2 + 3\,x_3 = -26 \\ \text{III} & 6\,x_1 - 5\,x_2 - 2\,x_3 = 19 \end{array}$. Das Gaußverfahren liefert $\left(\begin{array}{ccc|c} 3 & 1 & -1 & 13 \\ -9 & 10 & 3 & -26 \\ 6 & -5 & -2 & 19 \end{array}\right)$

   $\left(\begin{array}{ccc|c} 3 & 1 & -1 & 13 \\ 0 & 13 & 0 & 13 \\ 0 & 7 & 0 & 7 \end{array}\right) \begin{array}{l} \\ 3\times 1.\text{ Zeile} + 2.\text{ Zeile} \\ 2\times 1.\text{ Zeile} - 3.\text{ Zeile} \end{array} \quad \left(\begin{array}{ccc|c} 3 & 1 & -1 & 13 \\ 0 & 13 & 0 & 13 \\ 0 & 0 & 0 & 0 \end{array}\right) \begin{array}{l} \\ \\ \frac{7}{13}\times 2.\text{ Zeile} - 3.\text{ Zeile} \end{array}.$

Die Dreiecksform des Gleichungssystems lautet damit

$$\begin{aligned} 3x_1 + x_2 - x_3 &= 13 \\ 13\,x_2 &= 13 \quad \Rightarrow x_2 = 1 \text{ in } \mathrm{I}: x_3 = 3x_1 - 12\,. \\ 0 &= 0 \end{aligned}$$

Setzt man $x_1 = \lambda$, dann lässt sich die Lösung in Vektorschreibweise darstellen:

$$\begin{pmatrix} x_1 \\ x_2 \\ x_3 \end{pmatrix} = \begin{pmatrix} \lambda \\ 1 \\ -12+3\lambda \end{pmatrix} = \begin{pmatrix} 0 \\ 1 \\ -12 \end{pmatrix} + \lambda \begin{pmatrix} 1 \\ 0 \\ 3 \end{pmatrix}, \lambda \in \mathrm{IR}\,.$$

Dies ist, wie in Kapitel 4 nachgelesen werden kann, die Gleichung einer Geraden im IR^3 . Es gibt unendlich viele Lösungen, die Lösungsmenge ist eindimensional. **Der Rang der Koeffizientenmatrix und der der erweiterten Matrix ist gleich,** nämlich 2. Deshalb lässt sich die Konstantenspalte als Linearkombination der Koeffizientenspalten schreiben.

Betrachtet man wieder die Determinanten, so gilt

$$D = \left| \begin{matrix} 3 & 1 & -1 \\ -9 & 10 & 3 \\ 6 & -5 & -2 \end{matrix} \right| \begin{matrix} 3 & 1 \\ -9 & 10 \\ 6 & -5 \end{matrix} \quad = -60 + 18 - 45 + 60 + 45 - 18 = 0$$

$$D_1 = \left| \begin{matrix} 13 & 1 & -1 \\ -26 & 10 & 3 \\ 19 & -5 & -2 \end{matrix} \right| \begin{matrix} 13 & 1 \\ -26 & 10 \\ 19 & -5 \end{matrix} = -260 + 57 - 130 + 190 + 195 - 52 = 0$$

$$D_2 = \left| \begin{matrix} 3 & 13 & -1 \\ -9 & -26 & 3 \\ 6 & 19 & -2 \end{matrix} \right| \begin{matrix} 3 & 13 \\ -9 & -26 \\ 6 & 19 \end{matrix} = 156 + 234 + 171 - 156 - 171 - 234 = 0$$

$$D_3 = \left| \begin{matrix} 3 & 1 & 13 \\ -9 & 10 & -26 \\ 6 & -5 & 19 \end{matrix} \right| \begin{matrix} 3 & 1 \\ -9 & 10 \\ 6 & -5 \end{matrix} \quad = 570 - 156 + 585 - 780 - 390 + 171 = 0$$

Hier sind alle infrage kommenden Determinanten null.

▲ Die Lösungsmenge lässt sich hier mit dem Determinantenverfahren nicht bestimmen.

3. $$\begin{aligned} &\mathrm{I} & 2x_1 - 3\,x_2 + x_3 &= 1 \\ &\mathrm{II} & -4x_1 + 6\,x_2 - 2x_3 &= -4 \\ &\mathrm{III} & 0\,x_1 + 0\,x_2 + 0x_3 &= 0 \end{aligned}$$ Das Gaußverfahren liefert $$\left(\begin{matrix} 2 & -3 & 1 \\ -4 & 6 & -2 \\ 0 & 0 & 0 \end{matrix} \left| \begin{matrix} 1 \\ -4 \\ 0 \end{matrix} \right. \right)$$

$$\left(\begin{matrix} 2 & -3 & 1 \\ 0 & 0 & 0 \\ 0 & 0 & 0 \end{matrix} \left| \begin{matrix} 1 \\ -2 \\ 0 \end{matrix} \right. \right) \quad 2\times 1.\text{ Zeile} + 2.\text{ Zeile}$$

Die Koeffizientenmatrix hat den Rang 1, die erweiterte Matrix den Rang 2, es gibt keine Lösung. Alle Determinanten sind null, da jeweils die letzte Zeile null ist.

4. I $2x_1 - 3x_2 + x_3 = 2$

II $-4x_1 + 6x_2 - 2x_3 = -4$. Das Gaußverfahren liefert $\left(\begin{array}{ccc|c} 2 & -3 & 1 & 2 \\ -4 & 6 & -2 & -4 \\ 8 & -12 & 4 & 8 \end{array}\right)$

III $8x_1 - 12x_2 + 4x_3 = 8$

$$\left(\begin{array}{ccc|c} 2 & -3 & 1 & 2 \\ 0 & 0 & 0 & 0 \\ 0 & 0 & 0 & 0 \end{array}\right) \begin{array}{l} \\ 2\times 1.\text{ Zeile}+2.\text{ Zeile} \\ 4\times 1.\text{ Zeile}-3.\text{ Zeile} \end{array}$$

Die Koeffizientenmatrix und die um die Konstanten erweiterte Matrix haben beide den gleichen Rang, die Lösungsmenge ist zweidimensional.

Setzt man $x_1 = \lambda$ und $x_2 = \mu$, so gilt $x_3 = 2 - 2\lambda + 3\mu$. Alle Lösungen haben die

Form $\begin{pmatrix} x_1 \\ x_2 \\ x_3 \end{pmatrix} = \begin{pmatrix} 0 \\ 0 \\ 2 \end{pmatrix} + \lambda \begin{pmatrix} 1 \\ 0 \\ -2 \end{pmatrix} + \mu \begin{pmatrix} 0 \\ 1 \\ 3 \end{pmatrix}, \lambda, \mu \in \mathrm{IR}$.

Dies ist die Gleichung einer Ebene, wie man in Kapitel 4 nachlesen kann.

Zusammengefasst erhält man das folgende Ergebnis:

$\boldsymbol{D \neq 0}$ $\Rightarrow$ Das Gleichungssystem hat **genau eine Lösung** $\begin{pmatrix} x_1 \\ x_2 \\ x_3 \end{pmatrix}$

$$x_1 = \frac{D_1}{D},\quad x_2 = \frac{D_2}{D},\quad x_3 = \frac{D_3}{D} \text{ (Cramer-Regel).}$$

$\boldsymbol{D = 0}$ und **mindestens ein** $\boldsymbol{D_i \neq 0}$ $\Rightarrow$ Das Gleichungssystem hat **keine Lösung**

$\boldsymbol{D = 0}$ und $\boldsymbol{D_1 = D_2 = D_3 = 0}$ $\Rightarrow$ Das Gleichungssystem hat **unendlich viele Lösungen oder keine.**

Beweis:

Weiter oben wurde gezeigt, dass für eine Lösung $\begin{pmatrix} x_1 \\ x_2 \\ x_3 \end{pmatrix}$ des Gleichungssystems die folgenden Beziehungen gelten:

$$\boldsymbol{D_1 = x_1 D}$$
$$\boldsymbol{D_2 = x_2 D}$$
$$\boldsymbol{D_3 = x_3 D}$$

Für $D \neq 0$ lassen sich diese Gleichungen eindeutig nach x_i auflösen.

Für $D = 0$ folgt $D_1 = D_2 = D_3 = 0$, sonst ergibt sich ein Widerspruch.

Falls $D = D_1 = D_2 = D_3 = 0$, lässt sich die Lösungsmenge nicht mit dem Determinantenverfahren bestimmen. Man erhält die Lösungsmenge dann mit dem Gaußalgorithmus.

Folgerung

Die Lösungsmenge ist nicht leer, wenn die **Koeffizientenmatrix** und die um die Konstantenspalte **erweiterte Matrix** den **gleichen Rang** haben.

In diesem Fall sind die **Konstantenspalte** und die **Koeffizientenspalten linear abhängig**, da sich der Rang (= Maximalzahl linear unabhängiger Spaltenvektoren) nicht ändert. Daher lässt sich die Konstantenspalte als Linearkombination der Koeffizientenspalten schreiben. Die bei dieser Darstellung auftretenden reellen Zahlen x_1 , x_2 und x_3 lösen das Gleichungssystem: $\vec{a}\,x_1 + \vec{b}\,x_2 + \vec{c}\,x_3 = \vec{d}$ (siehe Kap.3.1, S. 69).

Hat die Koeffizientenmatrix dann
den Rang 3, so besteht die Lösungsmenge **aus einem Punkt** (es gibt **eine** eindeutig bestimmte **Lösung**),
den Rang 2, so besteht die Lösungsmenge aus **einer Geraden** (es gibt **unendlich viele Lösungen**),
den Rang 1, so besteht die Lösungsmenge aus **einer Ebene** (es gibt wieder **unendlich viele Lösungen**).

Diese drei Lösungsmethoden lassen sich auch für mehr als drei lineare Gleichungen und Variable verwenden. Die erste Methode (Einsetzverfahren) ist aber wenig empfehlenswert, da hierbei oft sehr unhandliche Brüche auftreten. Verwenden Sie lieber das Additions- oder das Determinantenverfahren.

Definition: Lineare Gleichungssysteme, bei denen auf der rechten Seite nur null steht, d. h. für die $d_1 = d_2 = d_3 = 0$ gilt, heißen **homogene Gleichungssysteme.**

Homogene Gleichungssysteme haben auf jeden Fall mindestens eine (die triviale)

Lösung: $$\begin{pmatrix} x_1 \\ x_2 \\ x_3 \end{pmatrix} = \begin{pmatrix} 0 \\ 0 \\ 0 \end{pmatrix}.$$

Beispiel

Das zu dem einführenden Beispiel gehörende homogene Gleichungssystem sieht folgendermaßen aus:

$$\begin{array}{ll} \text{I} & x_1 + 2x_2 - 4x_3 = 0 \\ \text{II} & x_1 - x_2 + 4x_3 = 0 \\ \text{III} & -2x_1 + 2x_2 + x_3 = 0 \end{array}$$

Die Determinante bleibt gleich, $D = -27 \neq 0$, das Gleichungssystem hat die eindeutig bestimmte Lösung $x_1 = x_2 = x_3 = 0$

Geometrische Deutung

Das Lösen von drei linearen Gleichungen für drei Variablen ist äquivalent zu dem Schnitt von drei Ebenen im $\mathbb{R}^3$ (siehe Kapitel 5). Jede Gleichung stellt eine Ebene im $\mathbb{R}^3$ dar, falls nicht die Koeffizienten alle gleich null sind.
Für drei Ebenen (und drei Gleichungen) gibt es folgende Möglichkeiten:

Sie schneiden sich in **einem Punkt**	**genau eine Lösung**
Sie schneiden sich in **einer Geraden**	**unendlich viele Lösungen**
Zwei oder drei sind **parallel**	**keine Lösung**
Sie sind **identisch**	**unendlich viele Lösungen**

Für die bisher behandelten Beispiele sieht die Darstellung durch Ebenen so aus:

genau eine Lösung

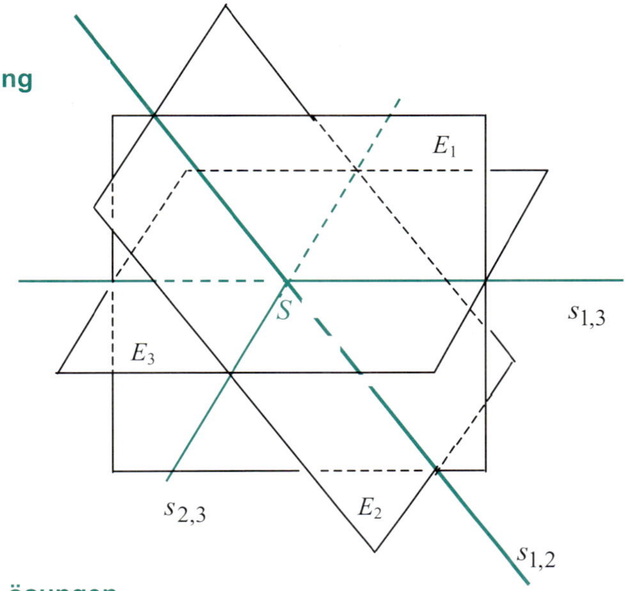

unendlich viele Lösungen

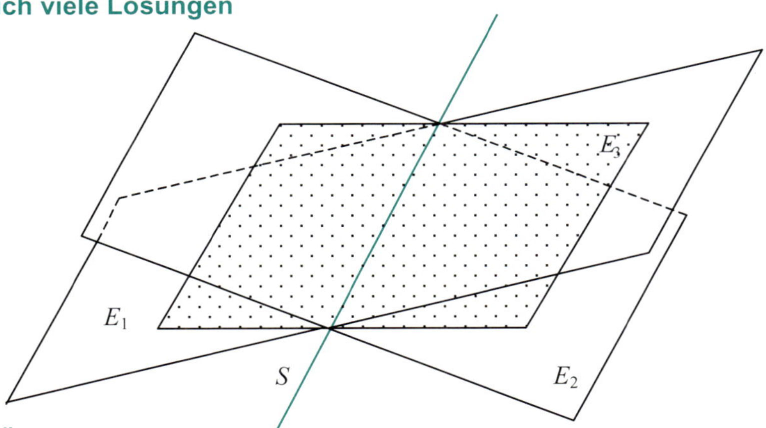

keine Lösung

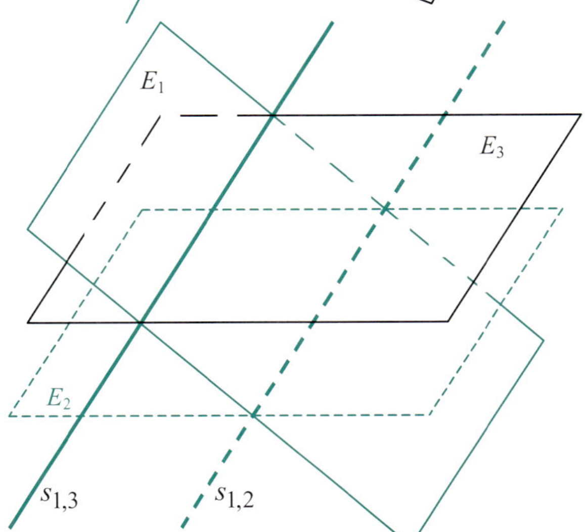

Aufgaben zu 3.3

1. Lösen Sie die folgenden Gleichungen

a) $\begin{aligned} 2x_1+8x_2+12x_3 &= 4 \\ x_1+4x_2+4x_3 &= 0 \\ 2x_3 &= -2 \end{aligned}$

b) $\begin{aligned} 2x_1+x_2-2x_3 &= 3 \\ 3x_1+2x_2-x_3 &= 4 \\ x_1-x_2+3x_3 &= 3 \end{aligned}$

c) $\begin{aligned} 3x_1+x_2-3x_3 &= -13 \\ 2x_1-x_2-x_3 &= -6 \\ 2x_1-x_2+2x_3 &= 12 \end{aligned}$

d) $\begin{aligned} x_1+x_2 &= 3 \\ 2x_1-x_2-x_3 &= -6 \\ 4x_1-2x_2-2x_3 &= -12 \end{aligned}$

e) $\begin{aligned} x_1-2x_2+x_3 &= 9 \\ x_1-2x_2-2x_3 &= 0 \\ -3x_1+4x_2+4x_3 &= 5 \end{aligned}$

f) $\begin{aligned} 6x_1+4x_2+x_3 &= 2 \\ x_1+x_2 &= 3 \\ x_2+x_3 &= 2 \end{aligned}$

g) $\begin{aligned} 7x_1+4x_2+14x_3 &= -2 \\ x_1+4x_2 &= 19 \\ x_1-2x_2-2x_3 &= 7 \end{aligned}$

h) $\begin{aligned} 5x_1-2x_2+2x_3 &= 1 \\ x_1+3x_2-6x_3 &= 3 \\ -10x_1+4x_2-4x_3 &= -2 \end{aligned}$

2. Untersuchen Sie mithilfe des Determinantenverfahrens die Anzahl der Lösungen:

a) $\begin{aligned} x_1+x_2-2x_3 &= 3 \\ -3x_1-3x_2+6x_3 &= -3 \\ 3x_1+3x_2+5x_3 &= 20 \end{aligned}$

b) $\begin{aligned} 3x_1+8x_2-4x_3 &= 40 \\ x_1+6x_2-3x_3 &= 20 \\ -x_1+2x_2-x_3 &= -4 \end{aligned}$

c) $\begin{aligned} 3x_1+22x_2+2x_3 &= 65 \\ -3x_1-22x_2-2x_3 &= 13 \\ 3x_1-11x_2+x_3 &= 10 \end{aligned}$

d) $\begin{aligned} 4x_1-x_2-8x_3 &= 14 \\ x_1-4x_2-2x_3 &= -4 \\ -2x_1+8x_2+4x_3 &= 8 \end{aligned}$

3. Bestimmen Sie den Parameter $a \in \mathrm{IR}$ so, dass das Gleichungssystem keine Lösung hat:

a) $\begin{aligned} ax_1+x_2+x_3 &= 1 \\ 2x_1+x_2+ax_3 &= a \\ 3x_1+2x_2+2x_3 &= 1 \end{aligned}$

b) $\begin{aligned} x_1+2x_2+x_3 &= 2 \\ ax_2+2x_3 &= 2 \\ 2x_1+x_2+x_3 &= 1 \end{aligned}$

4. Bestimmen Sie mithilfe des Gaußalgorithmus den Parameter $a \in \mathrm{IR}$ so, dass das Gleichungssystem unendlich viele Lösungen hat:

a) $\begin{aligned} x_1+x_2+2x_3 &= 2 \\ 2x_1 \qquad ax_3 &= -2 \\ 2x_1+x_2+2x_3 &= 1 \end{aligned}$

b) $\begin{aligned} 3x_1+2x_2-x_3 &= 3 \\ x_1+x_2+3x_3 &= 1 \\ -6x_1+4x_2+ax_3 &= -6 \end{aligned}$

5. Gegeben sind drei Punkte A, B und C in der Ebene. Die Parabel mit der Gleichung $p: y = ax^2 + bx + c$, $a, b, c \in \mathrm{IR}$, enthält die drei Punkte. Bestimmen Sie mithilfe des Gaußverfahrens die Gleichung von p:

   a) $A(1; 0), B(-1; 6), C(2; 3)$
   b) $A(2; 2), B(3; 1), C(-3; -23)$
   c) $A(4; 44), B(-2; 20), C(2; 12)$
   d) $A(1; -3), B(-3; -27), C(2; -7)$

3.4 Über- und unterbestimmte Gleichungssysteme

Sind mehr lineare Gleichungen als Variable gegeben, so heißt das Gleichungssystem **überbestimmt.**

Beispiele

1. Das lineare Gleichungssystem

$$\begin{array}{ll} \text{I} & 3x_1 + x_2 - 3x_3 = -13 \\ \text{II} & 2x_1 - x_2 - x_3 = -6 \\ \text{III} & 2x_1 - x_2 + 2x_3 = 12 \\ \text{IV} & x_1 + 3x_2 - 2x_3 = -5 \\ \text{V} & -x_1 - 4x_2 + 3x_3 = 4 \end{array}$$

besteht aus fünf Gleichungen für drei Variablen. Man berechnet zum Beispiel mit den ersten drei Gleichungen mithilfe des Gaußalgorithmus die drei Variablen.

$$\left(\begin{array}{ccc|c} 3 & 1 & -3 & -13 \\ 2 & -1 & -1 & -6 \\ 2 & -1 & 2 & 12 \end{array}\right) \Rightarrow \left(\begin{array}{ccc|c} 3 & 1 & -3 & -13 \\ 0 & 5 & -3 & -8 \\ 0 & 0 & -3 & -18 \end{array}\right) \begin{array}{l} \\ 2\times 1.\text{ Zeile} - 3\times 2.\text{ Zeile} \\ 2.\text{ Zeile} - 3.\text{ Zeile} \end{array}$$

Damit erhält man die Lösung $x_3 = 6 \quad \Rightarrow 5x_2 - 18 = -8, \quad x_2 = 2$

$\Rightarrow 3x_1 + 2 - 18 = -13, \quad x_1 = 1.$

Diese Lösung **muss zur Probe** in die restlichen zwei Gleichungen eingesetzt werden. In IV: $1 + 6 - 12 = -5 \quad \Rightarrow -5 = -5$

in V: $-1 - 8 + 18 = 4 \quad \Rightarrow 9 = 4$, also ein Widerspruch.

Das Einsetzen der aus den ersten drei Gleichungen gewonnenen eindeutig bestimmten Lösung führt zu einem **Widerspruch**, daher hat das Gleichungssystem **keine Lösung**.

2. Für die ersten drei Gleichungen des linearen Gleichungssystems

$$\begin{array}{ll} \text{I} & 3x_1 - 4x_2 + 5x_3 = -3 \\ \text{II} & -x_1 + 3x_2 - 5x_3 = 6 \\ \text{III} & 2x_1 + 2x_2 - 6x_3 = 1 \\ \text{IV} & 6x_1 - 5x_2 + 9x_3 = 4 \end{array}$$

wird die Determinante berechnet:

$$D=\begin{vmatrix}3 & -4 & 5 \\ -1 & 3 & -5 \\ 2 & 2 & -6\end{vmatrix}\begin{matrix}3 & -4 \\ -1 & 3 \\ 2 & 2\end{matrix}=-54+40-10-30+30+24=0$$

$$D_1=\begin{vmatrix}-3 & -4 & 5 \\ 6 & 3 & -5 \\ 1 & 2 & -6\end{vmatrix}\begin{matrix}-3 & -4 \\ 6 & 3 \\ 1 & 2\end{matrix}=54+20+60-15-30-144=-55\neq 0$$

Daher haben die **ersten drei Gleichungen keine Lösung** und damit hat das gesamte lineare Gleichungssystem **keine Lösung.**

3. Bei diesem Gleichungssystem haben die ersten drei Gleichungen unendlich viele Lösungen:

$$\begin{array}{ll} \text{I} & x_1+2x_2-3x_3=6 \\ \text{II} & 2x_1-x_2+4x_3=2 \\ \text{III} & 4x_1+3x_2-2x_3=14 \\ \text{IV} & x_1-x_2+3x_3=0 \\ \text{V} & 3x_1-2x_2+5x_3=4 \end{array}$$

Das Gaußverfahren ergibt für die ersten drei Gleichungen

$$\left(\begin{array}{ccc|c}1 & 2 & -3 & 6 \\ 2 & -1 & 4 & 2 \\ 4 & 3 & -2 & 14\end{array}\right) \Rightarrow \left(\begin{array}{ccc|c}1 & 2 & -3 & 6 \\ 0 & -5 & 10 & -10 \\ 0 & -5 & 10 & -10\end{array}\right)\begin{array}{l} \\ \text{2. Zeile} - 2\times\text{1. Zeile} \\ 2\times\text{2. Zeile} - \text{3. Zeile}\end{array}$$

$$\Rightarrow \left(\begin{array}{ccc|c}1 & 2 & -3 & 6 \\ 0 & -5 & 10 & -10 \\ 0 & 0 & 0 & 0\end{array}\right)\begin{array}{l} \\ \\ \text{2. Zeile} - \text{3. Zeile}\end{array}$$

Man setzt $x_3=\lambda,\ \lambda\in \text{IR} \Rightarrow -5x_2+10\lambda=-10 \quad \Rightarrow x_2=2+2\lambda$

$\Rightarrow x_1+2(2+2\lambda)-3\lambda=6 \quad \Rightarrow x_1=2-\lambda$.

Diese Lösungen werden nun in Gleichung IV eingesetzt:

IV: $(2-\lambda)-(2+2\lambda)+3\lambda=0 \quad \Rightarrow \quad 0\cdot\lambda=0$ ist richtig für alle $\lambda\in \text{IR}$.

Die unendlich vielen Lösungen der ersten drei Gleichungen lösen also auch die vierte. Jetzt muss man noch die Probe mit Gleichung V machen:

V: $3(2-\lambda)-2(2+2\lambda)+5\lambda=4 \quad \Rightarrow \quad \lambda=-1$.

Die Gleichung V ergibt genau eine Lösung für λ, nämlich $\lambda=-1$. Deshalb hat das lineare Gleichungssystem die eindeutig bestimmte Lösung $\begin{pmatrix}x_1 \\ x_2 \\ x_3\end{pmatrix}=\begin{pmatrix}3 \\ 0 \\ -1\end{pmatrix}$

4. Gegeben sind vier Punkte in der Ebene $A(2;2)$, $B(3;1)$, $C(-2;-14)$ und $D(-3;-2)$.

Man kann fragen, ob diese vier Punkte auf einer Parabel liegen.

In die Funktionsgleichung $y=ax^2+bx+c,\ a,b,c\in \text{IR}$ werden nacheinander die vier Punkte eingesetzt. Damit erhält man vier lineare Gleichungen für drei Unbekannte, also ein überbestimmtes Gleichungssystem.

$$\begin{array}{ll} \text{I} & 4a+2b+\ c=\ 2 \\ \text{II} & 9a+3b+\ c=\ 1 \\ \text{III} & 4a-2b+\ c=-14 \\ \text{IV} & 9a-3b+\ c=-2 \end{array}$$

Der Gaußalgorithmus ergibt für die ersten drei Gleichungen

$$\left(\begin{array}{ccc|c} 4 & 2 & 1 & 2 \\ 9 & 3 & 1 & 1 \\ 4 & -2 & 1 & -14 \end{array}\right) \Rightarrow \left(\begin{array}{ccc|c} 4 & 2 & 1 & 2 \\ 5 & 1 & 0 & -1 \\ 0 & -4 & 0 & -16 \end{array}\right)\begin{array}{l} \\ \text{2.Zeile} - \text{1.Zeile} \\ \text{3.Zeile} - \text{1.Zeile} \end{array} \Rightarrow -4b=-16,\ b=4.$$

$$\Rightarrow 5a+4=-1,\quad a=-1 \quad \Rightarrow \quad -4+8+c=2,\quad c=-2$$

Zur Probe werden a, b und c in die vierte Gleichung eingesetzt:

$9\cdot(-1)-3\cdot 4-2 \neq -2$, also gibt es keine Parabel, die die Punkte enthält.

Bei **überbestimmten** Gleichungssystemen wird zunächst eine **Anzahl von Gleichungen herausgenommen**, die der Anzahl der Variablen entspricht. Mit dem Additions- oder dem Determinantenverfahren werden nun die Lösungen der herausgenommenen Gleichungen bestimmt.

1. Existiert **genau eine Lösung** für die herausgenommenen Gleichungen, so wird diese zur Probe in die restlichen Gleichungen eingesetzt. Das gesamte Gleichungssystem hat dann entweder **eine eindeutig** bestimmte Lösung oder **keine** Lösung.
2. Existieren **unendlich viele Lösungen** für die herausgenommenen Gleichungen, so werden diese in die restlichen Gleichungen eingesetzt. Das gesamte Gleichungssystem hat dann entweder diese **unendlich vielen Lösungen** oder es hat **genau eine** oder **keine Lösung**.
   Existiert **keine Lösung** für die herausgenommenen Gleichungen, so hat das gesamte Gleichungssystem **keine Lösung**.

Lineare Gleichungssysteme mit **weniger Gleichungen als Variablen** nennt man **unterbestimmt.**

Beispiele

1. $$\begin{array}{ll} \text{I} & x_1+2x_2-3x_3=8 \\ \text{II} & -3x_1+4x_2-\ x_3=16 \end{array}$$

   Die Koeffizientenmatrix ist hier nicht quadratisch, man kann sie und die um die Konstantenspalte erweiterte Matrix jedoch auf Stufenform bringen.

   $$\left(\begin{array}{ccc|c} 1 & 2 & -3 & 8 \\ -3 & 4 & -1 & 16 \end{array}\right) \Rightarrow \left(\begin{array}{ccc|c} 1 & 2 & -3 & 8 \\ 0 & 10 & -10 & 40 \end{array}\right) 3\times 1.\ \text{Zeile} + 2.\ \text{Zeile}$$

   Die Koeffizientenmatrix und die erweiterte Matrix haben beide den Rang zwei, daher gibt es unendlich viele Lösungen. Man setzt $x_3=\lambda,\ \lambda\in \mathrm{IR}$ und erhält

   $$10x_2=40+10\lambda \qquad \Rightarrow x_2=4+\lambda$$

$x_1 = 8 + 3\lambda - 2(4+\lambda) \Rightarrow x_1 = \lambda$.

Für die Lösung gilt damit: $\begin{pmatrix} x_1 \\ x_2 \\ x_3 \end{pmatrix} = \begin{pmatrix} \lambda \\ 4+\lambda \\ \lambda \end{pmatrix} = \begin{pmatrix} 0 \\ 4 \\ 0 \end{pmatrix} + \lambda \begin{pmatrix} 1 \\ 1 \\ 1 \end{pmatrix}, \lambda \in \mathbb{R}$.

Also gibt es unendlich viele Lösungen.

2. Gesucht ist eine Parabel, die die Punkte $A(1;2)$ und $B(2;11)$ enthält. Die Parabel hat die Gleichung $y = ax^2 + bx + c,\ a,b,c \in \mathbb{R}$. Daher erhält man das folgende Gleichungssystem

$$\begin{array}{ll} \text{I} & a + b + c = 2 \\ \text{II} & 4a + 2b + c = 11 \end{array}$$

$$\left(\begin{array}{ccc|c} 1 & 1 & 1 & 2 \\ 4 & 2 & 1 & 11 \end{array}\right) \Rightarrow \left(\begin{array}{ccc|c} 1 & 1 & 1 & 2 \\ 0 & 2 & 3 & -3 \end{array}\right) 4\times 1.\text{ Zeile} - 2.\text{ Zeile}$$

Die Koeffizientenmatrix und die erweiterte haben beide den Rang zwei, daher gibt es unendlich viele Lösungen. Nimmt man c als Parameter, dann ergibt sich

$$2b + 3c = -3 \quad \Rightarrow \quad b = -\frac{3}{2} - \frac{3}{2}c$$

$$a - \frac{3}{2} - \frac{3}{2}c + c = 2 \quad \Rightarrow \quad a = \frac{7}{2} + \frac{1}{2}c.$$

Die Lösungsmenge ist daher eine Schar von Parabeln

$$p_c : y = \frac{1}{2}(7+c)x^2 - \frac{3}{2}(1+c)x + c,\ c \in \mathbb{R}.$$

3. Das lineare Gleichungssystem

$$\begin{array}{ll} \text{I} & x_1 - 2x_2 - 4x_3 = -2 \\ \text{II} & -2x_1 + 4x_2 + 8x_3 = 4 \end{array}$$

soll gelöst werden. Die Umformung der erweiterten Koeffizientenmatrix ergibt:

$$\left(\begin{array}{ccc|c} 1 & -2 & -4 & -2 \\ -2 & 4 & 8 & 4 \end{array}\right) \Rightarrow \left(\begin{array}{ccc|c} 1 & -2 & -4 & -2 \\ 0 & 0 & 0 & 0 \end{array}\right) 2\times 1.\text{ Zeile} + 2.\text{ Zeile}$$

Die Koeffizientenmatrix und die erweiterte Matrix haben beide den Rang eins $\Rightarrow$ es gibt unendlich viele Lösungen. Man führt noch einen zweiten Parameter ein:

$x_3 = \lambda$ und $x_2 = \mu \Rightarrow$ in I: $x_1 - 2\mu - 4\lambda = -2 \Rightarrow x_1 = -2 + 4\lambda + 2\mu$.

Das unterbestimmte Gleichungssystem hat also unendlich viele Lösungen

$$\begin{pmatrix} x_1 \\ x_2 \\ x_3 \end{pmatrix} = \begin{pmatrix} -2+4\lambda+2\mu \\ \mu \\ \lambda \end{pmatrix} = \begin{pmatrix} -2 \\ 0 \\ 0 \end{pmatrix} + \lambda \begin{pmatrix} 4 \\ 0 \\ 1 \end{pmatrix} + \mu \begin{pmatrix} 2 \\ 1 \\ 0 \end{pmatrix},\ \lambda, \mu \in \mathbb{R}.$$

Wie man in Kapitel 4.2 sieht, ist das die Gleichung einer Ebene.

4. Das lineare Gleichungssystem

$$\begin{array}{ll} \text{I} & x_1 - 2x_2 - 4x_3 = -2 \\ \text{II} & -2x_1 + 4x_2 + 8x_3 = 5 \end{array}$$

hat keine Lösung, denn die Umformung der erweiterten Koeffizientenmatrix ergibt:

$$\left(\begin{array}{ccc|c} 1 & -2 & -4 & -2 \\ -2 & 4 & 8 & 5 \end{array}\right) \Rightarrow \left(\begin{array}{ccc|c} 1 & -2 & -4 & -2 \\ 0 & 0 & 0 & 1 \end{array}\right) 2\times 1.\text{ Zeile} + 2.\text{ Zeile}$$

Der Rang der erweiterten Matrix ist größer als der der Koeffizientenmatrix, das System ist nicht lösbar, da die zweite Zeile die nicht lösbare Gleichung $0 \cdot x_3 = 1$ ergibt.

Bei **unterbestimmten Gleichungssystemen** wird die erweiterte Koeffizientenmatrix auf Stufenform gebracht. Wenn der **Rang der erweiterten Matrix gleich dem der Koeffizientenmatrix** ist, sich also kein Widerspruch ergibt, ist das Gleichungssystem **lösbar**.
Zur **Berechnung** der Lösung führt man einen oder mehrere **freie Parameter** ein.

Aufgaben zu 3.4

1. Lösen Sie die folgenden überbestimmten Gleichungssysteme:

a) $\begin{aligned} 3x_1 + 2x_2 &= 32 \\ -x_1 + 3x_2 &= 15 \\ 5x_1 - 4x_2 &= 2 \end{aligned}$

b) $\begin{aligned} 2x_1 - 5x_2 &= 9 \\ -x_1 - 2x_2 &= 0 \\ 3x_1 + x_2 &= 5 \end{aligned}$

c) $\begin{aligned} x_1 - 3x_2 &= 8 \\ 2x_1 + x_2 &= 2 \\ 4x_1 - 3x_2 &= 5 \end{aligned}$

d) $\begin{aligned} 2x_1 - 3x_2 &= 12 \\ 5x_1 + 2x_2 &= -8 \\ 3x_1 + x_2 &= -4 \\ x_1 - 2x_2 &= 8 \end{aligned}$

e) $\begin{aligned} x_1 - 2x_2 &= 1 \\ -3x_1 + 6x_2 &= -3 \\ -2x_1 + 4x_2 &= -2 \\ 4x_1 - 8x_2 &= 4 \end{aligned}$

f) $\begin{aligned} 5x_1 + 2x_2 &= 11 \\ -2x_1 + 3x_2 &= 7 \\ 4x_1 - 2x_2 &= -2 \\ 3x_1 + x_2 &= 5 \end{aligned}$

g) $\begin{aligned} 3x_1 + 8x_2 - 13x_3 &= 11 \\ 2x_1 + 7x_2 - 12x_3 &= 9 \\ x_1 + 2x_2 - 3x_3 &= 3 \\ 2x_1 + x_2 - 2x_3 &= -1 \end{aligned}$

h) $\begin{aligned} 2x_1 + 5x_2 - 3x_3 &= -1 \\ 3x_1 + x_2 + 2x_3 &= 5 \\ -x_1 - 3x_2 + 4x_3 &= 9 \\ x_1 + 2x_2 - 3x_3 &= -8 \end{aligned}$

i) $\begin{aligned} 3x_1 + 7x_2 + x_3 &= 4 \\ -x_1 + 3x_2 + 2x_3 &= 5 \\ 2x_1 - 6x_2 - 3x_3 &= -5 \\ 4x_1 + 7x_2 + x_3 &= 3 \end{aligned}$

j) $\begin{aligned} 2x_1 + 8x_2 - 5x_3 &= 10 \\ -x_1 - 9x_2 + 5x_3 &= -10 \\ x_1 + 3x_2 - 2x_3 &= 4 \\ 2x_1 + 2x_2 - 2x_3 &= 4 \\ 4x_1 - 2x_2 + x_3 &= 6 \end{aligned}$

k) $\begin{aligned} 5x_1 - 3x_2 - 13x_3 &= -1 \\ 2x_1 + x_2 - 3x_3 &= 4 \\ -x_1 + 2x_2 + 4x_3 &= 3 \\ x_1 + 3x_2 + 2x_3 &= 8 \\ 4x_1 - 5x_2 - 3x_3 &= 3 \end{aligned}$

l) $\begin{aligned} 2x_1 - 3x_2 - 4x_3 &= 0 \\ 8x_1 + 2x_2 + 3x_3 &= -1 \\ 5x_1 - 2x_2 - 4x_3 &= 4 \\ -3x_1 + x_2 - 2x_3 &= 10 \\ x_1 + x_2 + 2x_3 &= -2 \end{aligned}$

2. Lösen Sie die folgenden unterbestimmten Gleichungssysteme:

a) $\begin{aligned} 3x_1 + 7x_2 + 3x_3 &= 4 \\ x_1 + 3x_2 + x_3 &= 2 \end{aligned}$

b) $\begin{aligned} 2x_1 + 4x_2 - 3x_3 &= 2 \\ 5x_1 + 10x_2 - 8x_3 &= -5 \end{aligned}$

2. c) $\begin{aligned} -3x_1+2x_2-2x_3+2x_4 &= -2 \\ 5x_1 \quad + x_3 + x_4 &= 1 \\ 6x_1+3x_2-x_3+5x_4 &= -1 \end{aligned}$

d) $\begin{aligned} 3x_1+9x_2+3x_3 &= 4 \\ x_1+3x_2+x_3 &= 2 \end{aligned}$

e) $\begin{aligned} x_1-3x_2-4x_3+2x_4 &= 2 \\ 2x_1-5x_2+3x_3-x_4 &= 3 \end{aligned}$

f) $\begin{aligned} -2x_1-x_2+3x_3-2x_4 &= 1 \\ 4x_1+3x_2+x_3+8x_4 &= -3 \end{aligned}$

3. Gegeben sind jeweils zwei Punkte, die eine Schar von Parabeln bestimmen. Geben Sie diese Schar mithilfe des Gaußalgorithmus an:
   a) $A(2;0)$; $B(-4;18)$ b) $A(-2;-11)$, $B(4;-7)$
   c) $A(1;-2)$, $B(-3;18)$ d) $A(2;16)$, $B\left(\frac{1}{2};\frac{5}{2}\right)$.

3.5 Lineare Gleichungssysteme mit Parameter

Bei manchen Problemen erhält man lineare Gleichungssysteme, die einen Parameter enthalten. Man versucht, diese Gleichungssysteme mit den zuvor beschriebenen Methoden zu lösen.
Ob das Gleichungssystem **eindeutig lösbar** oder **gar nicht lösbar** ist, oder ob es **unendlich viele Lösungen** hat, wird durch Berechnen der Determinanten oder durch Untersuchen des Rangs der Koeffizientenmatrix und der erweiterten Matrix bestimmt. Hier ist also im Allgemeinen eine **Fallunterscheidung** nötig.

Beispiele

1. Das lineare Gleichungssystem

$$\begin{aligned} 5x_1+3x_2-4x_3 &= 2 \\ ax_1+2x_2-3x_3 &= 1 \quad , a \in \mathrm{IR}, \\ 3x_1-x_2+2x_3 &= -1 \end{aligned}$$

soll in Abhängigkeit von a gelöst werden. Gesucht ist die Lösung x_1, x_2, x_3. Die Koeffizientenmatrix hat die folgende Form

$$\begin{pmatrix} 5 & 3 & -4 \\ a & 2 & -3 \\ 3 & -1 & 2 \end{pmatrix}.$$

Für die Determinante der Koeffizientenmatrix gilt:

$$D = \begin{vmatrix} 5 & 3 & -4 \\ a & 2 & -3 \\ 3 & -1 & 2 \end{vmatrix} \begin{matrix} 5 & 3 \\ a & 2 \\ 3 & -1 \end{matrix} = 20-27+4a+24-15-6a = 2-2a.$$

1. Fall: Das lineare Gleichungssystem hat genau eine Lösung, wenn
$D = 2-2a \neq 0 \Leftrightarrow a \in \mathrm{IR} \setminus \{1\}$.

$$D_1 = \begin{vmatrix} 2 & 3 & -4 \\ 1 & 2 & -3 \\ -1 & -1 & 2 \end{vmatrix} \begin{matrix} 2 & 3 \\ 1 & 2 \\ -1 & -1 \end{matrix} = 8+9+4-8-6-6 = 1 \qquad \Rightarrow x_1 = \frac{1}{2-2a}$$

$$D_2 = \begin{vmatrix} 5 & 2 & -4 \\ a & 1 & -3 \\ 3 & -1 & 2 \end{vmatrix} \begin{matrix} 5 & 2 \\ a & 1 \\ 3 & -1 \end{matrix} = 10-18+4a+12-15-4a = -11 \Rightarrow x_2 = \frac{-11}{2-2a}$$

$$D_3 = \begin{vmatrix} 5 & 3 & 2 \\ a & 2 & 1 \\ 3 & -1 & -1 \end{vmatrix} \begin{matrix} 5 & 3 \\ a & 2 \\ 3 & -1 \end{matrix} = -10+9-2a-12+5+3a = a-8 \quad \Rightarrow x_3 = \frac{a-8}{2-2a}$$

Für $a \in \mathrm{IR} \setminus \{1\}$ gibt es daher **die von a abhängige, eindeutig bestimmte Lösung**
$$x_1 = \frac{1}{2-2a},\ x_2 = \frac{-11}{2-2a},\ x_3 = \frac{a-8}{2-2a}.$$

2. Fall: $D = 2-2a = 0 \Leftrightarrow a = 1$

Unabhängig von a ist $D_1 = 1 \neq 0$, daher gibt es in diesem Fall **keine Lösung** des Gleichungssystems.

2. Das lineare Gleichungssystem

$$\begin{aligned} 2x_1 + x_2 - 3x_3 &= 4 \\ -x_1 + a x_2 + 4x_3 &= 3 \quad , a \in \mathrm{IR}, \\ 5x_1 - 3x_2 - 13x_3 &= -1 \end{aligned}$$

soll in Abhängigkeit von a gelöst werden.

Für die Determinanten gilt:

$$D = \begin{vmatrix} 2 & 1 & -3 \\ -1 & a & 4 \\ 5 & -3 & -13 \end{vmatrix} \begin{matrix} 2 & 1 \\ -1 & a \\ 5 & -3 \end{matrix} = -26a+20-9+15a+24-13 = -11a+22 = 11(2-a)$$

$$D_1 = \begin{vmatrix} 4 & 1 & -3 \\ 3 & a & 4 \\ -1 & -3 & -13 \end{vmatrix} \begin{matrix} 4 & 1 \\ 3 & a \\ -1 & -3 \end{matrix} = -52a-4+27-3a+48+39 = -55a+110 = 55(2-a)$$

$$D_2 = \begin{vmatrix} 2 & 4 & -3 \\ -1 & 3 & 4 \\ 5 & -1 & -13 \end{vmatrix} \begin{matrix} 2 & 4 \\ -1 & 3 \\ 5 & -1 \end{matrix} = -78+80-3+45+8-52 = 0$$

$$D_3 = \begin{vmatrix} 2 & 1 & 4 \\ -1 & a & 3 \\ 5 & -3 & -1 \end{vmatrix} \begin{matrix} 2 & 1 \\ -1 & a \\ 5 & -3 \end{matrix} = -2a+15+12-20a+18-1 = -22a+44 = 22(2-a)$$

1. Fall: $D=11\,(2-a)\neq 0 \;\Leftrightarrow\; a\neq 2$

Für $a\in \mathrm{IR}\setminus\{\,2\,\}$ hat das Gleichungssystem genau eine (von a unabhängige) Lösung : $x_1=\dfrac{55\,(2-a)}{11\,(2-a)}=5$, $x_2=\dfrac{0}{11\,(2-a)}=0$, $x_3=\dfrac{22\,(2-a)}{11\,(2-a)}=2$.

$$\Rightarrow \begin{pmatrix}x_1\\x_2\\x_3\end{pmatrix}=\begin{pmatrix}5\\0\\2\end{pmatrix}.$$

2. Fall: Für $D=11\,(2-a)=0 \Leftrightarrow a=2$ sind alle Determinanten null, die Lösungsmenge erhält man mithilfe des Gaußalgorithmus:

$$\left(\begin{array}{ccc|c}2&1&-3&4\\-1&2&4&3\\5&-3&-13&-1\end{array}\right)\Rightarrow\left(\begin{array}{ccc|c}2&1&-3&4\\0&5&5&10\\0&7&7&14\end{array}\right)\begin{array}{l}\\ \text{1. Zeile}+2\times\text{2. Zeile}\\ \text{3. Zeile}+5\times\text{2. Zeile}\end{array}$$

$$\left(\begin{array}{ccc|c}2&1&-3&4\\0&5&5&10\\0&0&0&0\end{array}\right)\begin{array}{l}\\ \\ \frac{1}{5}\times\text{2. Zeile}-\frac{1}{7}\times\text{3. Zeile}\end{array}.$$

Der Rang der Koeffizientenmatrix und der der erweiterten Matrix sind beide zwei, das Gleichungssystem hat daher unendlich viele Lösungen.

Mit $x_3=\lambda$ folgt $5x_2=10-5\lambda \;\Rightarrow\; x_2=2-\lambda$

$$\Rightarrow 2x_1+2-\lambda-3\lambda=4 \quad\Rightarrow\quad x_1=1+2\lambda \;\Rightarrow\; \begin{pmatrix}x_1\\x_2\\x_3\end{pmatrix}=\begin{pmatrix}1\\2\\0\end{pmatrix}+\lambda\begin{pmatrix}2\\-1\\1\end{pmatrix},\ \lambda\in\mathrm{IR}.$$

Aufgaben zu 3.5

1. Lösen Sie die folgenden linearen Gleichungssysteme in Abhängigkeit von $a\in\mathrm{IR}$:

a) $\begin{aligned}a\,x_1-2\,x_2&=-8\\-4\,x_1+4\,x_2&=5\end{aligned}$ b) $\begin{aligned}x_1+a\,x_2&=3\\-2\,x_1+3\,x_2&=2a\end{aligned}$ c) $\begin{aligned}4\,a\,x_1+2\,x_2&=6\\2\,x_1+a\,x_2&=3\end{aligned}$

d) $\begin{aligned}2\,x_1-4\,x_2+\ \ x_3&=3\\x_1+2\,x_2+2\,x_3&=1\\3\,x_1-2\,x_2+a\,x_3&=5\end{aligned}$ e) $\begin{aligned}x_1+2\,x_2+3\,x_3&=1\\3\,x_1-8\,x_2+a\,x_3&=5\\2\,x_1-3\,x_2-\ \ x_3&=4\end{aligned}$ f) $\begin{aligned}4\,x_1+3\,x_2-2\,x_3&=14\\2\,x_1+a\,x_2+4\,x_3&=2\\x_1+2\,x_2-3\,x_3&=6\end{aligned}$

2. Bestimmen Sie den Parameter $a\in\mathrm{IR}$ so, dass das Gleichungssystem keine Lösung hat:

a) $\begin{aligned}a\,x_1+\ \ x_2+\ \ x_3&=1\\2\,x_1+\ \ x_2+a\,x_3&=a\\3\,x_1+2\,x_2+2\,x_3&=1\end{aligned}$ b) $\begin{aligned}x_1+2\,x_2-\ \ x_3&=2\\a\,x_2+2\,x_3&=2\\2\,x_1+\ \ x_2+\ \ x_3&=1\end{aligned}$

3. Bestimmen Sie den Parameter $a \in IR$ so, dass das Gleichungssystem unendlich viele Lösungen hat:

a)
$$\begin{aligned} x_1 + x_2 + 2x_3 &= 2 \\ 2x_1 + a x_3 &= -2 \\ 2x_1 + x_2 + 2x_3 &= 1 \end{aligned}$$

b)
$$\begin{aligned} 3x_1 + 2x_2 - x_3 &= 3 \\ x_1 + x_2 + 3x_3 &= 1 \\ -6x_1 + 4x_2 + a x_3 &= -6 \end{aligned}$$

4. Für welche $a \in IR$ sind die folgenden überbestimmten Gleichungssysteme lösbar?

a)
$$\begin{aligned} x_1 + a\,x_2 &= 1 \\ 2x_1 + 2\,x_2 &= a \\ x_1 + 2a\,x_2 &= 2 \end{aligned}$$

b)
$$\begin{aligned} 2x_1 - 3x_2 + 2x_3 &= 2 \\ x_1 + x_2 - x_3 &= 0 \\ x_1 + a x_2 + 3x_3 &= 6 \\ -2x_1 + 2x_2 + x_3 &= a \end{aligned}$$

5. Lösen Sie die folgenden unterbestimmten Gleichungssysteme in Abhängigkeit von $a \in IR$:

a)
$$\begin{aligned} x_1 + 4x_2 - a x_3 &= a + 1 \\ 3x_1 + 9x_2 + 3x_3 &= 3a \end{aligned}$$

b)
$$\begin{aligned} 2x_1 + 6\,x_2 + a\,x_3 &= 2 \\ 4x_1 + 11x_2 + 2a\,x_3 &= 2a \end{aligned}$$

6. Für welche $a \in IR$ ist das Gleichungssystem unterbestimmt? Berechnen Sie für diesen Fall die Lösungen:

$$\begin{aligned} x_1 + 5x_2 + 4x_3 &= a - 6 \\ 2x_1 + 8x_2 + a x_3 &= 8 \\ (a+2)\,x_2 &= a + 2 \end{aligned}$$

3.6 Zusammenfassung

Für die **Determinante D** einer **2×2-Matrix** $\begin{pmatrix} a_1 & b_1 \\ a_2 & b_2 \end{pmatrix}$ gilt

$$D = \begin{vmatrix} a_1 & b_1 \\ a_2 & b_2 \end{vmatrix} = a_1 b_2 - a_2 b_1 .$$

Die **Determinante D** einer **3×3-Matrix** $\begin{pmatrix} a_1 & b_1 & c_1 \\ a_2 & b_2 & c_2 \\ a_3 & b_3 & c_3 \end{pmatrix}$ wird, wie in Kapitel 2.3 beschrieben, über das Spatprodukt der Spaltenvektoren definiert:

$$D = \begin{vmatrix} a_1 & b_1 & c_1 \\ a_2 & b_2 & c_2 \\ a_3 & b_3 & c_3 \end{vmatrix} = \left(\vec{a}\times\vec{b}\right)\vec{c} .$$

Es gilt der **Determinantenentwicklungssatz**:

$$\begin{vmatrix} a_1 & b_1 & c_1 \\ a_2 & b_2 & c_2 \\ a_3 & b_3 & c_3 \end{vmatrix} = a_1 \begin{vmatrix} b_2 & c_2 \\ b_3 & c_3 \end{vmatrix} - a_2 \begin{vmatrix} b_1 & c_1 \\ b_3 & c_3 \end{vmatrix} + a_3 \begin{vmatrix} b_1 & c_1 \\ b_2 & c_2 \end{vmatrix} .$$

Der **Rang** einer Matrix ist gleich der Maximalzahl linear unabhängiger Spaltenvektoren ($=$ Maximalzahl linear unabhängiger Zeilenvektoren).

Zur Lösung linearer Gleichungssysteme gibt es ein paar einfache Verfahren:

Gleichungssysteme mit zwei Variablen
Einsetzverfahren
Additionsverfahren
Determinantenverfahren

Für die **Koeffizientenmatrix** $\begin{pmatrix} a_1 & b_1 \\ a_2 & b_2 \end{pmatrix}$ des Gleichungssystems $\begin{matrix} a_1 x_1 + b_1 x_2 = d_1 \\ a_2 x_1 + b_2 x_2 = d_2 \end{matrix}$

gilt: $D = \begin{vmatrix} a_1 & b_1 \\ a_2 & b_2 \end{vmatrix} = a_1 b_2 - a_2 b_1$,

$$D_1 = \begin{vmatrix} d_1 & b_1 \\ d_2 & b_2 \end{vmatrix} = d_1 b_2 - d_2 b_1, \qquad D_2 = \begin{vmatrix} a_1 & d_1 \\ a_2 & d_2 \end{vmatrix} = a_1 d_2 - a_2 d_1$$

Damit lässt sich die **Cramer-Regel** anwenden:

$D \neq 0$:	**Es gibt genau eine Lösung (Cramer-Regel)** $x_1 = \dfrac{D_1}{D},\ x_2 = \dfrac{D_2}{D}$
$D = 0$ **und** $D_1 = D_2 = 0$:	**Es gibt unendlich viele Lösungen oder keine**
$D = 0$ **und** $D_1 \neq 0$ **oder** $D_2 \neq 0$:	**Es gibt keine Lösung**

Gleichungssysteme mit drei Variablen

Einsetzverfahren
Additionsverfahren (Gaußalgorithmus)
Determinantenverfahren

Für die **Koeffizientenmatrix** $\begin{pmatrix} a_1 & b_1 & c_1 \\ a_2 & b_2 & c_2 \\ a_3 & b_3 & c_3 \end{pmatrix}$ des Gleichungssystems

$$a_1x_1 + b_1x_2 + c_1x_3 = d_1$$
$$a_2x_1 + b_2x_2 + c_2x_3 = d_2$$
$$a_3x_1 + b_3x_2 + c_3x_3 = d_3$$

gilt: $D = \begin{vmatrix} a_1 & b_1 & c_1 \\ a_2 & b_2 & c_2 \\ a_3 & b_3 & c_3 \end{vmatrix} = \left(\vec{a} \times \vec{b}\right) \vec{c}$,

$$D_1 = \begin{vmatrix} d_1 & b_1 & c_1 \\ d_2 & b_2 & c_2 \\ d_3 & b_3 & c_3 \end{vmatrix}, \quad D_2 = \begin{vmatrix} a_1 & d_1 & c_1 \\ a_2 & d_2 & c_2 \\ a_3 & d_3 & c_3 \end{vmatrix}, \quad D_3 = \begin{vmatrix} a_1 & b_1 & d_1 \\ a_2 & b_2 & d_2 \\ a_3 & b_3 & d_3 \end{vmatrix}.$$

Jetzt gilt wieder die **Cramer-Regel**:

$D \neq 0$:	**Es gibt genau eine Lösung (Cramer-Regel)** $x_1 = \frac{D_1}{D},\ x_2 = \frac{D_2}{D},\ x_3 = \frac{D_3}{D}$
$D = 0$ **und** $D_1 = D_2 = D_3 = 0$:	**Es gibt unendlich viele Lösungen oder keine**
$D = 0$ **und** $D_1 \neq 0$ **oder** $D_2 \neq 0$ **oder** $D_3 \neq 0$:	**Es gibt keine Lösung**

Die Lösungsmenge ist nicht leer, wenn die **Koeffizientenmatrix** und die um die Konstantenspalte **erweiterte Matrix** den **gleichen Rang** haben.

Ob das Gleichungssystem **eindeutig lösbar** oder **gar nicht lösbar** ist, oder ob es **unendlich viele Lösungen** hat, wird also durch Berechnen der Determinanten oder durch Untersuchen des Rangs der Koeffizientenmatrix und der erweiterten Matrix bestimmt.

Bei **überbestimmten Gleichungssystemen** löst man zwei oder drei von den Gleichungen und setzt in die übrigen zur **Probe** ein.

Bei **unterbestimmten Gleichungssystemen** wählt man einen oder mehrere **freie Parameter.**

Gleichungssysteme mit Parameter muss man meistens mithilfe von **Fallunterscheidungen** untersuchen.

Kapitel 4

Geraden- und Ebenengleichungen

In der Analytischen Geometrie werden geometrische Probleme rechnerisch gelöst mithilfe der Vektorrechnung. Geometrische Gebilde wie Punkte, Geraden und Ebenen werden durch Vektorgleichungen dargestellt.
Die verschiedenen Methoden der Darstellung werden in diesem Kapitel ausführlich behandelt.

4.1 Geradengleichungen in Parameterform

Ein Punkt A wird durch seinen Ortsvektor $\vec{a}$ beschrieben.

Im IR^2:

$$A(a_1;a_2):\ \vec{a}=\begin{pmatrix}a_1\\a_2\end{pmatrix}$$

im IR^3

$$A(a_1;a_2;a_3):\ \vec{a}=\begin{pmatrix}a_1\\a_2\\a_3\end{pmatrix}.$$

Eine Gerade g wird durch die Menge der Punkte beschrieben, die auf ihr liegen. Diese Geradenpunkte werden durch ihre Ortsvektoren dargestellt.

Die Gerade g sei festgelegt durch den Punkt A und den Vektor $\vec{u}$ $\left(\vec{u}\neq\vec{0}\right)$ in Richtung der Geraden. Dann lässt sich der Ortsvektor $\vec{x}$ eines beliebigen Geradenpunktes X folgendermaßen darstellen:

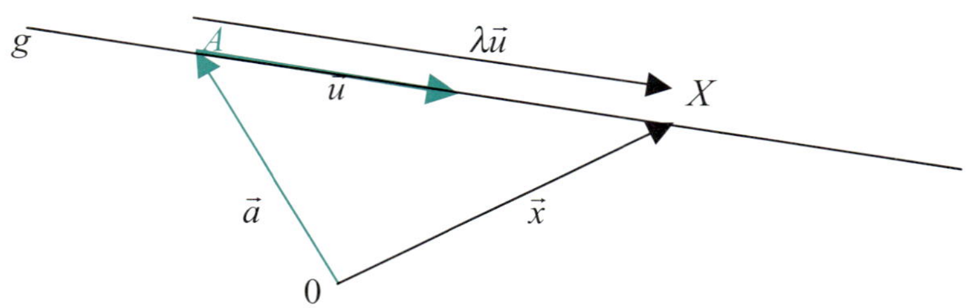

$$\vec{x}=\vec{a}+\lambda\vec{u},\ \lambda\in\mathbf{IR}.\ (\ ^*.)$$

Weil sich zu jedem Geradenpunkt X eine reelle Zahl λ für die obige Darstellung finden lässt und umgekehrt der Vektor $\vec{x}$ für alle $\lambda\in\mathrm{IR}$ immer der Ortsvektor eines Geradenpunktes ist, wird durch die Gleichung (*) die Gerade g beschrieben:

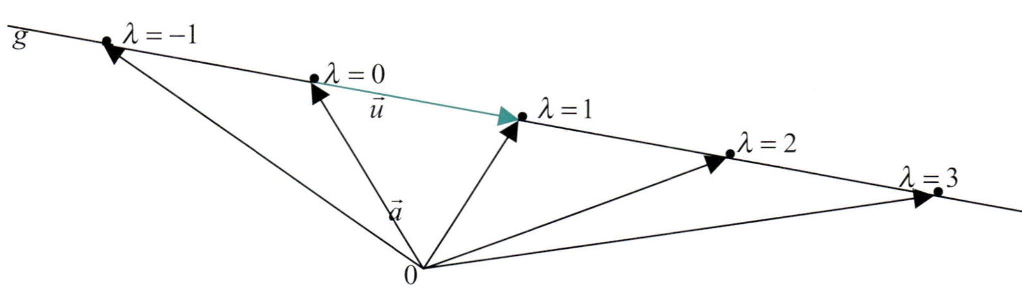

$$g:\ \vec{x}=\vec{a}+\lambda\vec{u},\ \lambda\in\mathbf{IR}.$$

Definition: Man nennt den Punkt A **Aufpunkt** und den Vektor $\vec{u}$ $(\vec{u}\neq\vec{0})$ **Richtungsvektor** der Geraden g. Die reelle Zahl λ heißt **Parameter** der Geradengleichung; man nennt eine solche Geradengleichung auch **Parameterform** oder **Punkt-Richtungsform** der Geraden.

Beispiele

1. Die Gerade g im IR^2 hat den Aufpunkt $A(-2;1)$ und den Richtungsvektor
$\vec{u}=\begin{pmatrix}1\\-3\end{pmatrix} \Rightarrow g: \vec{x}=\begin{pmatrix}-2\\1\end{pmatrix}+\lambda\begin{pmatrix}1\\-3\end{pmatrix}, \lambda\in\mathrm{IR}$.
Setzt man für λ reelle Zahlen ein, erhält man die Ortsvektoren von Geradenpunkten:
$\lambda=1: \quad \vec{x}=\begin{pmatrix}-1\\-2\end{pmatrix}, B(-1;-2)$ liegt auf g
$\lambda=-2: \quad \vec{x}=\begin{pmatrix}-4\\7\end{pmatrix}, C(-4;7)$ liegt auf g

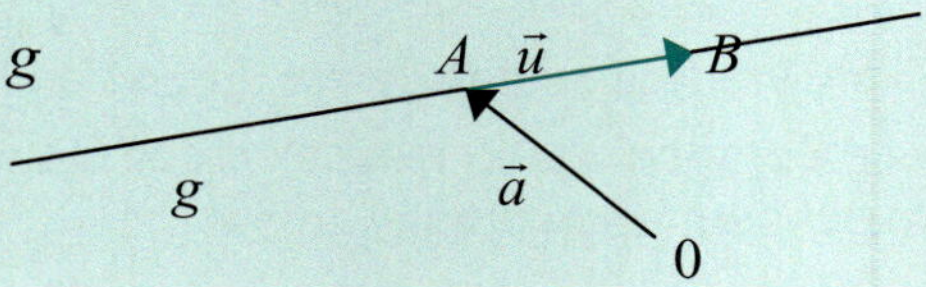

2. Die Gerade h im IR^3 hat den Aufpunkt $A(3;-2;1)$ und den Richtungsvektor
$\vec{u}=\begin{pmatrix}1\\2\\-3\end{pmatrix}$: $\quad h: \vec{x}=\begin{pmatrix}3\\-2\\1\end{pmatrix}+\lambda\begin{pmatrix}1\\2\\-3\end{pmatrix}, \lambda\in\mathrm{IR}$
Setzt man für λ reelle Zahlen ein, erhält man die Ortsvektoren von Geradenpunkten:
$\lambda=1: \quad \vec{x}=\begin{pmatrix}4\\0\\-2\end{pmatrix}, B(4;0;-2) \quad \lambda=-2: \vec{x}=\begin{pmatrix}1\\-6\\7\end{pmatrix}, C(1;-6;7)$;
B und C liegen auf h.

3. Liegt der Punkt $P(-4;-2;4)$ auf der Geraden h, d. h. lässt sich eine reelle Zahl λ finden, sodass gilt: $\vec{p}=\begin{pmatrix}3\\-2\\1\end{pmatrix}+\lambda\begin{pmatrix}1\\2\\-3\end{pmatrix}$?
Aus dieser Vektorgleichung ergeben sich drei Komponentengleichungen, die ein überbestimmtes lineares Gleichungssystem bilden (siehe Kapitel 3):

$$\begin{aligned} &\mathrm{I} & -4 &= 3+\lambda \\ &\mathrm{II} & -2 &= -2+2\lambda \\ &\mathrm{III} & 4 &= 1-3\lambda \end{aligned}$$

Dieses Gleichungssystem hat keine Lösung, denn die Lösung aus Gleichung I ($(\lambda=-7)$ führt in Gleichung II zu einer falschen Aussage: $-2=-2+2(-7)$.
Deshalb liegt der Punkt $P(-4;-2;4)$ **nicht** auf der Geraden h!

4. Für den Ortsvektor eines Punktes auf der Geraden h gilt:

$$\vec{x} = \begin{pmatrix} 3 \\ -2 \\ 1 \end{pmatrix} + \lambda \begin{pmatrix} 1 \\ 2 \\ -3 \end{pmatrix} = \begin{pmatrix} 3+\lambda \\ -2+2\lambda \\ 1-3\lambda \end{pmatrix}, \lambda \in \mathrm{IR}.$$

Diese Schreibweise ist für spätere geometrische Berechnungen nützlich.
Die Geradenpunkte haben die Form

$$X_\lambda\ (3+\lambda; -2+2\lambda; 1-3\lambda), \lambda \in \mathrm{IR}.$$

Dies ist der allgemeine Geradenpunkt. Die Punkte bilden eine **Punkteschar.**
Umgekehrt lässt sich aus einer Punkteschar mit einem Parameter

$$P_a\ (3a; 1-a; 2+a\ ), a \in \mathrm{IR}$$

auch eine Gleichung der Geraden bestimmen, auf der die Punkte der Schar liegen:

$$\vec{p}_a = \begin{pmatrix} 3a \\ 1-a \\ 2+a \end{pmatrix} = \begin{pmatrix} 0+a\cdot 3 \\ 1+a(-1) \\ 2+a\cdot 1 \end{pmatrix} = \begin{pmatrix} 0 \\ 1 \\ 2 \end{pmatrix} + a \begin{pmatrix} 3 \\ -1 \\ 1 \end{pmatrix}, a \in \mathrm{IR}.$$

Der Vektor $\vec{p}_a$ wird also so zerlegt, dass eine Geradengleichung entsteht.

5. Der Punkt $B\ (4; 0; -2)$ liegt für $\lambda = 1$ auf der Geraden

$h: \vec{x} = \begin{pmatrix} 3 \\ -2 \\ 1 \end{pmatrix} + \lambda \begin{pmatrix} 1 \\ 2 \\ -3 \end{pmatrix}, \lambda \in \mathrm{IR}$, der Vektor $\begin{pmatrix} 2 \\ 4 \\ -6 \end{pmatrix} = 2 \begin{pmatrix} 1 \\ 2 \\ -3 \end{pmatrix}$ hat die gleiche Richtung wie der Richtungsvektor von h.

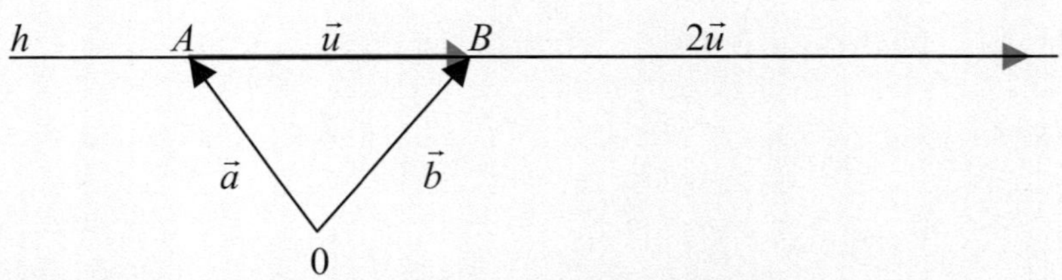

Also wird die Gerade h auch beschrieben durch die Gleichung

$$h: \vec{x} = \begin{pmatrix} 4 \\ 0 \\ -2 \end{pmatrix} + \mu \begin{pmatrix} 2 \\ 4 \\ -6 \end{pmatrix}, \mu \in \mathrm{IR}.$$

Es gibt unendlich viele Möglichkeiten für eine Gleichung der Geraden h.
(Welche? Aufgabe.)

Für geometrische Berechnungen ist es günstig, wenn die Komponenten des Richtungsvektors dem Betrag nach kleine ganze Zahlen sind, d. h., der Richtungsvektor

$\vec{u} = \begin{pmatrix} 1 \\ 2 \\ -3 \end{pmatrix}$ ist günstiger als der Richtungsvektor $\begin{pmatrix} -100 \\ -200 \\ 300 \end{pmatrix}$ oder $\begin{pmatrix} 80 \\ 160 \\ -240 \end{pmatrix}$ usw.

6. Wie lautet eine Gleichung der Geraden g, die durch die Punkte $A\,(1;-2;0)$ und $B\,(46;-32;-15)$ verläuft?

Als Aufpunkt wählt man den Punkt A (der Punkt B ist auch möglich, aber wegen seiner großen Koordinaten ungünstig!) und als Richtungsvektor den Vektor

$$\overrightarrow{AB}=\vec{b}-\vec{a}=\begin{pmatrix}45\\-30\\-15\end{pmatrix}=-15\begin{pmatrix}-3\\2\\1\end{pmatrix}$$

Eine günstige Gleichung der Geraden g ist daher $g:\ \vec{x}=\begin{pmatrix}1\\-2\\0\end{pmatrix}+\lambda\begin{pmatrix}-3\\2\\1\end{pmatrix},\ \lambda\in\mathrm{IR}$.

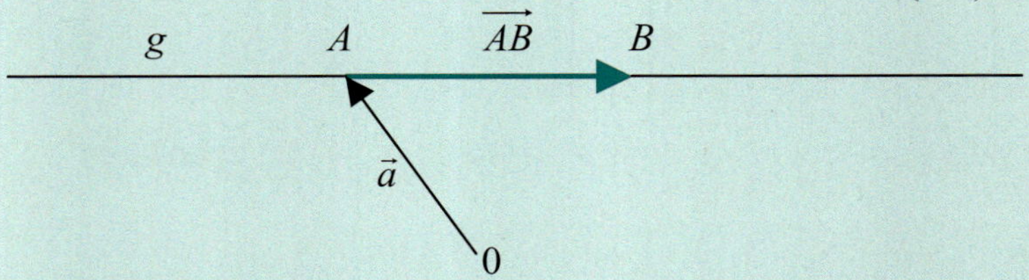

$$g:\quad \vec{x}=\vec{a}+\lambda(\vec{b}-\vec{a}),\ \lambda\in\mathrm{IR}.$$

7. Die Koordinatenachsen des IR^2 bzw. des IR^3 verlaufen durch den Koordinatenursprung, der als Aufpunkt für die Geradengleichungen der Achsen geeignet ist. Die Basisvektoren $\vec{e}_1, \vec{e}_2, \vec{e}_3$ (siehe Kap.1.5) sind die Richtungsvektoren der Koordinatenachsen. Man erhält folgende Gleichungen:

Im IR^2: x_1-Achse: $\vec{x}=\begin{pmatrix}0\\0\end{pmatrix}+\lambda\begin{pmatrix}1\\0\end{pmatrix}=\lambda\begin{pmatrix}1\\0\end{pmatrix},\ \lambda\in\mathrm{IR}$.

x_2-Achse: $\vec{x}=\lambda\begin{pmatrix}0\\1\end{pmatrix},\ \lambda\in\mathrm{IR}$.

Im IR^3: x_1-Achse: $\vec{x}=\begin{pmatrix}0\\0\\0\end{pmatrix}+\lambda\begin{pmatrix}1\\0\\0\end{pmatrix}=\lambda\begin{pmatrix}1\\0\\0\end{pmatrix},\ \lambda\in\mathrm{IR}$.

x_2-Achse: $\vec{x}=\lambda\begin{pmatrix}0\\1\\0\end{pmatrix},\ \lambda\in\mathrm{IR}$.

x_3-Achse: $\vec{x}=\lambda\begin{pmatrix}0\\0\\1\end{pmatrix},\ \lambda\in\mathrm{IR}$.

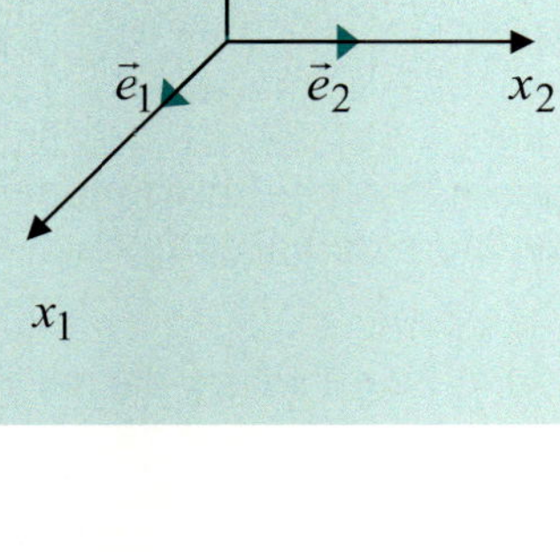

Aufgaben zu 4.1

1. Geben Sie eine Gleichung der Geraden g mit dem Aufpunkt A und dem Richtungsvektor $\vec{u}$ an.

   a) $A(3;-2)$, $\vec{u}=\begin{pmatrix}4\\5\end{pmatrix}$ b) $A(0;2)$, $\vec{u}=\begin{pmatrix}-1\\3\end{pmatrix}$

   c) $A(2;0;-1)$, $\vec{u}=\begin{pmatrix}0\\1\\-2\end{pmatrix}$ d) $A(0;4;9)$, $\vec{u}=\begin{pmatrix}2\\-1\\3\end{pmatrix}$

2. Gegeben ist die Gerade $g:\ \vec{x}=\begin{pmatrix}3\\4\end{pmatrix}+\lambda\begin{pmatrix}-1\\4\end{pmatrix},\ \lambda\in\mathrm{IR}$.

   a) Geben Sie drei verschiedene Punkte an, die auf g liegen.

   b) Welche der Punkte $A(9;-2)$, $B(-4;32)$, $C(3;1)$ und $D(7;-12)$ liegen auf g?

   c) Geben Sie zwei weitere Gleichungen der Geraden g an.

3. Gegeben ist die Gerade $g:\ \vec{x}=\begin{pmatrix}2\\0\\-1\end{pmatrix}+\lambda\begin{pmatrix}6\\-5\\2\end{pmatrix},\ \lambda\in\mathrm{IR}$.

   a) Welche der Punkte $A(-10;10;-5)$, $B(20;-15;-5)$, $C(-16;0;4)$ und $D(-1;2{,}5;-2)$ liegen auf g?

   b) Geben Sie zwei weitere Gleichungen der Geraden g an.

4. Die Punkte folgender Scharen liegen jeweils auf einer Geraden. Geben Sie eine Gleichung dieser Geraden an.

   a) $P_a(2-a;3+2a),\ a\in\mathrm{IR}$ b) $P_a(2a-4;3),\ a\in\mathrm{IR}$

   c) $P_a(0;4a+1),\ a\in\mathrm{IR}$ d) $P_a(2a;-4a;a+7),\ a\in\mathrm{IR}$

   e) $P_a(9+a;0;3-6a),\ a\in\mathrm{IR}$ f) $P_a(3+2a;4-a;6),\ a\in\mathrm{IR}$

5. Geben sie eine „günstige" Gleichung der Geraden an, die durch die Punkte A und B verläuft (siehe Beispiel 5).

   a) $A(1;-2)$, $B(11;28)$ b) $A(99;-73)$, $B(-3;-5)$

   c) $A(2;-3)$, $B(-37;10)$ d) $A(1;2;3)$, $B(-7;66;-69)$

   e) $A(141;-47;-56)$, $B(-3;1;4)$ f) $A(-2;4;9)$, $B(79;67;-99)$

6. Gegeben sind die Eckpunkte des Dreiecks ABC

   (1) $A(1;-1)$, $B(5;-1)$, $C(-4;11)$

   (2) $A(1;0;-1)$, $B(-4;10;-11)$, $C(4;6;-3)$

   a) Geben Sie jeweils eine Gleichung der drei Geraden an, die durch die Seitenhalbierenden des Dreiecks ABC bestimmt werden.

   b) Geben Sie jeweils eine Gleichung der drei Geraden an, die von den Winkelhalbierenden des Dreiecks ABC bestimmt werden.

4.2 Geradengleichungen in Normalenform im $\mathbb{R}^2$

Im $\mathbb{R}^2$ gibt es zu jedem Vektor $\vec{u} \neq \vec{0}$ unendlich viele senkrechte Vektoren, die alle die gleiche oder die entgegengesetzte Richtung haben.

Ein zu dem Richtungsvektor $\vec{u}$ $(\vec{u} \neq \vec{0})$ einer Geraden $g:\ \vec{x} = \vec{a} + \lambda\vec{u}$, $\lambda \in \mathbb{R}$ senkrechter Vektor $\vec{n}$ $(\vec{n} \neq \vec{0})$ heißt **Normalenvektor** der Geraden. Im $\mathbb{R}^2$ lässt sich ein solcher Vektor $\vec{n}$ immer finden! (Aufgabe)

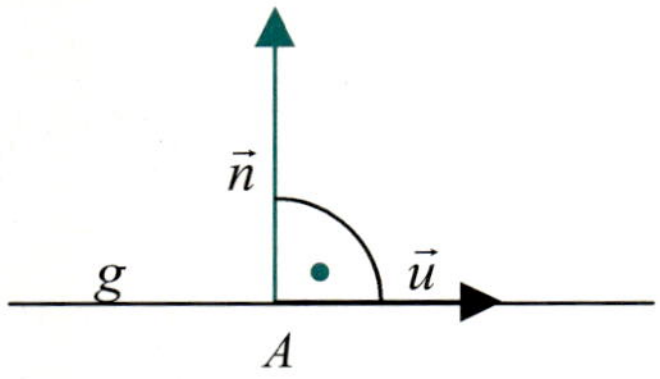

Multipliziert man nun die Gleichung der Geraden g mit dem Normalenvektor $\vec{n}$, so erhält man die Gleichung $\vec{n}\vec{x} = \vec{n}(\vec{a} + \lambda\vec{u}) = \vec{n}\vec{a} + \lambda\vec{n}\vec{u} = \vec{n}\vec{a}$ da $\vec{n}\vec{u} = 0$.

Daraus folgt:

$$g:\ \vec{n}\vec{x} - \vec{n}\vec{a} = 0 \quad \text{oder} \quad g:\ \vec{n}\,(\vec{x} - \vec{a}) = 0$$

Diese parameterfreie Gleichung heißt **Normalenform** der Geraden g Im $\mathbb{R}^2$.

Beispiel

Der Vektor $\vec{n} = \begin{pmatrix} 3 \\ 1 \end{pmatrix}$ ist ein Normalenvektor der Geraden

$g:\ \vec{x} = \begin{pmatrix} -2 \\ 1 \end{pmatrix} + \lambda \begin{pmatrix} 1 \\ -3 \end{pmatrix}, \lambda \in \mathbb{R}$, denn $\vec{n}\vec{u} = \begin{pmatrix} 3 \\ 1 \end{pmatrix}\begin{pmatrix} 1 \\ -3 \end{pmatrix} = 3 - 3 = 0$.

Die Normalenform der Geradengleichung von g lautet: $g:\ \begin{pmatrix} 3 \\ 1 \end{pmatrix}\left[\vec{x} - \begin{pmatrix} -2 \\ 1 \end{pmatrix}\right] = 0$

bzw. $g:\ \begin{pmatrix} 3 \\ 1 \end{pmatrix}\vec{x} - \begin{pmatrix} 3 \\ 1 \end{pmatrix}\begin{pmatrix} -2 \\ 1 \end{pmatrix} = 3x_1 + x_2 - (-6 + 1) = 3x_1 + x_2 + 5 = 0$, also

$$g:\ 3x_1 + x_2 + 5 = 0$$

Diese ausmultiplizierte Normalenform heißt **Koordinatenform**. Allgemein lautet sie

$$g:\ n_1x_1 + n_2x_2 - \vec{n}\vec{a} = 0,$$

wobei n_1 und n_2 die Komponenten eines Normalenvektors und $\vec{a}$ der Ortsvektor eines Aufpunkts der Geraden g ist.

Beispiele

1. Wie lautet die Normalenform der Geraden h mit dem Aufpunkt $A(-3; 5)$ und dem Richtungsvektor $\vec{u} = \begin{pmatrix} 2 \\ 1 \end{pmatrix}$?

   Die Gerade h hat den Normalenvektor $\vec{n} = \begin{pmatrix} -1 \\ 2 \end{pmatrix} \Rightarrow h:\ \begin{pmatrix} -1 \\ 2 \end{pmatrix}\left[\vec{x} - \begin{pmatrix} -3 \\ 5 \end{pmatrix}\right] = 0$

2. Liegt der Punkt $P\,(3;-5)$ auf der Geraden g mit dem Aufpunkt $A\,(0;-1)$ und dem Richtungsvektor $\vec{u}=\begin{pmatrix}4\\1\end{pmatrix}$?

Man stellt zunächst die Koordinatenform der Geradengleichung von g auf:

$$\vec{n}=\begin{pmatrix}-1\\4\end{pmatrix},\ \vec{n}\vec{a}=\begin{pmatrix}-1\\4\end{pmatrix}\begin{pmatrix}0\\-1\end{pmatrix}=-4 \Rightarrow g:\ -x_1+4x_2+4=0.$$

Dann werden die Koordinaten des Punktes P für x_1 und x_2 in die Geradengleichung von g eingesetzt:

$-3+4(-5)+4=-19\neq 0 \ \Rightarrow P$ liegt **nicht** auf g

Ersetzt man in der Koordinatenform der Gleichung der Geraden $g:\ -x_1+4x_2+4=0$ die Koordinaten x_1 und x_2 durch x und y, so erhält man die aus der Analysis bekannte implizite Form der Geradengleichung

$g:\ -x+4y+4=0$ oder durch Umstellen die explizite Form $g:\ y=\frac{1}{4}x-1$.

Im $\mathbb{R}^3$ können sich die zu einem Vektor $\vec{u}$ senkrechten Vektoren in ihren Richtungen unterscheiden, sodass **Geraden im $\mathbb{R}^3$** keine eindeutigen Normalenrichtungen haben und sich **nicht in der Normalenform** darstellen lassen.

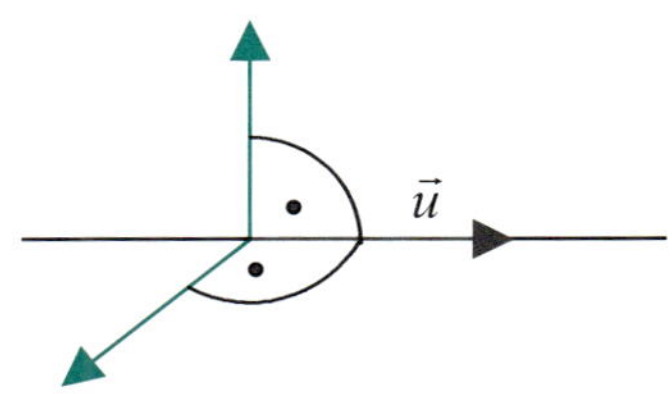

Aufgaben zu 4.2

1. Geben Sie zu den Geraden aus Aufgabe 1a und 1b in Kapitel 4.1 Gleichungen in der Normalenform an.

2. Geben Sie zu den Punkten aus Aufgabe 5 a, b und c in Kapitel 4.1 Geradengleichungen in der Koordinatenform an.

3. Bestimmen Sie jeweils einen Normalenvektor, einen Richtungsvektor und zwei verschiedene Punkte der Geraden g:

   a) $g:\ 2x_1-3x_2+1=0$ b) $g:\ -x_1+2x_2-7=0$

   c) $g:\ 9x_1-x_2+3=0$ d) $g:\ x_1-x_2=0$

   e) $g:\ 3x_2-6=0$ f) $g:\ -x_1+4=0$

4. Bestimmen Sie die Gleichungen der Koordinatenachsen des $\mathbb{R}^2$ in der Koordinatenform.

4.3 Ebenengleichungen in Parameterform

Eine Ebene im IR^3 ist festgelegt durch den Punkt A und zwei linear unabhängige (also nicht parallele) Vektoren $\vec{u}$ und $\vec{v}$ ($\vec{u}$, $\vec{v} \neq \vec{0}$). Dann lässt sich der Ortsvektor eines beliebigen Ebenenpunktes X folgendermaßen darstellen:

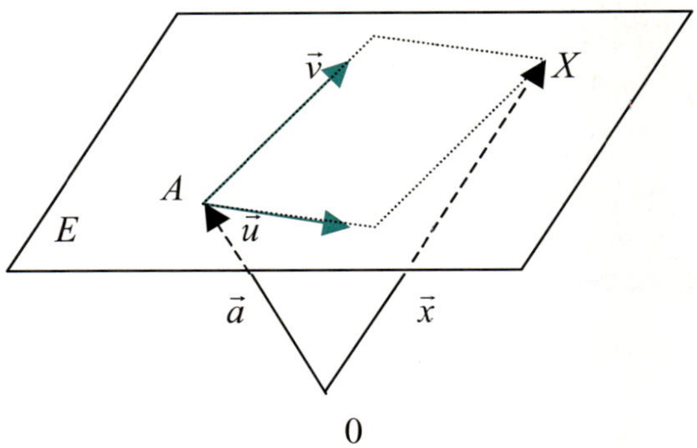

$$\vec{x} = \vec{a} + \lambda\,\vec{u} + \mu\,\vec{v},\ \lambda, \mu \in \mathrm{IR}.\ (^*)$$

In Abbildungen wird eine Ebene aus Gründen der Anschaulichkeit als Parallelogramm dargestellt. Man muss sich darüber im Klaren sein, dass eine Ebene im IR^3 keinen Rand hat.
Da sich zu jedem Ebenenpunkt X zwei reelle Zahlen λ und μ finden lassen und da umgekehrt der Vektor $\vec{x}$ für alle $\lambda, \mu \in \mathrm{IR}$ immer der Ortsvektor eines Ebenenpunktes ist, wird durch die Gleichung (*) die Ebene E beschrieben:

$$E:\ \vec{x} = \vec{a} + \lambda\,\vec{u} + \mu\,\vec{v},\ \lambda, \mu \in \mathrm{IR}$$

Wie bei den Geradengleichungen in Parameterform nennt man den Punkt A **Aufpunkt**, die Vektoren $\vec{u}$ und $\vec{v}$ ($\vec{u}, \vec{v} \neq \vec{0}$) **Richtungsvektoren** und die reellen Zahlen λ und μ **Parameter** der Ebenengleichung; eine solche Ebenengleichung heißt auch **Parameterform** oder **Punkt-Richtungsform** der Ebene.

Beispiele

1. Die Ebene F hat den Aufpunkt $P(3; -2; 1)$ und die Richtungsvektoren $\vec{u} = \begin{pmatrix} 1 \\ 0 \\ -3 \end{pmatrix}$ und $\vec{v} = \begin{pmatrix} -2 \\ 1 \\ 4 \end{pmatrix}$: $F:\ \vec{x} = \begin{pmatrix} 3 \\ -2 \\ 1 \end{pmatrix} + \lambda \begin{pmatrix} 1 \\ 0 \\ -3 \end{pmatrix} + \mu \begin{pmatrix} -2 \\ 1 \\ 4 \end{pmatrix},\ \lambda, \mu \in \mathrm{IR}$

   Setzt man für λ und μ reelle Zahlen ein, so erhält man die Ortsvektoren von Ebenenpunkten: $\lambda = 1, \mu = 2:$ $\vec{x} = \begin{pmatrix} 0 \\ 0 \\ 6 \end{pmatrix}$, $A(0; 0; 6)$ liegt in F

$$\lambda = -2, \mu = -1: \quad \vec{x} = \begin{pmatrix} 3 \\ -3 \\ 3 \end{pmatrix}, \; B\,(3; -3; 3) \text{ liegt in } F$$

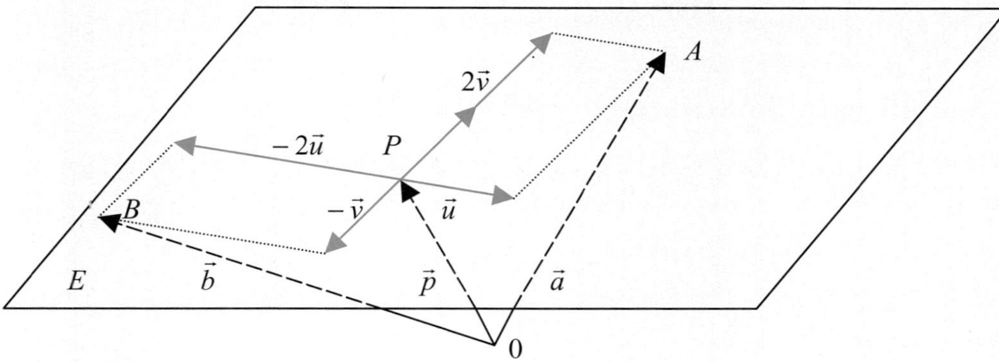

Allgemeiner Ebenenpunkt der Ebene F :

$$X_{\lambda,\mu}\,(3+\lambda-2\mu; -2+\mu; 1-3\lambda+4\mu),\ \lambda, \mu \in \mathrm{IR}$$

2. Liegt der Punkt $C\,(-4; -2; 4)$ in der Ebene F , d. h. lassen sich reelle Zahlen λ und μ finden, sodass gilt: $\vec{c} = \begin{pmatrix} -4 \\ -2 \\ 4 \end{pmatrix} = \begin{pmatrix} 3 \\ -2 \\ 1 \end{pmatrix} + \lambda \begin{pmatrix} 1 \\ 0 \\ -3 \end{pmatrix} + \mu \begin{pmatrix} -2 \\ 1 \\ 4 \end{pmatrix}$?

   Aus dieser Vektorgleichung ergeben sich drei Gleichungen für die Komponenten, die ein überbestimmtes lineares Gleichungssystem bilden (siehe Kapitel 3.4):

   $$\begin{array}{lll} \text{I} & -4 = 3 + \lambda - 2\mu & \\ \text{II} & -2 = -2 \quad + \mu & \Rightarrow \mu = 0 \text{ in I}: \lambda = -7 \quad \text{in III}: 4 = 1 + 21 \text{ (f)} \\ \text{III} & 4 = 1 - 3\lambda + 4\mu & \end{array}$$

   Mithilfe von Gleichung I und II findet man die Lösungen $\mu = 0$ und $\lambda = -7$. Das Einsetzen dieser Werte in die Gleichung III führt zu einer falschen Aussage, d. h. die Lösungen von Gleichung I und II sind keine Lösungen für Gleichung III.
   Es gibt also keine reellen Zahlen λ und μ , die Lösungen alle drei Gleichungen sind. Deshalb liegt der **Punkt** $C\,(-4; -2; 4)$ **nicht** in der **Ebene** F !

3. Alle Punkte der Punkteschar $P_{a,b}\,(2-4a+b; 3+a; -b)$, $a, b \in \mathrm{IR}$, liegen in einer Ebene. Man erhält eine Gleichung dieser Ebene, indem man den Vektor $\vec{p}_{a,b}$ so zerlegt, dass eine Ebenengleichung entsteht:

$$\vec{p}_{a,b} = \begin{pmatrix} 2-4a+b \\ 3+a \\ -b \end{pmatrix} = \begin{pmatrix} 2+a(-4)+b\cdot 1 \\ 3+a\cdot 1+b\cdot 0 \\ 0+a\cdot 0+b(-1) \end{pmatrix} \Rightarrow E: \vec{x} = \begin{pmatrix} 2 \\ 3 \\ 0 \end{pmatrix} + a \begin{pmatrix} -4 \\ 1 \\ 0 \end{pmatrix} + b \begin{pmatrix} 1 \\ 0 \\ -1 \end{pmatrix}, a, b \in \mathrm{IR}\,.$$

4. Wie bei Geradengleichungen gibt es auch für eine Gleichung einer Ebene in Parameterform unendlich viele Variationsmöglichkeiten. (Welche? Aufgabe)

5. Eine Ebene E im IR^3 wird auch durch drei verschiedene Punkte festgelegt, die nicht auf einer Geraden liegen, z.B. $A(1;-2;0)$, $B(46;-32;-15)$ und $C(10;4;-3)$:

Als Aufpunkt wählt man den Punkt A (die Punkte B oder C sind auch möglich) und als Richtungsvektoren die Vektoren

$$\overrightarrow{AB}=\vec{b}-\vec{a}=\begin{pmatrix}45\\-30\\-15\end{pmatrix} \text{ und } \overrightarrow{AC}=\vec{c}-\vec{a}=\begin{pmatrix}9\\6\\-3\end{pmatrix},$$

aus deren Komponenten sich die Faktoren -15 bzw. 3 herausziehen lassen:

$$\overrightarrow{AB}=\begin{pmatrix}45\\-30\\-15\end{pmatrix}=-15\begin{pmatrix}-3\\2\\1\end{pmatrix} \text{ und } \overrightarrow{AC}=\begin{pmatrix}9\\6\\-3\end{pmatrix}=3\begin{pmatrix}3\\2\\-1\end{pmatrix}$$

Eine Gleichung der Ebene E ist $E: \vec{x}=\begin{pmatrix}1\\-2\\0\end{pmatrix}+\lambda\begin{pmatrix}-3\\2\\1\end{pmatrix}+\mu\begin{pmatrix}3\\2\\-1\end{pmatrix}, \lambda, \mu \in \mathrm{IR}$.

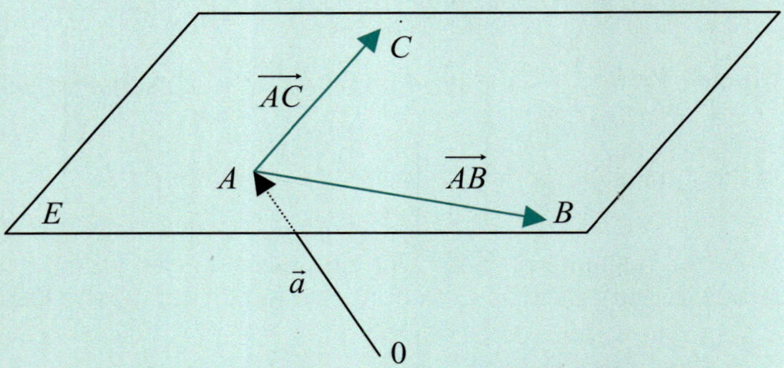

$$\boldsymbol{E:\ \vec{x}=\vec{a}+\lambda\,(\vec{b}-\vec{a})+\mu(\vec{c}-\vec{a})\,,\ \lambda,\ \mu\in \mathrm{IR}}$$

6. Die Gleichungen der Koordinatenebenen des IR^3 lassen sich mithilfe des Koordinatenursprungs als Aufpunkt und der Basisvektoren $\vec{e}_1, \vec{e}_2, \vec{e}_3$ als Richtungsvektoren aufstellen.

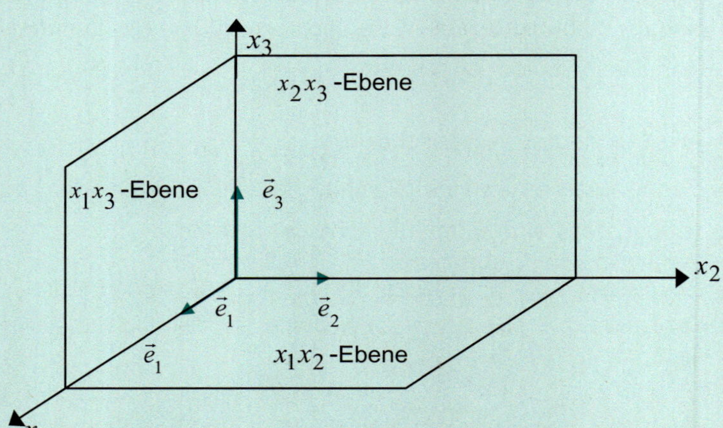

Man erhält folgende Gleichungen:

x_1x_2 – Ebene: $\vec{x} = \begin{pmatrix} 0 \\ 0 \\ 0 \end{pmatrix} + \lambda \begin{pmatrix} 1 \\ 0 \\ 0 \end{pmatrix} + \mu \begin{pmatrix} 0 \\ 1 \\ 0 \end{pmatrix} = \lambda \begin{pmatrix} 1 \\ 0 \\ 0 \end{pmatrix} + \mu \begin{pmatrix} 0 \\ 1 \\ 0 \end{pmatrix}, \quad \lambda, \mu \in \mathrm{IR}$

x_1x_3 – Ebene: $\vec{x} = \lambda \begin{pmatrix} 1 \\ 0 \\ 0 \end{pmatrix} + \mu \begin{pmatrix} 0 \\ 0 \\ 1 \end{pmatrix}, \quad \lambda, \mu \in \mathrm{IR}$

x_2x_3 – Ebene: $\vec{x} = \lambda \begin{pmatrix} 0 \\ 1 \\ 0 \end{pmatrix} + \mu \begin{pmatrix} 0 \\ 0 \\ 1 \end{pmatrix}, \quad \lambda, \mu \in \mathrm{IR}$

Aufgaben zu 4.3

1. Geben Sie eine Gleichung der Ebene E mit dem Aufpunkt A und den Richtungsvektoren $\vec{u}$ und $\vec{v}$ an:

   a) $A(0;\,4;\,9)$, $\vec{u} = \begin{pmatrix} 2 \\ -1 \\ 3 \end{pmatrix}$, $\vec{v} = \begin{pmatrix} 0 \\ 4 \\ 1 \end{pmatrix}$

   b) $A(2;\,0;\,-1)$, $\vec{u} = \begin{pmatrix} 0 \\ 1 \\ -2 \end{pmatrix}$, $\vec{v} = \begin{pmatrix} 3 \\ -2 \\ 1 \end{pmatrix}$

   c) $A(0;\,0;\,7)$, $\vec{u} = \begin{pmatrix} 1 \\ 0 \\ 1 \end{pmatrix}$, $\vec{v} = \begin{pmatrix} 0 \\ -2 \\ 1 \end{pmatrix}$

2. Gegeben ist die Ebene $E:\ \vec{x} = \begin{pmatrix} 2 \\ 0 \\ -1 \end{pmatrix} + \lambda \begin{pmatrix} 6 \\ -5 \\ 2 \end{pmatrix} + \mu \begin{pmatrix} 1 \\ -1 \\ 2 \end{pmatrix}, \ \lambda, \mu \in \mathrm{IR}$

   a) Geben Sie drei verschiedene Punkte an, die in E liegen.

   b) Welche der Punkte $A(-10;\,10;\,-5)$, $B(20;\,-15;\,-5)$, $C(-16;\,0;\,4)$ und $D(-1;\,2{,}5;\,-2)$ liegen in E ?

   c) Geben Sie zwei weitere Gleichungen der Ebene E an.

3. Die Punkte folgender Scharen liegen jeweils in einer Ebene. Geben Sie eine Gleichung dieser Ebene an:

   a) $P_{a,b}(3-5a+b;\,2+2b;\,4a-b)$, $a, b \in \mathrm{IR}$

   b) $P_{a,b}(2+a+b;\,3;\,6a+b)$, $a, b \in \mathrm{IR}$

   c) $P_{a,b}(a-b;\,4+a+2b;\,6-2a)$, $a, b \in \mathrm{IR}$

4. Geben Sie eine Gleichung der Ebene an, die durch die Punkte A, B und C verläuft:

   a) $A(1;\,2;\,3)$, $B(-7;\,66;\,-69)$, $C(2;\,4;\,-1)$

   b) $A(141;\,-47;\,-56)$, $B(-3;\,1;\,4)$, $C(0;\,1;\,3)$

   c) $A(-2;\,4;\,9)$, $B(79;\,67;\,-99)$, $C(3;\,5;\,-1)$

4.4 Ebenengleichungen in Normalenform

Im IR^3 gibt es zu zwei linear unabhängigen (nicht parallelen) Vektoren $\vec{u}$ und $\vec{v}$ ($\vec{u}, \vec{v} \neq \vec{0}$) unendlich viele senkrechte Vektoren, die alle die gleiche oder die entgegengesetzte Richtung haben. Ein zu den Richtungsvektoren $\vec{u}$ und $\vec{v}$ ($\vec{u}, \vec{v} \neq \vec{0}$) einer Ebene $E:\ \vec{x} = \vec{a} + \lambda\vec{u} + \mu\vec{v},\ \lambda, \mu \in \mathrm{IR}$ senkrechter Vektor $\vec{n}$ heißt **Normalenvektor** der Ebene. Er lässt sich mithilfe des Vektorproduktes der Vektoren $\vec{u}$ und $\vec{v}$ bestimmen: $\vec{n} = \vec{u} \times \vec{v}$.

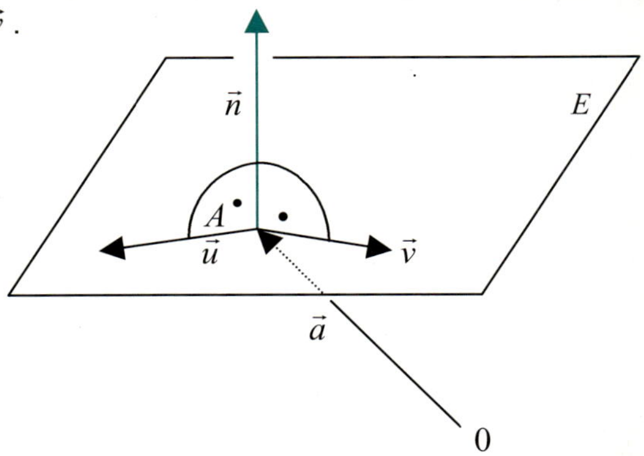

Multipliziert man die Gleichung der Ebene E mit dem Normalenvektor $\vec{n}$, so erhält man die Gleichung $\vec{n}\vec{x} = \vec{n}(\vec{a} + \lambda\vec{u} + \mu\vec{v}) = \vec{n}\vec{a} + \lambda\vec{n}\vec{u} + \mu\vec{n}\vec{v} = \vec{n}\vec{a}$,
da $\vec{n}\vec{u} = \vec{n}\vec{v} = 0$. Daraus folgt:

$$\boldsymbol{E:\ \vec{n}\vec{x} - \vec{n}\,\vec{a} = 0} \text{ oder } \boldsymbol{E:\ \vec{n}(\vec{x} - \vec{a}) = 0}$$

Definition: Diese parameterfreie Form der Ebene E heißt **Normalenform.**

Beispiel

Die Ebene $E:\ \vec{x} = \begin{pmatrix} 3 \\ -2 \\ 2 \end{pmatrix} + \lambda \begin{pmatrix} 1 \\ -2 \\ 3 \end{pmatrix} + \mu \begin{pmatrix} 3 \\ 0 \\ -1 \end{pmatrix},\ \lambda, \mu \in \mathrm{IR}$ hat den Normalenvektor

$\vec{n} = \begin{pmatrix} 1 \\ -2 \\ 3 \end{pmatrix} \times \begin{pmatrix} 3 \\ 0 \\ -1 \end{pmatrix} = \begin{pmatrix} 2 \\ 10 \\ 6 \end{pmatrix}$. Der Vektor $\vec{n}' = \begin{pmatrix} 1 \\ 5 \\ 3 \end{pmatrix}$ hat die gleiche Richtung wie der Vektor $\vec{n}$ und ist deshalb auch ein Normalenvektor der Ebene E. Die Normalenform der Ebenengleichung von E lautet:

$$E:\ \begin{pmatrix} 1 \\ 5 \\ 3 \end{pmatrix} \left(\vec{x} - \begin{pmatrix} 3 \\ -2 \\ 2 \end{pmatrix}\right) = 0$$

Ausmultipliziert erhält man $E:\ \begin{pmatrix} 1 \\ 5 \\ 3 \end{pmatrix} \vec{x} - \begin{pmatrix} 1 \\ 5 \\ 3 \end{pmatrix} \begin{pmatrix} 3 \\ -2 \\ 2 \end{pmatrix} = x_1 + 5x_2 + 3x_3 - (3 - 10 + 6) = 0$,

also $E:\ x_1 + 5x_2 + 3x_3 + 1 = 0$

Definition: Diese ausmultiplizierte Normalenform heißt **Koordinatenform.** Allgemein lautet sie

$$\boldsymbol{E: n_1x_1 + n_2x_2 + n_3x_3 - \vec{n}\vec{a} = 0}$$

wobei n_1, n_2 und n_3 die Komponenten eines Normalenvektors und $\vec{a}$ der Ortsvektor eines Aufpunkts der Ebene E ist.

Beispiele

1. Wie lautet die Normalenform (Koordinatenform) der Gleichung der Ebene F mit dem Aufpunkt $A\,(-3; 1; 5)$ und den Richtungsvektoren $\vec{u} = \begin{pmatrix} 2 \\ 0 \\ -3 \end{pmatrix}$ und $\vec{v} = \begin{pmatrix} -1 \\ 2 \\ 1 \end{pmatrix}$?

   Die Ebene F hat den Normalenvektor

   $$\vec{n} = \begin{pmatrix} 2 \\ 0 \\ -3 \end{pmatrix} \times \begin{pmatrix} -1 \\ 2 \\ 1 \end{pmatrix} = \begin{pmatrix} 6 \\ 1 \\ 4 \end{pmatrix} \text{ mit } \vec{n}\vec{a} = \begin{pmatrix} 6 \\ 1 \\ 4 \end{pmatrix}\begin{pmatrix} -3 \\ 1 \\ 5 \end{pmatrix} = 3$$

   $$\Rightarrow F: \begin{pmatrix} 6 \\ 1 \\ 4 \end{pmatrix}\left(\vec{x} - \begin{pmatrix} -3 \\ 1 \\ 5 \end{pmatrix}\right) = 0 \text{ bzw. } F: 6x_1 + x_2 + 4x_3 - 3 = 0\,.$$

   Man erhält die Koordinatenform der Gleichung der Ebene F auch, wenn man die linke Seite der Normalengleichung von $F: (\vec{u} \times \vec{v})(\vec{x} - \vec{a}) = 0$ (Spatprodukt) mithilfe der Regel von Sarrus berechnet, ohne zuvor den Normalenvektor zu bestimmen:

   $$\begin{vmatrix} -1 & 2 & x_1 + 3 \\ 2 & 0 & x_2 - 1 \\ 1 & -3 & x_3 - 5 \end{vmatrix} = 0 + 2x_2 - 2 - 6x_1 - 18 - 0 - 3x_2 + 3 - 4x_3 + 20 =$$

   $$= -6x_1 - x_2 - 4x_3 + 3 = 0$$

   Multipliziert man diese Gleichung mit -1, so erhält man die oben berechnete Gleichung.

2. Liegt der Punkt $P\,(2; 9; -5)$ in der Ebene E, die durch die Punkte $A\,(3; -2; 4)$, $B\,(-1; 0; 3)$ und $C\,(5; -1; 4)$ festgelegt ist?

   Man stellt die Koordinatenform der Ebenengleichung von E auf:

   $$\vec{n} = \overrightarrow{AB} \times \overrightarrow{AC} = \begin{pmatrix} -4 \\ 2 \\ -1 \end{pmatrix} \times \begin{pmatrix} 2 \\ 1 \\ 0 \end{pmatrix} = \begin{pmatrix} 1 \\ -2 \\ -8 \end{pmatrix},\ \vec{n}\vec{a} = \begin{pmatrix} 1 \\ -2 \\ -8 \end{pmatrix}\begin{pmatrix} 3 \\ -2 \\ 4 \end{pmatrix} = -25$$

   $$\Rightarrow E: x_1 - 2x_2 - 8x_3 + 25 = 0\,.$$

   Jetzt setzt man die Koordinaten des Punktes P für x_1, x_2 und x_3 in E ein:

   $2 - 2 \cdot 9 - 8(-5) + 25 = 49 \neq 0 \Rightarrow$ P **liegt nicht** in E.

Alternative:

Man untersucht die lineare Abhängigkeit der Vektoren $\overrightarrow{AB}$, $\overrightarrow{AC}$ und $\overrightarrow{AP}$:

$\begin{vmatrix} -4 & 2 & -1 \\ 2 & 1 & 11 \\ -1 & 0 & -9 \end{vmatrix} = 36-22-11+36 = 49 \neq 0 \Rightarrow \overrightarrow{AB}, \overrightarrow{AC}$ und $\overrightarrow{AP}$ sind linear unabhängig, P liegt nicht in der Ebene.

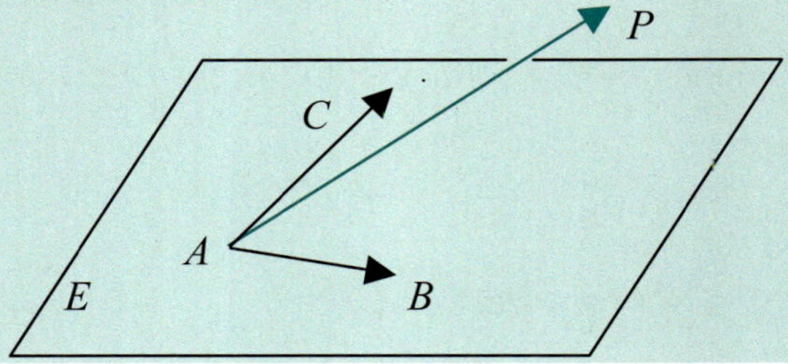

3. Gleichungen der Koordinatenebenen in der Koordinatenform:

Normalenvektor der x_1x_2 - Ebene: $\vec{n} = \begin{pmatrix} 1 \\ 0 \\ 0 \end{pmatrix} \times \begin{pmatrix} 0 \\ 1 \\ 0 \end{pmatrix} = \begin{pmatrix} 0 \\ 0 \\ 1 \end{pmatrix}$, Aufpunkt $A\,(0;\,0;\,0)$

$\Rightarrow$ x_1x_2 - Ebene: $x_3 = 0$

Entsprechend die Gleichungen der beiden anderen Koordinatenebenen:

x_1x_3 - Ebene: $x_2 = 0$

x_2x_3 - Ebene: $x_1 = 0$

Aufgaben zu 4.4

1. Geben Sie zu den Ebenen aus Aufgabe 1 zu Kapitel 4.3 die Gleichungen in der Normalenform an.

2. Geben Sie zu den Punkten aus Aufgabe 4 zu Kapitel 4.3 Ebenengleichungen in der Koordinatenform an.

3. Bestimmen Sie jeweils einen Normalenvektor und zwei verschiedene Punkte der Ebene E:

   a) $E:\; 2x_1 - 3x_2 + x_3 + 1 = 0$
   b) $E:\; 3x_1 - x_2 + 2x_3 - 7 = 0$
   c) $E:\; 9x_1 - x_3 + 3 = 0$
   d) $E:\; 2x_1 - x_2 + 3 = 0$
   e) $E:\; -x_1 + 3x_2 - 6 = 0$
   f) $E:\; -x_1 + 4 = 0$

4.5 Zusammenfassung

Geradengleichungen in Parameterform

$$g:\ \vec{x} = \vec{a} + \lambda\vec{u},\ \lambda \in \mathrm{IR}$$

mit dem Aufpunkt A, dem Richtungsvektor $\vec{u}$ ($\vec{u} \neq \vec{0}$) und dem Parameter $\lambda \in \mathrm{IR}$.

Geradengleichungen (nur im IR^2 möglich!) in

Normalenform $g:\ \vec{n}\vec{x} - \vec{n}\vec{a} = 0$ oder $g:\ \vec{n}\,(\vec{x} - \vec{a}) = 0$

Koordinatenform $g:\ n_1x_1 + n_2x_2 - \vec{n}\vec{a} = 0$

mit dem Aufpunkt A und dem Normalenvektor $\vec{n}$ ($\vec{n} \neq \vec{0}$).

Ebenengleichungen in

Parameterform $E:\ \vec{x} = \vec{a} + \lambda\vec{u} + \mu\vec{v},\ \lambda, \mu \in \mathrm{IR}$

mit dem Aufpunkt A, den linear unabhängigen (nicht parallelen) Richtungsvektoren $\vec{u}$ und $\vec{v}$ ($\vec{u}, \vec{v} \neq \vec{0}$) und den Parametern $\lambda, \mu \in \mathrm{IR}$.

Ebenengleichungen in

Normalenform $E:\ \vec{n}\vec{x} - \vec{n}\,\vec{a} = 0$ oder $E:\ \vec{n}(\vec{x} - \vec{a}) = 0$

Koordinatenform $E:\ n_1x_1 + n_2x_2 + n_3x_3 - \vec{n}\vec{a} = 0$

mit dem Aufpunkt A und dem Normalenvektor $\vec{n}$ ($\vec{n} \neq \vec{0}$).

Kapitel 5

Inzidenzprobleme

In diesem Kapitel soll mithilfe der Gleichungen von Geraden und Ebenen deren gegenseitige Lage untersucht werden. Für Geraden im zweidimensionalen Raum gibt es nicht so viele Möglichkeiten, für Geraden und Ebenen, im dreidimensionalen sind viele verschiedene Kombinationen denkbar.

5.1 Die Lage zweier Geraden

Für die gegenseitige Lage zweier Geraden g und h gibt es folgende Möglichkeiten:

1\. a) g und h **sind identisch:**

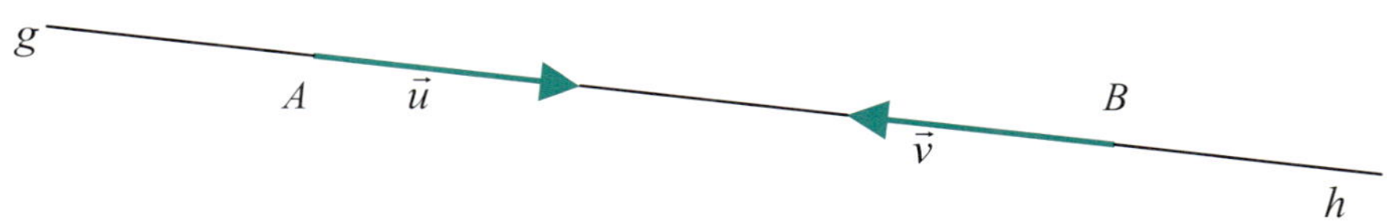

1\. b) g und h **sind parallel**:

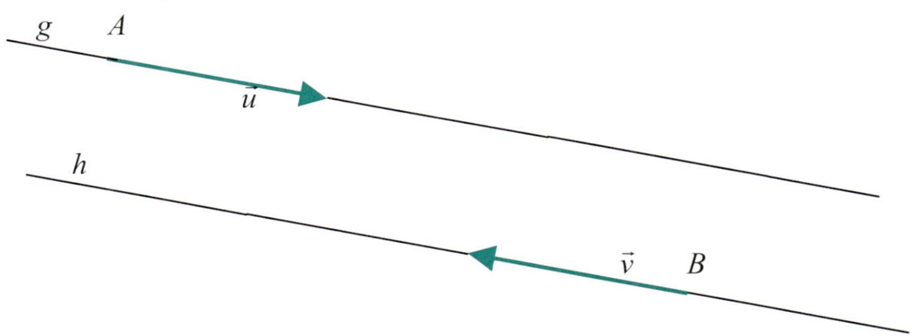

2\. a) g und h **schneiden sich**:

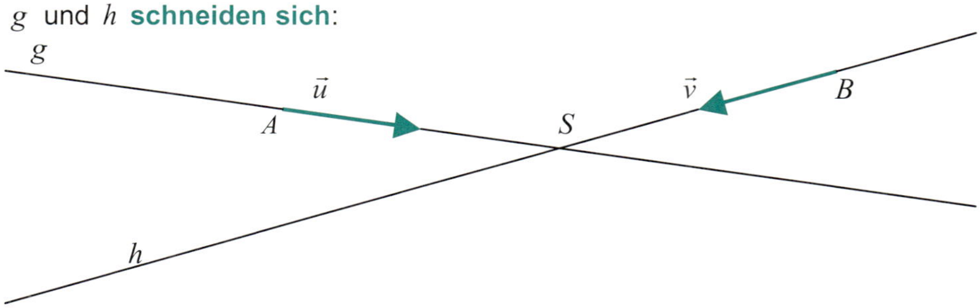

2\. b) g und h **sind windschief** (nur im $\mathbb{R}^3$ möglich!):

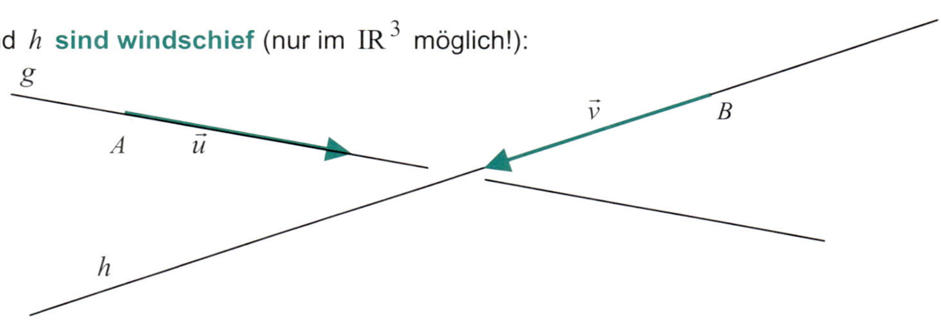

Die **gegenseitige Lage** von g und h lässt sich mithilfe ihrer Gleichungen
$g\colon\ \vec{x} = \vec{a} + \lambda\vec{u},\ \lambda \in \mathbb{R}$ und $h\colon\ \vec{x} = \vec{b} + \mu\vec{v},\ \mu \in \mathbb{R}$ bestimmen.

Zunächst werden die Richtungsvektoren $\vec{u}$ und $\vec{v}$ auf Parallelität untersucht:

Gibt es eine reelle Zahl k, sodass $\vec{u} = k\vec{v}$?

1. Angenommen, $\vec{u}$ und $\vec{v}$ sind parallel. Dann sind g und h parallel oder identisch.
   a) Liegt der Aufpunkt der Geraden g auf der Geraden h oder sind der Verbindungsvektor der Aufpunkte $\overrightarrow{AB}$ und der Richtungsvektor von g oder von h parallel, so sind g und h identisch;
   b) andernfalls sind g und h parallel.

2. Sind $\vec{u}$ und $\vec{v}$ nicht parallel, dann schneiden sich g und h oder g und h sind windschief (nur im IR^3!).
   a) Existiert ein Schnittpunkt S der Geraden g und h, so schneiden sich g und h;
   b) andernfalls sind g und h windschief.

Schnittpunkt zweier Geraden

Für den Ortsvektor $\vec{s}$ des Schnittpunktes zweier Geraden g: $\vec{x} = \vec{a} + \lambda\vec{u}$, $\lambda \in \mathrm{IR}$ und h: $\vec{x} = \vec{b} + \mu\vec{v}$, $\mu \in \mathrm{IR}$ gilt:

Es existieren reelle Zahlen λ_S und μ_S, so dass $\vec{s} = \vec{a} + \lambda_S\vec{u}$ und $\vec{s} = \vec{b} + \mu_S\vec{v}$.

Daraus folgt: $\vec{a} + \lambda_S\vec{u} = \vec{b} + \mu_S\vec{v}$

(**Gleichsetzen** der Geraden)

Das lineare Gleichungssystem, welches sich aus dieser Vektorgleichung ergibt, ist zu lösen. Setzt man die Lösung von λ_S und μ_S in die entsprechende Geradengleichungen ein, so erhält man den Ortsvektor des Schnittpunktes von g und h.

Schnittwinkel zweier Geraden

Zwei sich schneidende Geraden g: $\vec{x} = \vec{a} + \lambda\vec{u}$, $\lambda \in \mathrm{IR}$ und h: $\vec{x} = \vec{b} + \mu\vec{v}$, $\mu \in \mathrm{IR}$ schließen zwei Winkel ein, die sich zu $180°$ ergänzen; der Schnittwinkel φ ist der kleinere dieser Winkel, also $0° \le \varphi \le 90°$.

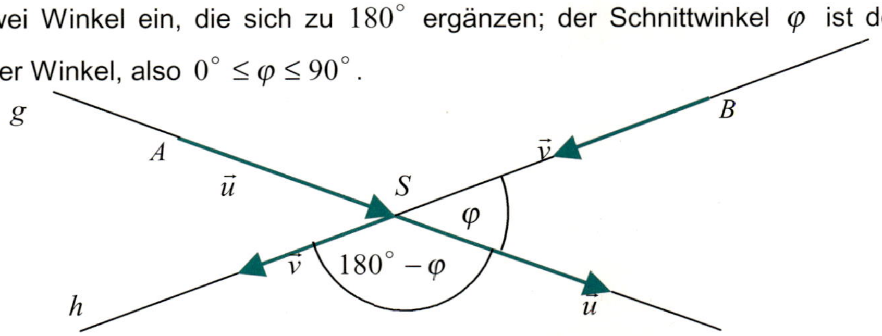

Da $\cos(180° - \varphi) = -\cos\varphi$, erhält man den Schnittwinkel mit der Formel

$$\cos\varphi = \frac{|\vec{u}\vec{v}|}{|\vec{u}||\vec{v}|}$$

Beispiele

1. Die gegenseitige Lage der Geraden

$$g: \vec{x} = \begin{pmatrix} 2 \\ -1 \end{pmatrix} + \lambda \begin{pmatrix} 3 \\ 2 \end{pmatrix}, \lambda \in \mathbb{R} \text{ und } h: \vec{x} = \begin{pmatrix} 1 \\ -7 \end{pmatrix} + \mu \begin{pmatrix} -1 \\ 2 \end{pmatrix}, \mu \in \mathbb{R}$$

soll bestimmt werden.
Wenn man die Gleichungen von g und h gleichsetzt, erhält man das lineare Gleichungssystem

$$\begin{array}{ll} \text{I} & 2+3\lambda = 1-\mu \\ \text{II} & -1+2\lambda = -7+2\mu \end{array} \quad \text{bzw.} \quad \begin{array}{ll} \text{I} & 3\lambda + \mu = -1 \\ \text{II} & 2\lambda - 2\mu = -6 \end{array}$$

Die Determinante des Gleichungssystems wird berechnet:

$$D = \begin{vmatrix} 3 & 1 \\ 2 & -2 \end{vmatrix} = -6-2 = -8 \neq 0.$$

Daraus folgt:
Das Gleichungssystem hat genau eine Lösung, also schneiden sich die Geraden g und h im **Schnittpunkt** S:

$$D_1 = \begin{vmatrix} -1 & 1 \\ -6 & -2 \end{vmatrix} = 2+6 = 8 \quad \Rightarrow \lambda = \frac{8}{-8} = -1$$

$$\vec{s} = \begin{pmatrix} 2 \\ -1 \end{pmatrix} + (-1)\begin{pmatrix} 3 \\ 2 \end{pmatrix} = \begin{pmatrix} -1 \\ -3 \end{pmatrix}, \quad S(-1; -3)$$

Schnittwinkel φ:

$$\cos\varphi = \frac{\left| \begin{pmatrix} 3 \\ 2 \end{pmatrix} \begin{pmatrix} -1 \\ 2 \end{pmatrix} \right|}{\left| \begin{pmatrix} 3 \\ 2 \end{pmatrix} \right| \left| \begin{pmatrix} -1 \\ 2 \end{pmatrix} \right|} = \frac{1}{\sqrt{13}\sqrt{5}} \quad \Rightarrow \quad \varphi \approx 82{,}87$$

2. Wie liegen die Geraden

$$g: \vec{x} = \begin{pmatrix} -2 \\ 2 \\ -6 \end{pmatrix} + \lambda \begin{pmatrix} -12 \\ 8 \\ -16 \end{pmatrix}, \lambda \in \mathbb{R} \text{ und } h: \vec{x} = \begin{pmatrix} 1 \\ 0 \\ -2 \end{pmatrix} + \mu \begin{pmatrix} 3 \\ -2 \\ 4 \end{pmatrix}, \mu \in \mathbb{R} \text{ zueinander?}$$

a) $\begin{pmatrix} -12 \\ 8 \\ -16 \end{pmatrix} = k \begin{pmatrix} 3 \\ -2 \\ 4 \end{pmatrix}$: $\quad \left\{ \begin{array}{lll} \text{I} \; -12 = 3k & \Rightarrow & k = -4 \\ \text{II} \; 8 = -2k & \Rightarrow & k = -4 \\ \text{III} \; -16 = 4k & \Rightarrow & k = -4 \end{array} \right.$

Daraus folgt: g und h sind parallel oder identisch.

b) Liegt der Aufpunkt $(-2; 2; -6)$ von g auf h?

$\begin{pmatrix} -2 \\ 2 \\ -6 \end{pmatrix} = \begin{pmatrix} 1 \\ 0 \\ -2 \end{pmatrix} + \mu \begin{pmatrix} 3 \\ -2 \\ 4 \end{pmatrix}$: $\quad \left\{ \begin{array}{lll} \text{I} \; -2 = 1+3\mu & \Rightarrow & \mu = -1 \\ \text{II} \; 2 = -2\mu & \Rightarrow & \mu = -1 \\ \text{III} \; -6 = -2+4\mu & \Rightarrow & \mu = -1 \end{array} \right.$

Daraus folgt: $(-2; 2; -6)$ liegt auf h und damit sind g und h identisch.

3. Lage der Geraden

$$g:\ \vec{x}=\begin{pmatrix}-2\\4\\4\end{pmatrix}+\lambda\begin{pmatrix}-1\\-4\\3\end{pmatrix},\ \lambda\in\mathrm{IR}\ \text{und}\ h:\ \vec{x}=\begin{pmatrix}4\\3\\-1\end{pmatrix}+\mu\begin{pmatrix}0\\-2\\3\end{pmatrix},\ \mu\in\mathrm{IR}:$$

a) $\begin{pmatrix}-1\\-4\\3\end{pmatrix}=k\begin{pmatrix}0\\-2\\3\end{pmatrix}$: $\begin{cases}\text{I} & -1=0\cdot k\ \text{(f)}\\ \text{II} & \\ \text{III} & \end{cases}$

Daraus folgt: g und h schneiden sich oder sind windschief.

b) Existiert ein Schnittpunkt?
Das Gleichsetzen der Geradengleichungen von g und h liefert das folgende überbestimmte lineare Gleichungssystem:

$$\begin{array}{lll} \text{I} & -2-\lambda=4 & \Rightarrow \lambda=-6\\ \text{II} & 4-4\lambda=3-2\mu & \Rightarrow \mu=-\frac{25}{2}\\ \text{III} & 4+3\lambda=-1+3\mu & \end{array}$$

in $\text{III}:\ 4-18=-1-\frac{75}{2}\quad\Leftrightarrow\quad -14=-\frac{77}{2}$ (f)

Es existiert also kein Schnittpunkt, g und h sind windschief.

4. Zeigen Sie, dass die Geraden g und h mit den Gleichungen

$$g:\ \vec{x}=\begin{pmatrix}0\\-2\\2\end{pmatrix}+\lambda\begin{pmatrix}4\\3\\-2\end{pmatrix},\ \lambda\in\mathrm{IR}\ \text{und}\ h:\ \vec{x}=\begin{pmatrix}-1\\2\\3\end{pmatrix}+\mu\begin{pmatrix}3\\1\\-4\end{pmatrix},\ \mu\in\mathrm{IR}$$

windschief sind.
Die Behauptung lässt sich wie im Beispiel 3 durch die Untersuchung der Lage von g und h beweisen. Folgende Überlegung vereinfacht jedoch den Beweis:

Zwei windschiefe Geraden $g:\ \vec{x}=\vec{a}+\lambda\vec{u},\ \lambda\in\mathrm{IR}$ und $h:\ \vec{x}=\vec{b}+\mu\vec{v},\ \mu\in\mathrm{IR}$ liegen nicht in einer Ebene, d. h., die drei Vektoren $\vec{u},\vec{v}$ und $\vec{b}-\vec{a}$ sind linear unabhängig!

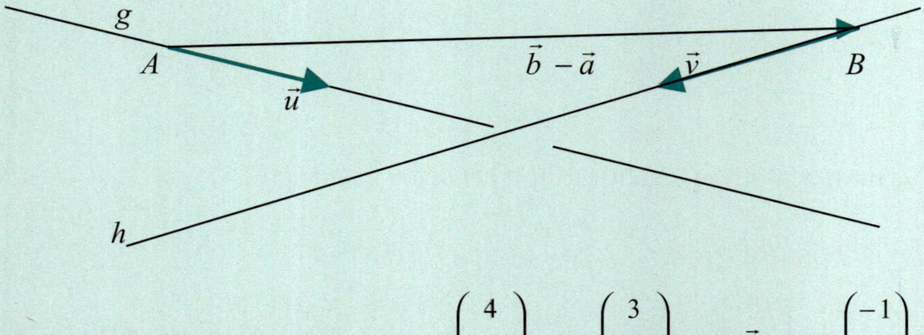

Für das obenstehende Beispiel gilt: $\vec{u}=\begin{pmatrix}4\\3\\-2\end{pmatrix}$, $\vec{v}=\begin{pmatrix}3\\1\\-4\end{pmatrix}$ und $\vec{b}-\vec{a}=\begin{pmatrix}-1\\4\\1\end{pmatrix}$,

$$D = \begin{vmatrix} 4 & 3 & -1 \\ 3 & 1 & 4 \\ -2 & -4 & 1 \end{vmatrix} = 4 - 24 + 12 - (2 - 64 + 9) = 45 \neq 0$$

Daraus folgt, dass die drei Vektoren $\vec{u}, \vec{v}$ und $\vec{b} - \vec{a}$ linear unabhängig und daher die Geraden windschief sind.

Aufgaben zu 5.1

1. Untersuchen Sie die gegenseitige Lage der folgenden Geraden. Bestimmen Sie gegebenenfalls den Schnittwinkel und die Koordinaten des Schnittpunktes.

a) $g: \vec{x} = \begin{pmatrix} 3 \\ -1 \\ 7 \end{pmatrix} + \lambda \begin{pmatrix} 2 \\ 0 \\ -1 \end{pmatrix}, \lambda \in IR$ und $h: \vec{x} = \begin{pmatrix} 2 \\ 0 \\ 8 \end{pmatrix} + \mu \begin{pmatrix} -3 \\ 1 \\ 2 \end{pmatrix}, \mu \in IR$

b) $g: \vec{x} = \begin{pmatrix} 4 \\ 0 \\ -2 \end{pmatrix} + \lambda \begin{pmatrix} 3 \\ 1 \\ 1 \end{pmatrix}, \lambda \in IR$ und $h: \vec{x} = \begin{pmatrix} 2 \\ -4 \\ 9 \end{pmatrix} + \mu \begin{pmatrix} -1 \\ 1 \\ 2 \end{pmatrix}, \mu \in IR$

c) $g: \vec{x} = \begin{pmatrix} 1 \\ 0 \\ 4 \end{pmatrix} + \lambda \begin{pmatrix} 4 \\ -6 \\ 2 \end{pmatrix}, \lambda \in IR$ und $h: \vec{x} = \begin{pmatrix} -1 \\ 1 \\ -1 \end{pmatrix} + \mu \begin{pmatrix} -2 \\ 3 \\ -1 \end{pmatrix}, \mu \in IR$

d) $g: \vec{x} = \begin{pmatrix} 0 \\ 2 \\ 3 \end{pmatrix} + \lambda \begin{pmatrix} -1 \\ -1 \\ 4 \end{pmatrix}, \lambda \in IR$ und $h: \vec{x} = \begin{pmatrix} 0 \\ -8 \\ -11 \end{pmatrix} + \mu \begin{pmatrix} 2 \\ 7 \\ -1 \end{pmatrix},, \mu \in IR$

e) $g: \vec{x} = \begin{pmatrix} -3 \\ 2 \\ 5 \end{pmatrix} + \lambda \begin{pmatrix} 6 \\ -4 \\ -1 \end{pmatrix}, \lambda \in IR$ und $h: \vec{x} = \begin{pmatrix} 3 \\ -2 \\ 4 \end{pmatrix} + \mu \begin{pmatrix} -3 \\ 2 \\ 0{,}5 \end{pmatrix}, \mu \in IR$

f) $g: \vec{x} = \begin{pmatrix} -2 \\ 1 \\ 4 \end{pmatrix} + \lambda \begin{pmatrix} 4 \\ 0 \\ -1 \end{pmatrix}, \lambda \in IR$ und $h: \vec{x} = \begin{pmatrix} 10 \\ 1 \\ 1 \end{pmatrix} + \mu \begin{pmatrix} 3 \\ -2 \\ 5 \end{pmatrix}, \mu \in IR$

g) $g: \vec{x} = \begin{pmatrix} 2 \\ 0 \\ -1 \end{pmatrix} + \lambda \begin{pmatrix} 0 \\ 2 \\ -1 \end{pmatrix}, \lambda \in IR$ und $h: \vec{x} = \begin{pmatrix} 2 \\ -1 \\ -1 \end{pmatrix} + \mu \begin{pmatrix} 0 \\ -4 \\ 2 \end{pmatrix}, \mu \in IR$

h) $g \;\; \vec{x} = \begin{pmatrix} 0 \\ 1 \\ 0 \end{pmatrix} + \lambda \begin{pmatrix} 4 \\ -2 \\ 1 \end{pmatrix}, \lambda \in IR$ und $h: \vec{x} = \begin{pmatrix} 3 \\ -6 \\ 4 \end{pmatrix} + \mu \begin{pmatrix} -8 \\ 4 \\ 2 \end{pmatrix}, \mu \in IR$

i) $g: \vec{x} = \begin{pmatrix} 0 \\ 8 \\ 15 \end{pmatrix} + \lambda \begin{pmatrix} 1 \\ 1 \\ 1 \end{pmatrix}, \lambda \in IR$ und $h: \vec{x} = \begin{pmatrix} 0 \\ 8 \\ 7 \end{pmatrix} + \mu \begin{pmatrix} -1 \\ -1 \\ -5 \end{pmatrix}, \mu \in IR$

2. Die Punkte $A(0;0;0)$, $B(1;2;-2)$, $C(-4;1;-1)$ und $D(2;4;5)$ sind die Eckpunkte eines Tetraeders.

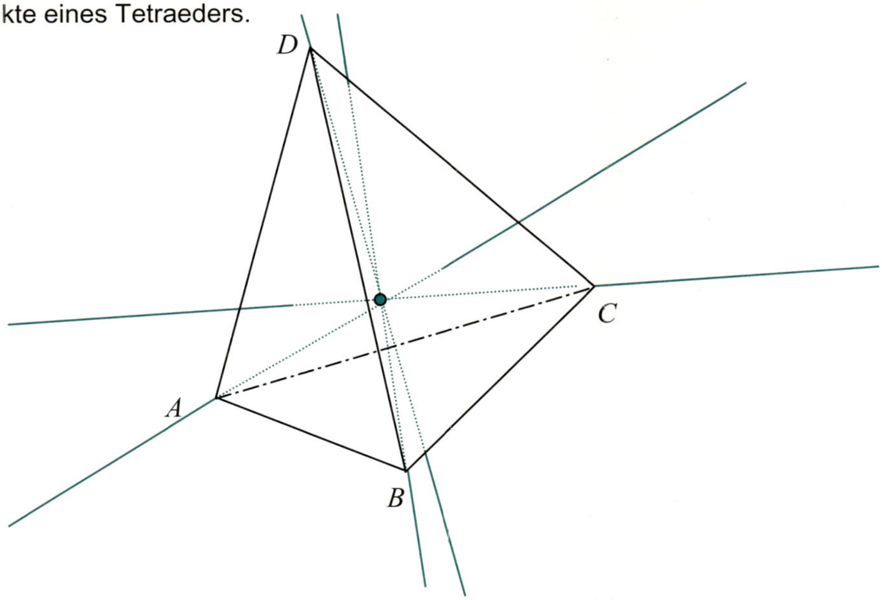

a) Stellen Sie die Gleichungen der vier Geraden auf, die jeweils durch einen Eckpunkt und den Schwerpunkt der dem Eckpunkt gegenüberliegenden Dreiecksfläche verlaufen.
(Achten Sie darauf, dass die Richtungsvektoren ganzzahlige Komponenten haben.)
b) Zeigen Sie: Alle vier Geraden aus a) schneiden sich in einem Punkt. Bestimmen Sie dessen Koordinaten.

5.2 Geradenscharen

Tritt in einer Geradengleichung $g:\ \vec{x} = \vec{a} + \lambda\vec{u},\ \lambda \in \mathrm{IR}$ außer λ ein weiterer Parameter auf, so beschreibt die Gleichung eine Geradenschar. Aus der Vielfalt von Möglichkeiten sollen hier nur zwei herausgegriffen werden: Ein linearer Scharparameter, der entweder im Aufpunkt oder im Richtungsvektor vorkommt.

Parallelenschar

Die Geraden einer Geradenschar, bei deren Gleichung der **Scharparameter nur in den Aufpunktkoordinaten** vorkommt, haben denselben Richtungsvektor, aber verschiedene Aufpunkte. Diese Geraden sind parallel und liegen in einer Ebene; sie bilden eine **Parallelenschar.**

Beispiele

1. Gegeben ist die Parallelenschar $g_a:\ \vec{x} = \begin{pmatrix} 2a \\ 1-a \\ a \end{pmatrix} + \lambda \begin{pmatrix} 1 \\ 0 \\ -1 \end{pmatrix},\ \lambda, a \in \mathrm{IR}$.

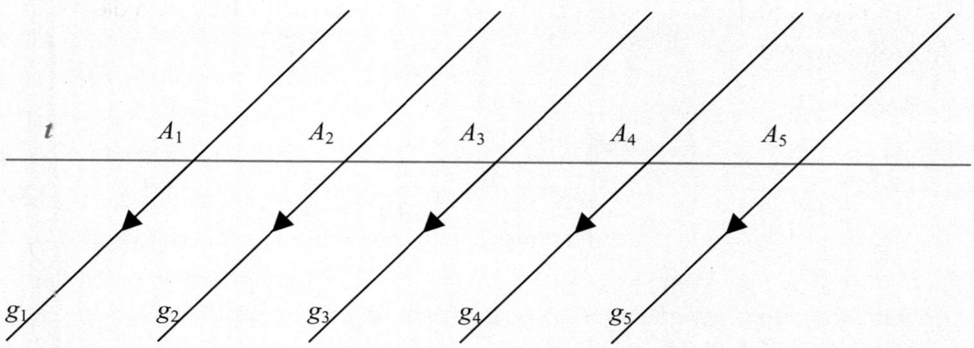

Die Aufpunkte $A_a\ (2a;1-a;a)$ liegen auf der Geraden

$$t:\ \vec{x}=\begin{pmatrix}0\\1\\0\end{pmatrix}+a\begin{pmatrix}2\\-1\\1\end{pmatrix},\ a\in \mathrm{IR}$$. (**Trägergerade** der Aufpunkte)

Welche Gerade der Parallelenschar schneidet die Gerade

$$h:\ \vec{x}=\begin{pmatrix}-3\\4\\-1\end{pmatrix}+\mu\begin{pmatrix}0\\1\\2\end{pmatrix},\ \mu\in \mathrm{IR}\ ?$$

Das Gleichsetzen der Parallelenschar g_a mit der Geraden h ergibt das lineare Gleichungssystem

$$\begin{array}{llll} \text{I} & 2a+\lambda=-3 & & \text{I}\quad 2a+\lambda\qquad=-3\\ \text{II} & 1-a\ =\ 4+\ \mu & \text{bzw.} & \text{II}\quad -a\quad-\mu=\ 3\\ \text{III} & a-\lambda=-1+2\mu & & \text{III}\quad a-\lambda-2\mu=-1\end{array}$$

Die Berechnung der Determinante des Gleichungssystems ergibt

$$\mathrm{D}=\begin{vmatrix}2&1&0\\-1&0&-1\\1&-1&-2\end{vmatrix}=-1-2-2=-5\neq 0,$$

d. h. das Gleichungssystem hat genau eine Lösung, die mit der Cramer-Regel bestimmt wird (siehe Kap. 3.1)

$$\mathrm{D}_1=\begin{vmatrix}-3&1&0\\3&0&-1\\-1&-1&-2\end{vmatrix}=1+3+6=10\qquad\Rightarrow\ a=\frac{10}{-5}=-2$$

$$\mathrm{D}_2=\begin{vmatrix}2&-3&0\\-1&3&-1\\1&-1&-2\end{vmatrix}=-12+3-2+6=-5\qquad\Rightarrow\ \lambda=\frac{-5}{-5}=1$$

Die Gerade $g_{-2}:\ \vec{x}=\begin{pmatrix}-4\\3\\-2\end{pmatrix}+\lambda\begin{pmatrix}1\\0\\-1\end{pmatrix},\lambda\in \mathrm{IR}$ schneidet die Gerade h.

Schnittpunkt S: $\vec{s} = \begin{pmatrix} -4 \\ 3 \\ -2 \end{pmatrix} + 1 \begin{pmatrix} 1 \\ 0 \\ -1 \end{pmatrix} = \begin{pmatrix} -3 \\ 3 \\ -3 \end{pmatrix}$, also $S(-3; 3; -3)$.

2. Die Geraden

$$g: \vec{x} = \begin{pmatrix} 2 \\ -1 \\ 3 \end{pmatrix} + \lambda \begin{pmatrix} -2 \\ 3 \\ 1 \end{pmatrix},\ \lambda \in \text{IR} \text{ und } h: \vec{x} = \begin{pmatrix} 1 \\ -3 \\ 4 \end{pmatrix} + \mu \begin{pmatrix} -2 \\ 3 \\ 1 \end{pmatrix},\ \mu \in \text{IR}$$

gehören zu einer ebenen Parallelenschar. Eine Gleichung der Schar erhält man, indem man zunächst die Gleichung der Trägergeraden der Aufpunkte bestimmt, also eine Gleichung der Geraden t durch die Punkte $(2; -1; 3)$ und $(1; -3; 4)$:

$$t: \vec{x} = \begin{pmatrix} 2 \\ -1 \\ 3 \end{pmatrix} + a \begin{pmatrix} -1 \\ -2 \\ 1 \end{pmatrix} = \begin{pmatrix} 2-a \\ -1-2a \\ 3+a \end{pmatrix}, a \in \text{IR}.$$

Dann lautet die Gleichung der Parallelenschar:

$$g_a: \vec{x} = \begin{pmatrix} 2-a \\ -1-2a \\ 3+a \end{pmatrix} + \lambda \begin{pmatrix} -2 \\ 3 \\ 1 \end{pmatrix},\ \lambda, a \in \text{IR}$$

Geradenbüschel

Die Geraden einer Geradenschar, bei deren Gleichung der Scharparameter nur linear im Richtungsvektor vorkommt, haben denselben Aufpunkt, aber verschiedene Richtungsvektoren. Diese Geraden schneiden sich im Aufpunkt; sie liegen in einer Ebene und bilden ein **Geradenbüschel.**

Beispiele

Gegeben ist das Geradenbüschel $g_a: \vec{x} = \begin{pmatrix} 2 \\ 1 \\ -1 \end{pmatrix} + \lambda \begin{pmatrix} -2a \\ 3-a \\ 1+a \end{pmatrix},\ \lambda, a \in \text{IR}$

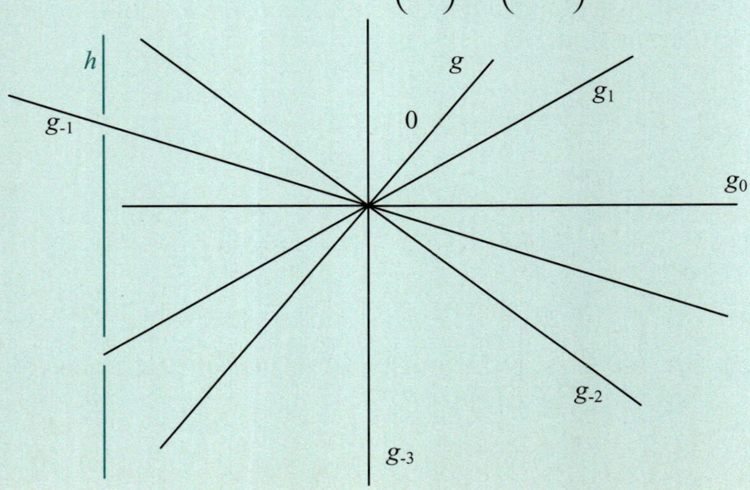

1. Das Geradenbüschel g_a liegt in einer Ebene. Man erhält eine Gleichung dieser Ebene, indem man den Richtungsvektor des Geradenbüschels zerlegt:

$$E:\quad \vec{x}=\begin{pmatrix}2\\1\\-1\end{pmatrix}+\lambda\left[\begin{pmatrix}0\\3\\1\end{pmatrix}+a\begin{pmatrix}-2\\-1\\1\end{pmatrix}\right],\quad \lambda, a\in \mathrm{IR}$$

$$\Rightarrow\; E:\quad \vec{x}=\begin{pmatrix}2\\1\\-1\end{pmatrix}+\lambda\begin{pmatrix}0\\3\\1\end{pmatrix}+\mu\begin{pmatrix}-2\\-1\\1\end{pmatrix},\quad \lambda,\ \mu\in \mathrm{IR}$$

2. Der Koordinatenursprung liegt in der Ebene $E\ (\lambda=0,\ \mu=1)$:

$$\vec{x}=\begin{pmatrix}2\\1\\-1\end{pmatrix}+0\cdot\begin{pmatrix}0\\3\\1\end{pmatrix}+1\cdot\begin{pmatrix}-2\\-1\\1\end{pmatrix}=\begin{pmatrix}0\\0\\0\end{pmatrix}.$$

Die Gerade g, die durch den Ursprung und den Büschelpunkt $(2;1;-1)$ der Geradenschar g_a verläuft, liegt wie alle Büschelgeraden in der Ebene E. Eine Gleichung von g lautet:

$$g:\ \vec{x}=\begin{pmatrix}2\\1\\-1\end{pmatrix}+\lambda\begin{pmatrix}2\\1\\-1\end{pmatrix},\ \lambda\in \mathrm{IR}.$$

Diese Gerade gehört jedoch nicht zu dem Geradenbüschel g_a, denn kein Richtungsvektor des Geradenbüschels hat die gleiche oder die entgegengesetzte Richtung wie der Richtungsvektor von g:

$$k\begin{pmatrix}2\\1\\-1\end{pmatrix}=\begin{pmatrix}-2a\\3-a\\1+a\end{pmatrix}\Leftrightarrow\begin{cases}2k=-2a\\ \left.\begin{array}{r}k=3-a\\-k=1+a\end{array}\right\}0=4\quad(\mathrm{f})\end{cases}$$

3. Gibt es eine Gerade des Büschels g_a, die parallel zur Geraden verläuft?

$h:\ \vec{x}=\begin{pmatrix}2\\-3\\5\end{pmatrix}+\mu\begin{pmatrix}3\\3\\-1\end{pmatrix},\ \mu\in \mathrm{IR}$? Ist diese Büschelgerade identisch mit h ?

g_a und h sind parallel oder identisch, wenn das Vektorprodukt ihrer Richtungsvektoren den Nullvektor ergibt:

$$\begin{pmatrix}-2a\\3-a\\1+a\end{pmatrix}\times\begin{pmatrix}3\\3\\-1\end{pmatrix}=\begin{pmatrix}-6-2a\\3+a\\-3a-9\end{pmatrix}=\begin{pmatrix}0\\0\\0\end{pmatrix}\quad\Rightarrow\quad\begin{cases}-6-2a=0\ \Rightarrow\ a=-3\\ 3+a=0\ \Rightarrow\ a=-3\\ -3a-9=0\ \Rightarrow\ a=-3\end{cases}$$

Untersuchung, ob der Büschelpunkt $(2;1;-1)$ auf der Geraden h liegt:

$$\left.\begin{array}{rl}2= & 2+3\mu\ \Rightarrow\ \mu=0\\ 1= & -3+3\mu\ \Rightarrow\ \mu=\frac{4}{3}\\ -1= & 5-\mu\end{array}\right\}\quad\Rightarrow$$

Die Gerade g_{-3} verläuft parallel zu h.

Aufgaben zu 5.2

1. Die Geraden g und h gehören zu einer Parallelenschar. Geben Sie eine Gleichung der Schar an:

   a) $g:\ \vec{x}=\begin{pmatrix}3\\-7\\1\end{pmatrix}+\lambda\begin{pmatrix}6\\7\\-8\end{pmatrix},\ \lambda\in\mathrm{IR}$ und $h:\ \vec{x}=\begin{pmatrix}13\\-4\\9\end{pmatrix}+\mu\begin{pmatrix}6\\7\\-8\end{pmatrix},\ \mu\in\mathrm{IR}$

   b) $g:\ \vec{x}=\begin{pmatrix}4\\-17\\3\end{pmatrix}+\lambda\begin{pmatrix}1\\0\\-6\end{pmatrix},\ \lambda\in\mathrm{IR}$ und $h:\ \vec{x}=\begin{pmatrix}3\\19\\-6\end{pmatrix}+\mu\begin{pmatrix}-1\\0\\6\end{pmatrix},\ \mu\in\mathrm{IR}$

2. Gegeben sind die Punkte $A\,(3;\,2;\,-4)$, $B\,(-3;\,6;\,4)$ und $C\,(11;\,-21;\,12)$ und die Geradenschar $g_a:\ \vec{x}=\begin{pmatrix}9\\-1\\4\end{pmatrix}+\lambda\begin{pmatrix}2-a\\1+3a\\-4\end{pmatrix},\ \lambda,a\in\mathrm{IR}$.

   a) Beschreiben Sie die Schar.
   b) Für welche Werte von a sind die Gerade durch A und B und g_a parallel? Wie ist ihre Lage sonst?
   c) Welche Gerade der Schar verläuft durch den Punkt C?
   c) Bestimmen Sie eine Gleichung der Ebene, in der alle Geraden der Schar liegen.

3. Gegeben ist die Geradenschar $g_a:\ \vec{x}=\begin{pmatrix}a-4\\5a\\3-2a\end{pmatrix}+\lambda\begin{pmatrix}9\\-2\\4\end{pmatrix},\ \lambda,a\in\mathrm{IR}$ und die Gerade $h:\ \vec{x}=\begin{pmatrix}-3\\4\\-1\end{pmatrix}+\mu\begin{pmatrix}0\\1\\2\end{pmatrix},\ \mu\in\mathrm{IR}$.

   a) Beschreiben Sie die Schar.
   b) Bestimmen Sie eine Gleichung der Trägergeraden der Aufpunkte.
   c) Bestimmen Sie eine Gleichung der Ebene, in der alle Geraden der Schar liegen.
   d) Welche Gerade der Schar schneidet die Gerade h? Bestimmen Sie Schnittpunkt und Schnittwinkel.

5.3 Lage einer Geraden zu einer Ebene

Für die Lage einer Geraden g zu einer Ebene E im IR^3 gibt es folgende Möglichkeiten:

1. a) g **liegt in E:**

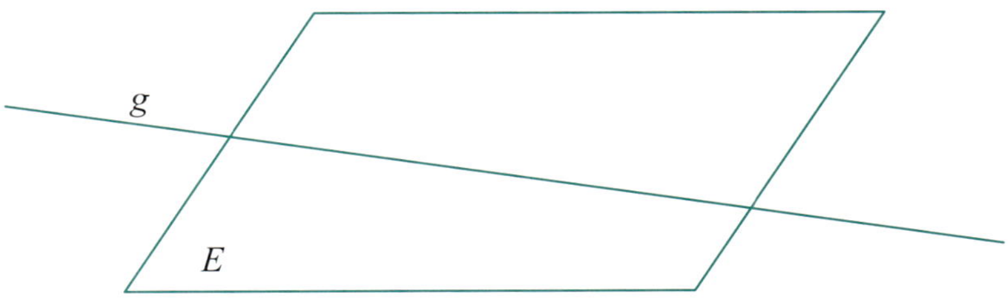

1. b) g **ist parallel zu E:**

2. g **schneidet E in einem Punkt:**

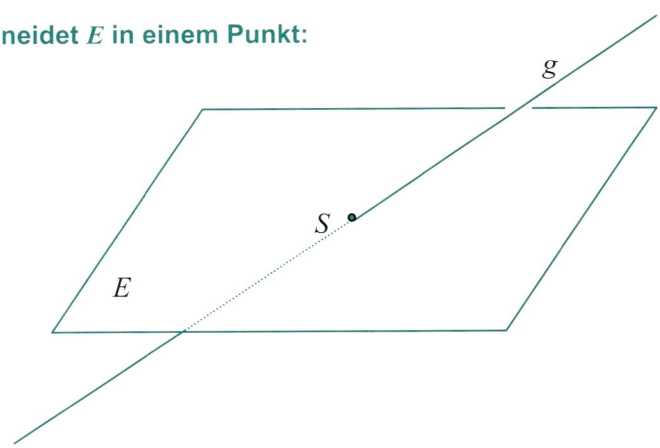

Die Lage einer Geraden zu einer Ebene lässt sich am besten über die Anzahl der gemeinsamen Punkte bestimmen. Im IR^3 gilt:

1. a) Haben g und E **unendlich viele gemeinsame Punkte**, so liegt g **in der Ebene** E.
1. b) Haben g und E **keine gemeinsamen Punkte**, so ist g **parallel** zu E.
2. Haben g und E **einen gemeinsamen Punkt** (Schnittpunkt), so **schneidet** g die Ebene in diesem Punkt.

Schnittpunkt einer Geraden mit einer Ebene

Um den Schnittpunkt einer Geraden mit einer Ebene zu bestimmen, eignet sich die Koordinatenform der Ebenengleichung am besten. Man setzt die Koordinaten des allgemeinen Geradenpunkts in die Koordinatenform der Ebenengleichung ein und bestimmt mithilfe dieser Gleichung den Parameterwert des Schnittpunktes.

Beispiele

1. Gegeben sind die Ebene $E:\ 2x_1 - x_2 - x_3 + 5 = 0$ und die Gerade
$$g:\ \vec{x} = \begin{pmatrix} 3 \\ -1 \\ 5 \end{pmatrix} + \lambda \begin{pmatrix} 6 \\ 7 \\ -2 \end{pmatrix} = \begin{pmatrix} 3+6\lambda \\ -1+7\lambda \\ 5-2\lambda \end{pmatrix},\ \lambda \in \mathrm{IR}.$$
Einsetzen des allgemeinen Geradenpunkts in die Ebenengleichung:
$$2(3+6\lambda) - (-1+7\lambda) - (5-2\lambda) + 5 = 0 \ \Rightarrow\ \lambda = -1$$
Es existiert also ein gemeinsamer Punkt der Geraden g und der Ebene E, nämlich der Schnittpunkt $S(-3; -8; 7)$, in dem g die Ebene schneidet.

2. Die Ebene $F:\ 2x_1 - 2x_2 - x_3 + 5 = 0$ und die Gerade
$$g:\ \vec{x} = \begin{pmatrix} 3 \\ -1 \\ 5 \end{pmatrix} + \lambda \begin{pmatrix} 6 \\ 7 \\ -2 \end{pmatrix} = \begin{pmatrix} 3+6\lambda \\ -1+7\lambda \\ 5-2\lambda \end{pmatrix},\ \lambda \in \mathrm{IR}$$
haben keinen gemeinsamen Punkt, denn das Einsetzen des allgemeinen Geradenpunkts in die Ebenengleichung führt zu einer falschen Aussage:
$$2(3+6\lambda) - 2(-1+7\lambda) - (5-2\lambda) + 5 = 0 \ \Rightarrow\ 8 = 0 \ \text{(f)}$$
Also ist g parallel zu F.

3. Die Ebene $G:\ 2x_1 - 2x_2 - x_3 - 3 = 0$ und die Gerade
$$g:\ \vec{x} = \begin{pmatrix} 3 \\ -1 \\ 5 \end{pmatrix} + \lambda \begin{pmatrix} 6 \\ 7 \\ -2 \end{pmatrix} = \begin{pmatrix} 3+6\lambda \\ -1+7\lambda \\ 5-2\lambda \end{pmatrix},\ \lambda \in \mathrm{IR}$$
haben unendlich viele gemeinsame Punkte, denn das Einsetzen des allgemeinen Geradenpunkts in die Ebenengleichung führt zu einer allgemein gültigen Aussage:
$$2(3+6\lambda) - 2(-1+7\lambda) - (5-2\lambda) - 3 = 0 \ \Rightarrow\ 0 \cdot \lambda = 0 \ \text{für alle } \lambda \in \mathrm{IR}$$
Also liegt g in der Ebene G.

4. Es soll die Lage der Ebene $E:\ 3x_1 - x_2 - 4x_3 - 4 = 0$ zu der Geradenschar
$$g_a:\ \vec{x} = \begin{pmatrix} 1 \\ 0 \\ 1 \end{pmatrix} + \lambda \begin{pmatrix} 1+2a \\ 3-a \\ 5+3a \end{pmatrix} = \begin{pmatrix} 1+\lambda+2a\lambda \\ 3\lambda - a\lambda \\ 1+5\lambda+3a\lambda \end{pmatrix},\ \lambda, a \in \mathrm{IR}$$
in Abhängigkeit von a untersucht werden:
$$3(1+\lambda+2a\lambda) - (3\lambda - a\lambda) - 4(1+5\lambda+3a\lambda) - 4 = 0 \ \Rightarrow\ -5 - \lambda(20+5a) = 0$$

Für $a = -4$ hat die Gleichung $-5 - \lambda \cdot 0 = 0$ keine Lösung, also ist die Gerade g_{-4} parallel zu E.

Für $a \neq -4$ hat die Gleichung genau eine von a abhängige Lösung, nämlich $\lambda = \frac{-5}{20+5a} = -\frac{1}{4+a}$, g_a und E schneiden sich im Punkt

$$S_a\left(\frac{3-a}{4+a}; -\frac{3-a}{4+a}; \frac{-1-2a}{4+a}\right).$$

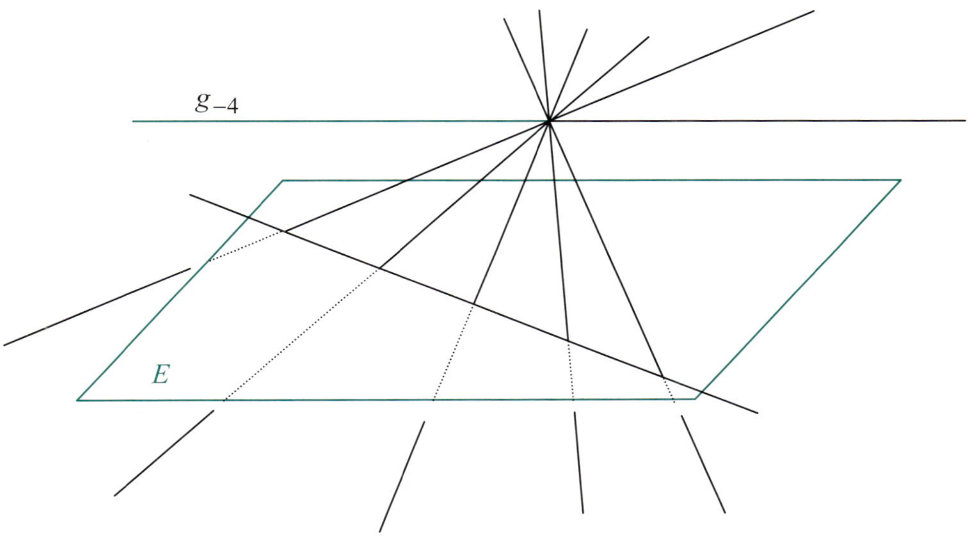

Hat man die Parameterform einer Ebenengleichung, so gilt für den Ortsvektor $\vec{s}$ des Schnittpunkts S der Geraden $g: \ \vec{x} = \vec{a} + \lambda\vec{u}, \lambda \in \mathrm{IR}$ und der Ebene $E: \ \vec{x} = \vec{b} + \mu\vec{v} + \sigma\vec{w}, \mu, \sigma \in \mathrm{IR}$:

Es existieren reelle Zahlen λ_S, μ_S und σ_S, sodass $\vec{s} = \vec{a} + \lambda_S\vec{u}$ und $\vec{s} = \vec{b} + \mu_S\vec{v} + \sigma_S\vec{w}$. Daraus folgt durch Gleichsetzen der Geraden und der Ebene:

$$\vec{a} + \lambda_S\vec{u} = \vec{b} + \mu_S\vec{v} + \sigma_S\vec{w}.$$

Das Gleichungssystem, welches sich aus dieser Vektorgleichung ergibt, ist zu lösen (siehe Kapitel 3.2). Setzt man die Lösung für λ_S in die Geradengleichung ein (oder die Lösung von μ_S und σ_S in die Ebenengleichung), so erhält man den Ortsvektor des Schnittpunkts von g und E.

Beispiele

1. Die Lage der Geraden $g: \ \vec{x} = \begin{pmatrix} 1 \\ 3 \\ -1 \end{pmatrix} + \lambda \begin{pmatrix} -1 \\ 0 \\ -1 \end{pmatrix}, \ \lambda \in \mathrm{IR}$ zur Ebene

   $E: \ \vec{x} = \begin{pmatrix} 6 \\ 0 \\ 1 \end{pmatrix} + \mu \begin{pmatrix} 2 \\ 0 \\ -1 \end{pmatrix} + \sigma \begin{pmatrix} 0 \\ 1 \\ -1 \end{pmatrix}, \mu, \sigma \in \mathrm{IR}$, soll untersucht werden.

Das Gleichsetzen der Geraden und der Ebene liefert folgendes Gleichungssystem:

$$\begin{array}{lll} \text{I} & 1-\lambda=6+2\mu \\ \text{II} & 3 = \sigma \\ \text{III} & -1-\lambda=1-\mu-\sigma \end{array} \Rightarrow \left\{\begin{array}{ll} \text{I} & -5=\lambda+2\mu \\ & \\ \text{III} & 1=\lambda-\mu \end{array}\right. \Rightarrow \left\{\begin{array}{l} \mu=-2 \\ \\ \lambda=-1 \end{array}\right.$$

Das Gleichungssystem hat eine eindeutige Lösung, also schneidet die Gerade g die Ebene E im Schnittpunkt $S(2;3;0)$.

2. Lage der Geraden $g:\ \vec{x}=\begin{pmatrix}2\\5\\1\end{pmatrix}+\lambda\begin{pmatrix}7\\-1\\2\end{pmatrix},\ \lambda\in\mathrm{IR}$ zur Ebene

$E:\ \vec{x}=\begin{pmatrix}9\\-1\\3\end{pmatrix}+\mu\begin{pmatrix}1\\-2\\7\end{pmatrix}+\sigma\begin{pmatrix}6\\1\\-5\end{pmatrix},\ \lambda,\mu\in\mathrm{IR}:$

$$\begin{array}{ll} \text{I} & 2+7\lambda=9+\mu+6\sigma \\ \text{II} & 5-\lambda=-1-2\mu+\sigma \\ \text{III} & 1+2\lambda=3+7\mu-5\sigma \end{array} \Rightarrow \begin{array}{l} 7\lambda-\mu-6\sigma=7 \\ -\lambda+2\mu-\sigma=-6 \\ 2\lambda-7\mu+5\sigma=2 \end{array}$$

Die Lösbarkeit des Gleichungssystems wird mithilfe der Cramer-Regel untersucht:

$$\mathrm{D}=\begin{vmatrix}7&-1&-6\\-1&2&-1\\2&-7&5\end{vmatrix}=0 \qquad \mathrm{D}_1=\begin{vmatrix}7&-1&-6\\-6&2&-1\\2&-7&5\end{vmatrix}=-235\neq 0$$

Das Gleichungssystem hat keine Lösung, also liegt die Gerade g parallel zur Ebene E.

Spurpunkte

Die **Spurpunkte** einer Geraden sind die Schnittpunkte der Geraden mit den Koordinatenebenen.

Beispiel

Die Gerade $g:\ \vec{x}=\begin{pmatrix}4\\-9\\5\end{pmatrix}+\lambda\begin{pmatrix}2\\3\\1\end{pmatrix}=\begin{pmatrix}4+2\lambda\\-9+3\lambda\\5+\lambda\end{pmatrix},\ \lambda\in\mathrm{IR}$ hat folgende Spurpunkte

mit der x_1x_2-Ebene: $x_3=0 \Rightarrow 5+\lambda=0 \Rightarrow \lambda=-5,\ S_{12}(-6;-24;0)$

mit der x_1x_3-Ebene: $x_2=0 \Rightarrow -9+3\lambda=0 \Rightarrow \lambda=3,\ S_{13}(10;0;8)$

mit der x_2x_3-Ebene: $x_1=0 \Rightarrow 4+2\lambda=0 \Rightarrow \lambda=-2,\ S_{23}(0;-15;3)$

Senkrechte Projektion einer Geraden in eine Ebene

Die Gerade $g:\ \vec{x}=\begin{pmatrix}2\\1\\-6\end{pmatrix}+\lambda\begin{pmatrix}0\\1\\-11\end{pmatrix},\ \lambda\in\mathrm{IR}$ schneidet die Ebene

$E:\ x_1+2x_2+4x_3-22=0$.

Projiziert man die Gerade g senkrecht in die Ebene E, so entsteht die Gerade $\overline{g}$, die in der Ebene E liegt.

Man nennt $\overline{g}$ die **senkrechte Projektion** der Geraden g in die Ebene E

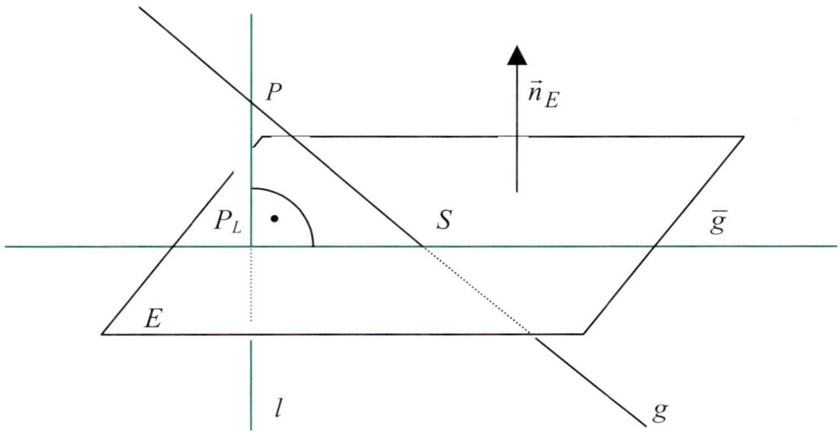

$$\overline{g}: \quad \vec{x} = \vec{s} + \sigma \overrightarrow{P_L S}, \quad \sigma \in \mathrm{IR}$$

Für eine Gleichung der Geraden $\overline{g}$ benötigt man zwei verschiedene Punkte, die auf $\overline{g}$ liegen. Der Schnittpunkt S der Geraden g mit der Ebene E liegt auf $\overline{g}$:

$$2 + 2(1+\lambda) + 4(-6-11\lambda) - 22 = 0 \quad \Rightarrow \quad \lambda = -1, \; S\,(2; 0; 5)$$

Einen zweiten Punkt auf $\overline{g}$ erhält man, indem man einen beliebigen Punkt P auf g (außer dem Schnittpunkt S) in die Ebene projiziert:

1) Für $\lambda = 0$ erhält man den Punkt $\vec{p} = \begin{pmatrix} 2 \\ 1 \\ -6 \end{pmatrix}$, $P\,(2; 1; -6)$.

Man stellt die Gleichung der Lotgeraden l zur Ebene E durch den Punkt P auf: Der Richtungsvektor der Lotgeraden l ist parallel zum Normalenvektor der Ebene E: $\quad \Rightarrow \quad l: \vec{x} = \begin{pmatrix} 2 \\ 1 \\ -6 \end{pmatrix} + \mu \begin{pmatrix} 1 \\ 2 \\ 4 \end{pmatrix}, \; \mu \in \mathrm{IR}$

2) Der Schnittpunkt P_L der Lotgeraden l mit der Ebene E liegt auf $\overline{g}$:

$$(2+\mu) + 2(1+2\mu) + 4(-6+4\mu) - 22 = 0 \quad \Rightarrow \quad \mu = 2, \; P_L\,(4; 5; 2)$$

Eine Gleichung der senkrechten Projektion von g in die Ebene E lautet:

$$\overline{g}: \vec{x} = \vec{s} + \sigma \overrightarrow{P_L S} = \begin{pmatrix} 2 \\ 0 \\ 5 \end{pmatrix} + \sigma \begin{pmatrix} -2 \\ -5 \\ 3 \end{pmatrix}, \; \sigma \in \mathrm{IR}.$$

Schneidet eine Gerade g eine Ebene E senkrecht, so ist die senkrechte Projektion der Geraden g in die Ebene E der Schnittpunkt von g und E .

Liegt die Gerade $g: \vec{x} = \vec{a} + \lambda\vec{u}, \lambda \in \mathrm{IR}$ in der Ebene E, so sind g und die senkrechte Projektion von g in die Ebene E identisch:

$$\overline{g}: \vec{x} = \vec{a} + \lambda\vec{u}, \lambda \in \mathrm{IR}.$$

Ist die Gerade g parallel zur Ebene E, so sind auch g und die senkrechte Projektion von g in die Ebene E parallel:

$$\overline{g}: \vec{x} = \vec{a}_L + \lambda\vec{u}, \lambda \in \mathrm{IR}$$

In diesem Fall braucht man für die Gleichung von $\overline{g}$ nur einen Punkt A_L, der auf $\overline{g}$ liegt, denn $\overline{g}$ hat die gleiche Richtung wie g .

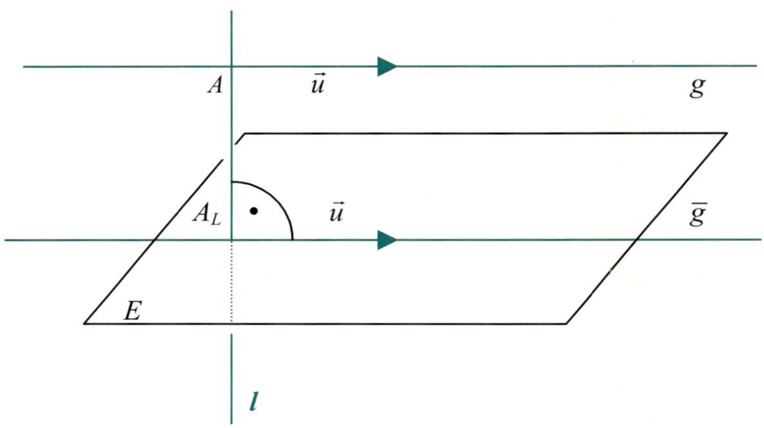

Schnittwinkel von Gerade und Ebene

Schneidet eine Gerade $\overline{g}: \vec{x} = \vec{a} + \lambda\vec{u}, \lambda \in \mathrm{IR}$ eine Ebene $E: \vec{n}(\vec{x} - \vec{b}) = 0$, dann ist der Winkel φ zwischen der Gerade g und ihrer senkrechten Projektion $\overline{g}$ auf die Ebene E der **Schnittwinkel** zwischen g und E .

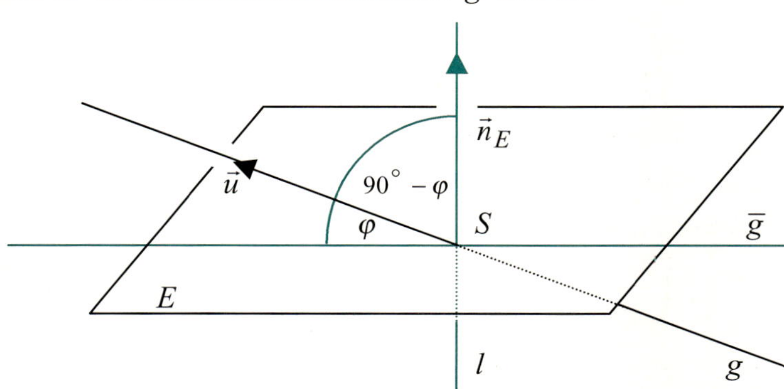

Der Schnittwinkel φ und der Winkel zwischen der Geraden g und der Lotgeraden l durch den Schnittpunkt S ergänzen sich zu 90°. Es gilt:

$$\cos(90^\circ - \varphi) = \sin\varphi = \frac{|\vec{u}\vec{n}|}{|\vec{u}||\vec{n}|}$$

Beispiel

Die Gerade $g:\ \vec{x} = \begin{pmatrix} 3 \\ -1 \\ 5 \end{pmatrix} + \lambda \begin{pmatrix} 6 \\ 7 \\ -2 \end{pmatrix},\ \lambda \in \mathrm{IR}$ schneidet die Ebene

$E:\ 2x_1 - x_2 - x_3 + 5 = 0$ (vgl. Beispiel 1, S.116). Berechnung des Schnittwinkels φ:

$$sin\varphi = \frac{\left|\begin{pmatrix} 6 \\ 7 \\ -2 \end{pmatrix}\begin{pmatrix} 2 \\ -1 \\ -1 \end{pmatrix}\right|}{\left|\begin{pmatrix} 6 \\ 7 \\ -2 \end{pmatrix}\right|\left|\begin{pmatrix} 2 \\ -1 \\ -1 \end{pmatrix}\right|} = \frac{7}{\sqrt{89}\sqrt{6}} \qquad \Rightarrow \quad \varphi \approx 17{,}63^\circ$$

Spiegelung einer Geraden an einer Ebene

Die Gerade $g:\ \vec{x} = \begin{pmatrix} 2 \\ 1 \\ -6 \end{pmatrix} + \lambda \begin{pmatrix} 0 \\ 1 \\ -11 \end{pmatrix},\ \lambda \in \mathrm{IR}$ schneidet die Ebene

$E:\ x_1 + 2x_2 + 4x_3 - 22 = 0$.

Spiegelt man die Gerade g an der Ebene E, so erhält man eine Gerade g', die **Spiegelgerade** von g an der Ebene E.

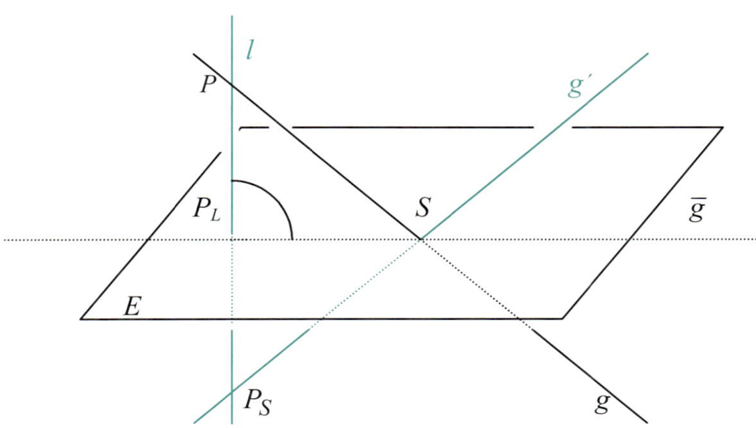

$$g':\ \vec{x} = \vec{s} + \lambda\overrightarrow{P_S S},\ \lambda \in \mathrm{IR}$$

Für eine Gleichung der Geraden g' benötigt man zwei verschiedene Punkte, die auf g' liegen. Wie bei der senkrechten Projektion liegt der Schnittpunkt S der Geraden g mit der Ebene E auf g' (siehe S.118):

$$2+2(1+\lambda)+4(-6-11\lambda)-22=0 \;\Rightarrow\; \lambda=-1,\, S\,(2;0;5).$$

Einen zweiten Punkt auf g' erhält man, indem man einen beliebigen Punkt P auf g (außer dem Schnittpunkt S!) an der Ebene E spiegelt:

1) Man stellt die Gleichung der Lotgeraden l zur Ebene E durch den Punkt P auf:

Für $\lambda=0$ erhält man den Punkt $\vec{p}=\begin{pmatrix}2\\1\\-6\end{pmatrix}$, $P\,(2;1;-6)$

$$\Rightarrow\; l:\; \vec{x}=\begin{pmatrix}2\\1\\-6\end{pmatrix}+\mu\begin{pmatrix}1\\2\\4\end{pmatrix},\; \mu\in\mathrm{IR}$$

2) Der projizierte Punkt P_L ist der Schnittpunkt der Lotgeraden l mit der Ebene E:

$$(2+\mu)+2(1+2\mu)+4(-6+4\mu)-22=0 \;\Rightarrow\; \mu=2,\; P_L\,(4;5;2)$$

Die Koordinaten des **Spiegelpunktes** P_S berechnet man nun mithilfe der folgenden Überlegung:

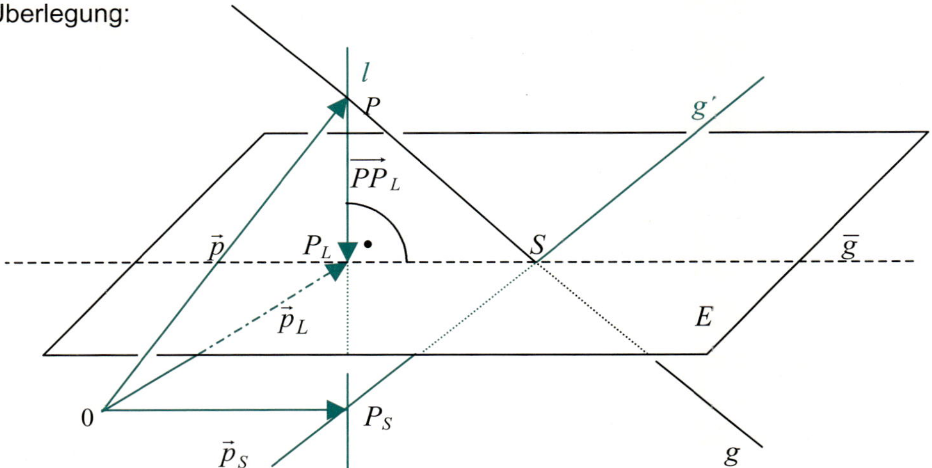

Für den Ortsvektor des Spiegelpunktes P_S gilt:

$$\vec{p}_S=\vec{p}+2\overrightarrow{PP_L}=\vec{p}+2(\vec{p}_L-\vec{p})=2\vec{p}_L-\vec{p}$$

$$\vec{p}_S=2\left[\begin{pmatrix}2\\1\\-6\end{pmatrix}+2\begin{pmatrix}1\\2\\4\end{pmatrix}\right]-\begin{pmatrix}2\\1\\-6\end{pmatrix}=\begin{pmatrix}2\\1\\-6\end{pmatrix}+2\cdot 2\begin{pmatrix}1\\2\\4\end{pmatrix},\; P_S\,(6;9;10)$$

Man setzt also den doppelten Wert von μ ein, den man für den Projektionspunkt P_L (Schnittpunkt der Lotgeraden l mit der Ebene E) berechnet hat.

Eine Gleichung der Spiegelgeraden von g an der Ebene E lautet:

$$g': \quad \vec{x} = \vec{s} + \sigma \overrightarrow{P_S S} = \begin{pmatrix} 2 \\ 0 \\ 5 \end{pmatrix} + \sigma \begin{pmatrix} 4 \\ 9 \\ 5 \end{pmatrix}, \quad \sigma \in \mathrm{IR}$$

Allgemein gilt:

Die Lotgerade l einer Ebene E durch den Punkt P erhält man mithilfe des Normalenvektors von E: $\quad l: \ \vec{x} = \vec{p} + \mu \vec{n}_E$, $\mu \in \mathrm{IR}$.
Ein allgemeiner Geradenpunkt der Lotgeraden l wird in die Gleichung der Ebene E eingesetzt. Mit dem so berechenbaren $\mu_0 \in \mathrm{IR}$ lassen sich die Ortsvektoren des Lotfußpunktes (senkrechte Projektion von P in E) und des Spiegelpunktes von P berechnen:

$\vec{p}_L = \vec{p} + \mu_0 \vec{n}_E$ (Ortsvektor der **senkrechten Projektion** von P in die Ebene E)
$\vec{p}_S = \vec{p} + 2\mu_0 \vec{n}_E$ (Ortsvektor des **Spiegelpunktes** von P an der Ebene E)
(vgl. Abbildung S.122)

Schneidet die Gerade $g: \ \vec{x} = \vec{a} + \lambda \vec{u}, \lambda \in \mathrm{IR}$ die Ebene E **senkrecht** oder **liegt die Gerade in der Ebene** E, so sind g und die Spiegelgerade an der Ebene E identisch: $\quad g': \ \vec{x} = \vec{a} + \lambda \vec{u}, \lambda \in \mathrm{IR}$.

Ist die Gerade g **parallel** zur Ebene E, so sind auch g und die Spiegelgerade von g an der Ebene E parallel:

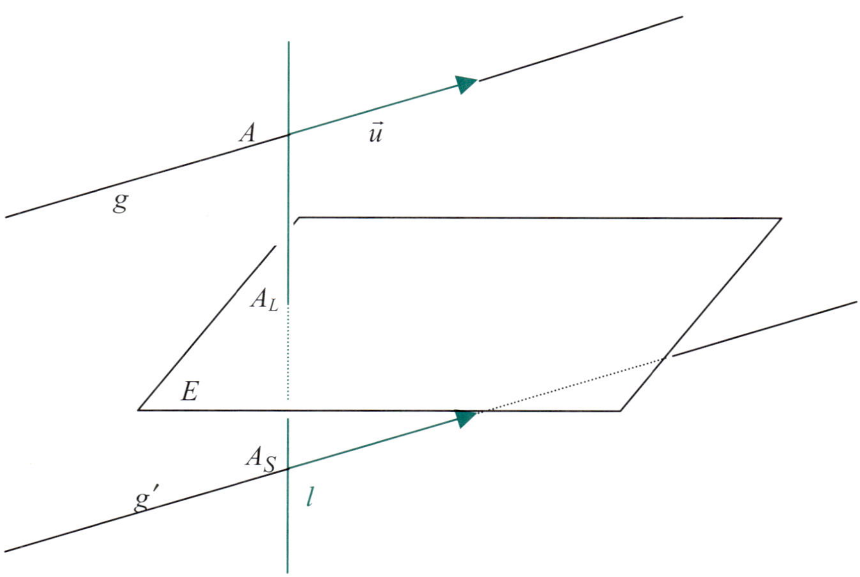

$$g': \ \vec{x} = \vec{a}_S + \lambda \vec{u}, \ \lambda \in \mathrm{IR}.$$

Aufgaben zu 5.3

1. Untersuchen Sie die Lage der Geraden g zur Ebene E! Bestimmen Sie gegebenenfalls Schnittpunkt und Schnittwinkel.

a) $g:\ \vec{x}=\begin{pmatrix}3\\-7\\1\end{pmatrix}+\lambda\begin{pmatrix}-4\\3\\9\end{pmatrix},\ \lambda\in IR;\qquad E:\ 3x_1-3x_2+x_3-7=0$

b) $g:\ \vec{x}=\begin{pmatrix}-1\\4\\7\end{pmatrix}+\lambda\begin{pmatrix}2\\3\\-9\end{pmatrix},\ \lambda\in IR;\qquad E:\ 4x_1-2x_2+x_3-16=0$

c) $g:\ \vec{x}=\begin{pmatrix}0\\-2\\5\end{pmatrix}+\lambda\begin{pmatrix}1\\9\\-2\end{pmatrix},\ \lambda\in IR;\qquad E:\ 2x_1+x_3-5=0$

d) $g:\ \vec{x}=\begin{pmatrix}2\\0\\5\end{pmatrix}+\lambda\begin{pmatrix}3\\-1\\4\end{pmatrix},\ \lambda\in IR;\qquad E:\ x_1+4x_2+2=0$

e) $g:\ \vec{x}=\begin{pmatrix}4\\-3\\1\end{pmatrix}+\lambda\begin{pmatrix}6\\-4\\5\end{pmatrix},\ \lambda\in IR;\qquad E:\ x_1+4x_2+2x_3+1=0$

f) $g:\ \vec{x}=\begin{pmatrix}6\\1\\-7\end{pmatrix}+\lambda\begin{pmatrix}0\\6\\5\end{pmatrix},\ \lambda\in IR;\qquad E:\ 2x_1-3x_2+x_3-2=0$

g) $g:\ \vec{x}=\begin{pmatrix}-1\\8\\2\end{pmatrix}+\lambda\begin{pmatrix}7\\5\\-1\end{pmatrix},\ \lambda\in IR\qquad E:\ 2x_1-2x_2+4x_3+10=0$

h) $g:\ \vec{x}=\begin{pmatrix}5\\1\\-3\end{pmatrix}+\lambda\begin{pmatrix}-1\\3\\5\end{pmatrix},\ \lambda\in IR;\qquad E:\ -x_1+x_2-x_3-4=0$

i) $g:\ \vec{x}=\begin{pmatrix}2\\1\\3\end{pmatrix}+\lambda\begin{pmatrix}4\\0\\-3\end{pmatrix},\ \lambda\in IR;\qquad E:\ \vec{x}=\begin{pmatrix}4\\0\\-2\end{pmatrix}+\mu\begin{pmatrix}1\\-2\\1\end{pmatrix}+\sigma\begin{pmatrix}3\\2\\-4\end{pmatrix},\mu,\sigma\in IR$

j) $g:\ \vec{x}=\begin{pmatrix}1\\0\\-1\end{pmatrix}+\lambda\begin{pmatrix}2\\1\\2\end{pmatrix},\ \lambda\in IR;\qquad E:\ \vec{x}=\begin{pmatrix}0\\1\\0\end{pmatrix}+\mu\begin{pmatrix}4\\-2\\5\end{pmatrix}+\sigma\begin{pmatrix}1\\2\\3\end{pmatrix},\mu,\sigma\in IR$

2. Gegeben ist die Ebene $E:\ 3x_1 - 2x_2 + 2x_3 + 12 = 0$ und die Geradenschar

$$g_a:\ \vec{x} = \begin{pmatrix} 1 \\ 1 \\ 2 \end{pmatrix} + \lambda \begin{pmatrix} -3a \\ 4a+1 \\ 1 \end{pmatrix},\ \lambda,\ a \in \mathrm{IR}.$$

   a) Für welche Werte von a sind g_a und E parallel? Liegt g_a für diese Werte von a ganz in E?
   b) Für welche Werte von a schneidet g_a die Ebene E senkrecht?
   c) Bestimmen Sie den Schnittpunkt von g_a und E in Abhängigkeit von a.
   d) Bestimmen Sie die Spurpunkte von g_a in Abhängigkeit von a.

3. Bestimmen Sie eine Gleichung der senkrechten Projektion und der Spiegelgeraden von g an der Ebene $E:\ -2x_1 + x_2 + 3x_3 - 8 = 0$.

   a) $g:\ \vec{x} = \begin{pmatrix} 2 \\ 1 \\ 1 \end{pmatrix} + \lambda \begin{pmatrix} 2 \\ 0 \\ -1 \end{pmatrix},\ \lambda \in \mathrm{IR}$

   b) $g:\ \vec{x} = \begin{pmatrix} 1 \\ 2 \\ -2 \end{pmatrix} + \lambda \begin{pmatrix} 1 \\ -1 \\ 1 \end{pmatrix},\ \lambda \in \mathrm{IR}$

   c) $g:\ \vec{x} = \begin{pmatrix} 7 \\ 0 \\ -2 \end{pmatrix} + \lambda \begin{pmatrix} 1 \\ 0 \\ 3 \end{pmatrix},\ \lambda \in \mathrm{IR}$

   d) $g:\ \vec{x} = \begin{pmatrix} 4 \\ 1 \\ 5 \end{pmatrix} + \lambda \begin{pmatrix} 2 \\ 1 \\ 1 \end{pmatrix},\ \lambda \in \mathrm{IR}$

   e) $g:\ \vec{x} = \begin{pmatrix} -1 \\ -1 \\ 7 \end{pmatrix} + \lambda \begin{pmatrix} 3 \\ 0 \\ 2 \end{pmatrix},\ \lambda \in \mathrm{IR}$

   f) $g:\ \vec{x} = \begin{pmatrix} 3 \\ 1 \\ 2 \end{pmatrix} + \lambda \begin{pmatrix} 4 \\ 0 \\ 5 \end{pmatrix},\ \lambda \in \mathrm{IR}$

4. Gegeben ist die Ebene $E:\ 2x_1 - x_2 + x_3 + 1 = 0$ und die Gerade

$$g:\ \vec{x} = \begin{pmatrix} 4 \\ 1 \\ -2 \end{pmatrix} + \lambda \begin{pmatrix} 1 \\ 3 \\ 4 \end{pmatrix},\ \lambda \in \mathrm{IR}.$$

   a) Zeigen Sie: Die Gerade g schneidet die Ebene E. Berechnen Sie die Koordinaten des Schnittpunkts S!
   b) Wie lautet eine Gleichung der Geraden l, die senkrecht zu E durch den Schnittpunkt S verläuft?
   c) Wie lautet eine Gleichung der Geraden k, die senkrecht zu g verläuft und ganz in E liegt?
   d) Wie lautet eine Gleichung der Ebene H, die senkrecht von der Geraden g im Punkt $P(2; -5; 1)$ geschnitten wird?
   e) Wie lautet eine Gleichung der Geraden h, die durch den Punkt $P(2; -5; 1)$ verläuft und parallel ist zur Ebene E und zur Ebene $F:\ 3x_1 - 5x_2 - x_3 + 4 = 0$?
   f) Bestimmen Sie die Koordinaten der Spurpunkte von g.

5.4 Lage einer Geraden im Koordinatensystem

Es soll die Lage einer Geraden g zu den Koordinatenachsen und Koordinatenebenen untersucht werden. Hierbei werden nur die Sonderfälle

1) g ist parallel zu bzw. identisch mit einer der Koordinatenachsen,
2) g ist parallel zu bzw. liegt in einer der Koordinatenebenen,
3) g verläuft durch den Koordinatenursprung (**Ursprungsgerade**) berücksichtigt.

Beispiele

1. Am Richtungsvektor $\vec{u}=\begin{pmatrix}-2\\0\\3\end{pmatrix}$ der Geraden $g\colon \vec{x}=\begin{pmatrix}4\\3\\-3\end{pmatrix}+\lambda\begin{pmatrix}-2\\0\\3\end{pmatrix}$, $\lambda\in\mathrm{IR}$ erkennt man, dass die Gerade g zu keiner Koordinatenachse parallel ist, denn $\vec{u}$ ist kein Vielfaches von einem der Basisvektoren $\vec{e}_1,\vec{e}_2,\vec{e}_3$ (Richtungsvektoren der Koordinatenachsen).
Die zweite Komponente des Richtungsvektors $\vec{u}$ der Gerade g ist null, d. h. $\vec{u}$ verläuft senkrecht zu $\begin{pmatrix}0\\1\\0\end{pmatrix}$, dem Normalenvektor der x_1x_3-Ebene, denn $\begin{pmatrix}-2\\0\\3\end{pmatrix}\begin{pmatrix}0\\1\\0\end{pmatrix}=0$. Also ist g parallel zur x_1x_3-Ebene.
Spurpunkte der Geraden g:
$x_3=-3+3\lambda=0 \quad\Rightarrow\quad \lambda=1,\ S_{12}(2;3;0)$
$x_2=3+0\cdot\lambda=0 \quad\Rightarrow\quad g$ hat keinen Schnittpunkt mit der x_1x_3-Ebene
$x_1=4-2\lambda=0 \quad\Rightarrow\quad \lambda=2,\ S_{23}(0;3;3)$
Die Gerade g schneidet nur die x_1x_2-Ebene und die x_2x_3-Ebene.
Der Koordinatenursprung $(0;0;0)$ liegt nicht auf der Geraden g, also ist g keine Ursprungsgerade.

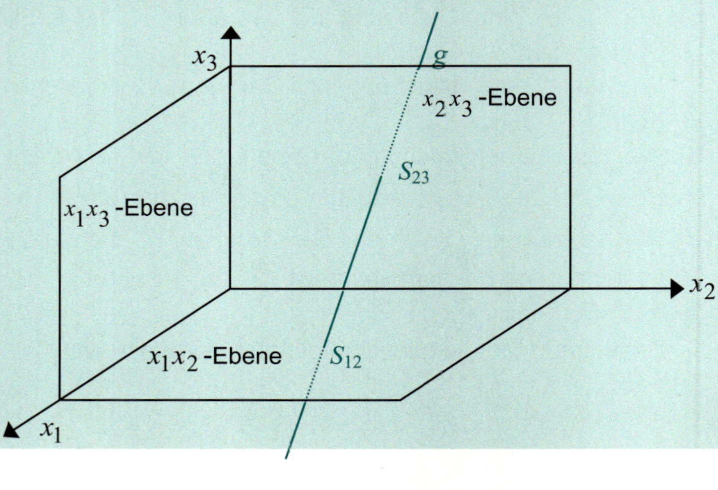

2. Die Lage von $g_a : \vec{x} = \begin{pmatrix} 1 \\ 4 \\ 0 \end{pmatrix} + \lambda \begin{pmatrix} 1-a \\ 2a \\ -a \end{pmatrix}$, $\lambda, a \in \mathrm{IR}$ im Koordinatensystem soll in Abhängigkeit von a untersucht werden.

1) Parallelität zu den Koordinatenachsen:

$$\left.\begin{array}{l} 1-a=k \\ 2a\ =0 \end{array}\right\} \Rightarrow \quad a=0,\ k=1$$

$$-a=0 \qquad \text{Probe: } 0=0 \quad (\mathrm{w})$$

Daraus folgt: Die Gerade $g_0 : \vec{x} = \begin{pmatrix} 1 \\ 4 \\ 0 \end{pmatrix} + \lambda \begin{pmatrix} 1 \\ 0 \\ 0 \end{pmatrix}$, $\lambda \in \mathrm{IR}$ und die x_1-Achse sind parallel.

Sie sind nicht identisch, weil der Aufpunkt von g_0 $A(1; 4; 0)$ nicht auf der x_1-Achse liegt.

$$\left.\begin{array}{l} 1-a=0 \\ 2a\ =k \end{array}\right\} \Rightarrow \quad a=1,\ k=2$$

$$-a=0 \qquad \text{Probe: } -1=0 \quad (\mathrm{f})$$

$$\left.\begin{array}{l} 1-a=0 \\ 2a\ =0 \end{array}\right\} \begin{array}{l} \Rightarrow \quad a=1 \\ \Rightarrow \quad a=0 \neq 1 \end{array}$$

$$-a=k$$

Daraus folgt:
Keine der Geraden g_a ist zur x_2-Achse oder zur x_3-Achse parallel.

2) Parallelität zu den Koordinatenebenen:

$a=1 \Rightarrow \vec{u} = \begin{pmatrix} 0 \\ 2 \\ -1 \end{pmatrix}$ verläuft senkrecht zu $\begin{pmatrix} 1 \\ 0 \\ 0 \end{pmatrix}$, dem Normalenvektor der x_2x_3-Ebene, denn $\begin{pmatrix} 0 \\ 2 \\ -1 \end{pmatrix}\begin{pmatrix} 1 \\ 0 \\ 0 \end{pmatrix} = 0 \Rightarrow$ g_1 ist parallel zur x_2x_3-Ebene.

$a=0 \Rightarrow \vec{u} = \begin{pmatrix} 1 \\ 0 \\ 0 \end{pmatrix}$ ist der Richtungsvektor der x_1-Achse (siehe (1).

Außerdem liegt der Aufpunkt von g_0, $A(1; 4; 0)$ in der x_1x_2-Ebene, denn seine dritte Koordinate ist null; er liegt jedoch nicht in der x_1x_3-Ebene, denn $x_2 = 4 \neq 0$

$\Rightarrow$ g_0 liegt in der x_1x_2-Ebene und ist parallel zur x_1x_3-Ebene.

3) Spurpunkte von g_a:

$x_3 = \lambda(-a) = 0 \quad \Rightarrow \quad \lambda = 0,\ a \in \mathrm{IR}, \quad S_{12}(1; 4; 0)$

$x_2 = 4 + \lambda \cdot 2a = 0 \quad \Rightarrow \quad \lambda = -\frac{2}{a},\ a \in \mathrm{IR} \setminus \{0\}, \quad S_{13}\left(3 - \frac{2}{a}; 0; 2\right)$

$x_1 = 1 + \lambda(1-a) = 0 \quad \Rightarrow \quad \lambda = \frac{1}{a-1},\ a \in \mathrm{IR} \setminus \{1\}, \quad S_{23}\left(0; 4 + \frac{2a}{a-1}; \frac{-a}{a-1}\right)$

Alle Geraden g_a haben den Spurpunkt $S_{12}(1; 4; 0)$ in der x_1x_2-Ebene.

Für $a \neq 0$ haben die Geraden g_a den Spurpunkt $S_{13}\left(3 - \frac{2}{a}; 0; 2\right)$ in der x_1x_3-Ebene.

Für $a \neq 1$ haben die Geraden g_a den Spurpunkt $S_{23}\left(0; 4 + \frac{2a}{a-1}; \frac{-a}{a-1}\right)$ in der x_2x_3-Ebene.

4) Ist eine der Geraden eine Ursprungsgerade?

$\left.\begin{array}{l} 1 + \lambda(1-a) = 0 \\ 4 + \lambda \cdot 2a = 0 \end{array}\right\} \Rightarrow \quad a = \frac{2}{3},\ \lambda = -3$

$\lambda(-a) = 0$ Probe: $-3(\frac{2}{3}) = 0$ (f)

Daraus folgt: Keine der Geraden g_a ist eine Ursprungsgerade.

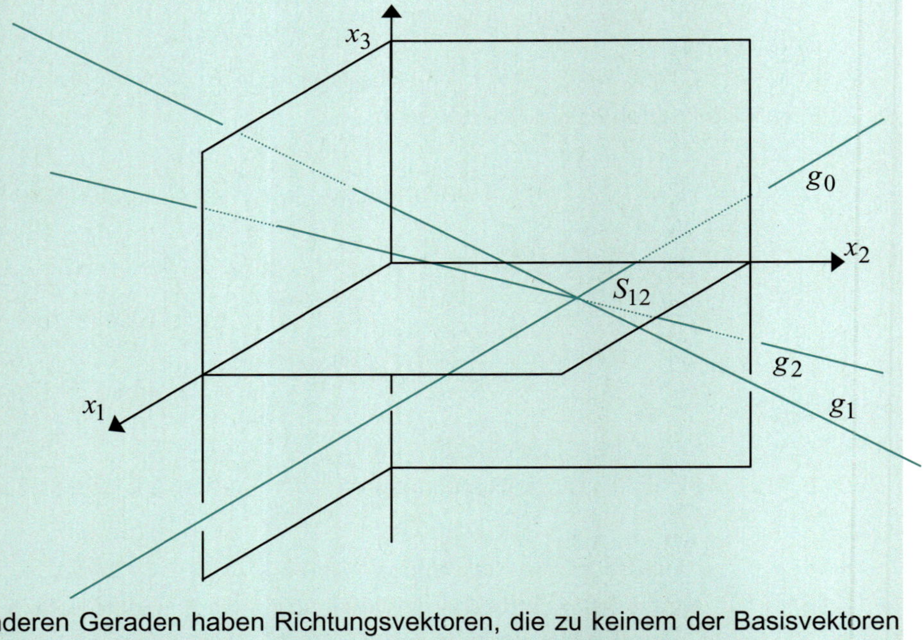

Alle anderen Geraden haben Richtungsvektoren, die zu keinem der Basisvektoren $\vec{e}_1, \vec{e}_2, \vec{e}_3$ (Normalenvektoren der Koordinatenebenen) senkrecht verlaufen, da keine Komponente den Wert null hat. Sie sind zu keiner Koordinatenebene parallel.

Aufgaben zu 5.4

1. Untersuchen Sie die Lage der Geraden g im Koordinatensystem. Ist g eine Ursprungsgerade?

a) $g: \vec{x} = \begin{pmatrix} 3 \\ 1 \\ -5 \end{pmatrix} + \lambda \begin{pmatrix} -6 \\ -2 \\ 10 \end{pmatrix}, \lambda \in \mathrm{IR}$

b) $g: \vec{x} = \begin{pmatrix} 2 \\ -1 \\ 0 \end{pmatrix} + \lambda \begin{pmatrix} 4 \\ 0 \\ -1 \end{pmatrix}, \lambda \in \mathrm{IR}$

c) $g: \vec{x} = \begin{pmatrix} 1 \\ 0 \\ 4 \end{pmatrix} + \lambda \begin{pmatrix} 3 \\ 0 \\ 0 \end{pmatrix}, \lambda \in \mathrm{IR}$

d) $g: \vec{x} = \begin{pmatrix} -2 \\ 0 \\ 4 \end{pmatrix} + \lambda \begin{pmatrix} 1 \\ 0 \\ -2 \end{pmatrix}, \lambda \in \mathrm{IR}$

e) $g: \vec{x} = \begin{pmatrix} 0 \\ 2 \\ 9 \end{pmatrix} + \lambda \begin{pmatrix} 1 \\ 4 \\ 0 \end{pmatrix}, \lambda \in \mathrm{IR}$

f) $g: \vec{x} = \begin{pmatrix} -7 \\ 2 \\ -3 \end{pmatrix} + \lambda \begin{pmatrix} 0 \\ 0 \\ 7 \end{pmatrix}, \lambda \in \mathrm{IR}$

2. Welche Lage im Koordinatensystem haben die Geraden g_a in Abhängigkeit von a? Welche Koordinaten haben die Spurpunkte?
Welche Gerade ist eine Ursprungsgerade?

a) $g_a: \vec{x} = \begin{pmatrix} -3 \\ 6 \\ 7 \end{pmatrix} + \lambda \begin{pmatrix} 2a-2 \\ -3a \\ -10-a \end{pmatrix}, \lambda, a \in \mathrm{IR}$

b) $g_a: \vec{x} = \begin{pmatrix} 1 \\ 0 \\ -4 \end{pmatrix} + \lambda \begin{pmatrix} 1+a \\ -a \\ 2a \end{pmatrix}, \lambda, a \in \mathrm{IR}$

c) $g_a: \vec{x} = \begin{pmatrix} 0 \\ 1 \\ 0 \end{pmatrix} + \lambda \begin{pmatrix} 3 \\ -2a \\ 4a \end{pmatrix}, \lambda, a \in \mathrm{IR}$

3. Die Gerade g verläuft durch den Punkt $P(3; -1; 4)$. Wie lautet eine Gleichung von g, wenn

a) g parallel zur x_1x_2-Ebene ist und nur einen Spurpunkt hat?

b) g parallel zur x_1x_3-Ebene ist und zwei Spurpunkte hat?

c) g parallel zur x_2x_3-Ebene und zur x_1x_2-Ebene ist?

d) g eine Ursprungsgerade ist?

5.5 Die Lage zweier Ebenen

Für die gegenseitige Lage zweier Ebenen E und F im IR^3 gibt es folgende Möglichkeiten:

1. a) E und F **sind identisch**:

1. b) E und F **sind parallel**:

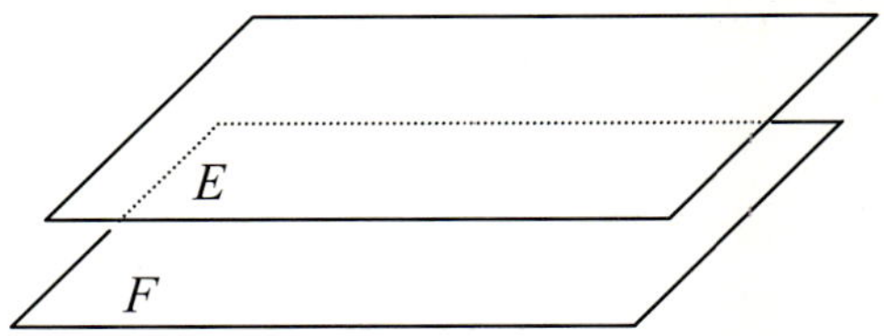

2. E und F **schneiden sich** in einer Geraden:

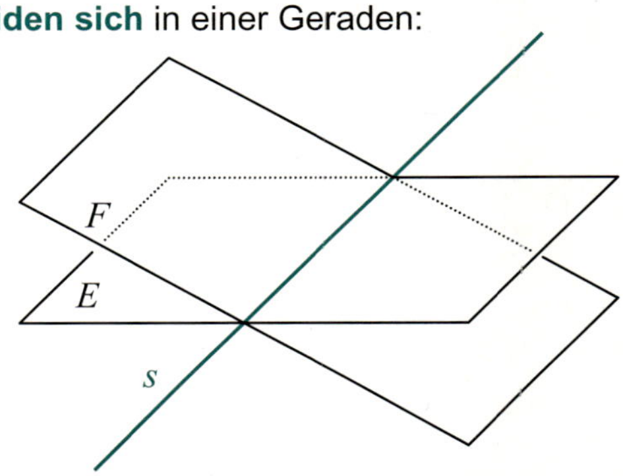

Die gegenseitige Lage von E und F lässt sich mithilfe ihrer Gleichungen bestimmen. Günstig ist hier wieder die Koordinatenform.

$$E:\ n_{E_1}x_1 + n_{E_2}x_2 + n_{E_3}x_3 = \vec{n}_E\vec{a}$$

$$F:\ n_{F_1}x_1 + n_{F_2}x_2 + n_{F_3}x_3 = \vec{n}_F\vec{b}$$

1. Ist $\vec{n}_E \,||\, \vec{n}_F$, d. h. sind die Normalenvektoren der beiden Ebenen parallel, so gibt es zwei Möglichkeiten:
   a) $\vec{n}_E = \alpha\,\vec{n}_F$ und $\vec{n}_E\,\vec{a} = \alpha\,\vec{n}_F\,\vec{b}$ (die Gleichung für Ebene E ist ein Vielfaches der Gleichung für F.) $\Rightarrow$ E und F sind identisch
   b) $\vec{n}_E = \alpha\,\vec{n}_F$ und $\vec{n}_E\,\vec{a} \neq \alpha\,\vec{n}_F\,\vec{b}$ $\Rightarrow$ E und F sind parallel
2. Ist $\vec{n}_E$ nicht parallel zu $\vec{n}_F$, so schneiden sich die Ebenen E und F in einer Geraden.

Die Parallelität von $\vec{n}_E$ und $\vec{n}_F$ lässt sich auch mit dem Vektorprodukt prüfen:

$\vec{n}_E \,||\, \vec{n}_F \iff \vec{n}_E \times \vec{n}_F = \vec{0}$.

Schnittgerade zweier Ebenen

Die Schnittgerade $s:\ \vec{x} = \vec{a} + \lambda\vec{u}$, $\lambda \in \mathrm{IR}$ zweier Ebenen E und F liegt sowohl in der Ebene E als auch in der Ebene F (vgl. Abb. S.130), sie steht senkrecht auf den Normalenvektoren der beiden Ebenen. Daher ist $\vec{u} = \vec{n}_E \times \vec{n}_F$ ein Richtungsvektor von s .

Eine Gleichung der Schnittgeraden s erhält man, indem man das unterbestimmte lineare Gleichungssystem

$$E:\ n_{E_1}x_1 + n_{E_2}x_2 + n_{E_3}x_3 = \vec{n}_E\vec{a}$$

$$F:\ n_{F_1}x_1 + n_{F_2}x_2 + n_{F_3}x_3 = \vec{n}_F\vec{b}$$

löst. Dabei wird zum Beispiel eine der drei Variablen x_1, x_2 oder x_3 eliminiert, dann eine der beiden anderen Variablen durch einen freien Parameter $\lambda \in \mathrm{IR}$ ersetzt und die noch übrige Variable sowie die eliminierte Variable werden in Abhängigkeit von λ berechnet. Diese unendlich vielen Lösungen ergeben die gesuchte Schnittgerade.

Beispiele

1. Die Lage der Ebenen $E:\ 5x_1 + 4x_2 - 3x_3 + 3 = 0$ und $F:\ -x_1 + x_3 + 1 = 0$ soll untersucht werden. Das unterbestimmte lineare Gleichungssystem

$$E:\ 5x_1 + 4x_2 - 3x_3 + 3 = 0$$

$$F:\ \qquad -x_1 + x_3 + 1 = 0$$

lässt erkennen, dass sich die Ebenen E und F schneiden, denn die linke Seite der Gleichung von F ist kein Vielfaches der linken Seite der Gleichung von E !

Gleichung der Schnittgeraden s :

1) Die Variable x_1 wird im linearen Gleichungssystem eliminiert:

$$E + 5\cdot F:\ 4x_2 + 2x_3 = -8$$

2) Die Variable x_2 wird durch den freien Parameter $\lambda \in \mathrm{IR}$ ersetzt:

$$x_2 = \lambda$$

3) Die Variablen x_3 und x_1 werden in Abhängigkeit von λ berechnet:

$$x_3 = -4 - 2\lambda,\quad x_1 = -3 - 2\lambda$$

Lösungen: $\vec{x} = \begin{pmatrix} x_1 \\ x_2 \\ x_3 \end{pmatrix} = \begin{pmatrix} -3-2\lambda \\ \lambda \\ -4-2\lambda \end{pmatrix} = \begin{pmatrix} -3 \\ 0 \\ -4 \end{pmatrix} + \lambda \begin{pmatrix} -2 \\ 1 \\ -2 \end{pmatrix},\ \lambda \in \mathrm{IR}$

Gleichung der Schnittgeraden $s:\ \vec{x} = \begin{pmatrix} -3 \\ 0 \\ -4 \end{pmatrix} + \lambda \begin{pmatrix} -2 \\ 1 \\ -2 \end{pmatrix},\ \lambda \in \mathrm{IR}$.

2. Die Ebenen $E:\ 3x_1 - x_2 - 2x_3 + 4 = 0$ und $F:\ -3x_1 + x_2 + x_3 - 2 = 0$ schneiden sich, denn $\vec{n}_E \times \vec{n}_F = \begin{pmatrix} 3 \\ -1 \\ -2 \end{pmatrix} \times \begin{pmatrix} -3 \\ 1 \\ 1 \end{pmatrix} = \begin{pmatrix} 1 \\ 3 \\ 0 \end{pmatrix} \neq \vec{0}$, d. h. $\vec{n}_E$ und $\vec{n}_F$ sind nicht parallel.

Ein gemeinsamer Punkt $S(0; x_2; x_3)$ muss beide Gleichungen lösen:

$$\begin{array}{rl} & E: -x_2 - 2x_3 + 4 = 0 \\ + & F: +x_2 + x_3 - 2 = 0 \\ \hline & x_3 - 2 = 0 \quad \Rightarrow \quad x_3 = 2,\ x_2 = 0 \end{array}$$

$S(0; 0; 2)$ ist ein gemeinsamer Punkt der beiden Ebenen.

Gleichung der Schnittgeraden $s: \vec{x} = \overrightarrow{0S} + \lambda(\vec{n}_E \times \vec{n}_F) = \begin{pmatrix} 0 \\ 0 \\ 2 \end{pmatrix} + \lambda \begin{pmatrix} 1 \\ 3 \\ 0 \end{pmatrix},\ \lambda \in \mathrm{IR}$.

3. Die Ebenen $E: 3x_1 - x_2 - 2x_3 + 4 = 0$ und $F: -3x_1 + x_2 + 2x_3 - 2 = 0$ sind parallel, denn

$$\begin{array}{ll} E: & 3x_1 - x_2 - 2x_3 = -4 \\ F: & -3x_1 + x_2 + 2x_3 = 2 \\ \hline E + F: & 0 = -2 \end{array}$$

d. h., das unterbestimmte lineare Gleichungssystem hat keine Lösung.

4. In diesem Beispiel ist die Gleichung der einen Ebene in Koordinatenform und die der anderen in Parameterform gegeben:

$$E: x_1 + 2x_2 - 5x_3 - 9 = 0 \quad \text{und}$$

$$F: \vec{x} = \begin{pmatrix} 2 \\ 0 \\ 1 \end{pmatrix} + \lambda \begin{pmatrix} 3 \\ 2 \\ -1 \end{pmatrix} + \mu \begin{pmatrix} 0 \\ -1 \\ 2 \end{pmatrix} = \begin{pmatrix} 2 + 3\lambda \\ 2\lambda - \mu \\ 1 - \lambda + 2\mu \end{pmatrix},\ \lambda, \mu \in \mathrm{IR}$$

Mithilfe des Normalenvektors und der Richtungsvektoren lässt sich die Lage der beiden Ebene zueinander untersuchen.

$$\vec{n}_E = \begin{pmatrix} 1 \\ 2 \\ -5 \end{pmatrix}: \qquad \begin{pmatrix} 1 \\ 2 \\ -5 \end{pmatrix} \begin{pmatrix} 3 \\ 2 \\ -1 \end{pmatrix} = 12 \qquad \begin{pmatrix} 1 \\ 2 \\ -5 \end{pmatrix} \begin{pmatrix} 0 \\ -1 \\ 2 \end{pmatrix} = -12$$

d. h., der Normalenvektor von E steht nicht senkrecht auf den Richtungsvektoren der Ebene F. Daraus folgt, dass sich die Ebenen schneiden.

Bestimmung einer Gleichung der Schnittgeraden:
Man setzt den allgemeinen Ebenenpunkt der Ebene in Parameterform in die Koordinatengleichung der anderen Ebene ein und löst sie nach λ auf:

$$(2 + 3\lambda) + 2(2\lambda - \mu) - 5(1 - \lambda + 2\mu) - 9 = 0 \quad \Rightarrow \quad \lambda = \mu + 1$$

Dann wird λ in die Gleichung der Ebene in Parameterform eingesetzt:

$$\vec{x} = \begin{pmatrix} 2 + 3\lambda \\ 2\lambda - \mu \\ 1 - \lambda + 2\mu \end{pmatrix} = \begin{pmatrix} 2 + 3(\mu + 1) \\ 2(\mu + 1) - \mu \\ 1 - (\mu + 1) + 2\mu \end{pmatrix} = \begin{pmatrix} 5 + 3\mu \\ 2 + \mu \\ \mu \end{pmatrix}$$

Eine Gleichung der Schnittgeraden beider Ebenen lautet nun:

$$s: \vec{x} = \begin{pmatrix} 5 \\ 2 \\ 0 \end{pmatrix} + \mu \begin{pmatrix} 3 \\ 1 \\ 1 \end{pmatrix},\ \mu \in \mathrm{IR}.$$

Hat man beide Ebenen in Parameterform gegeben, so findet man eine Gleichung der Schnittgeraden durch Gleichsetzen der Ebenengleichungen und Lösen des dadurch entstehenden unterbestimmten linearen Gleichungssystems.

Spurgeraden

Die **Spurgeraden einer Ebene** sind deren Schnittgeraden mit den Koordinatenebenen.

Beispiele

1. Die Spurgeraden der Ebene $E:\ 2x_1+3x_2+4x_3-12=0$ lassen sich als Schnittgeraden von E mit den Koordinatenebenen bestimmen (vgl. S. 132). Einfacher wird die Bestimmung der Spurgeraden mit Hilfe der Achsenabschnittsform **der Ebene E.**

Eine Ebene, die den Koordinatenursprung nicht enthält, lässt sich in der **Achsenabschnittsform** darstellen:

$$E:\ \frac{x_1}{a_1}+\frac{x_2}{a_2}+\frac{x_3}{a_3}=1$$

Achsenschnittpunkte von E: $A_1\,(a_1;0;0)$, $A_2\,(0;a_2;0)$ und $A_3\,(0;0;a_3)$

Bestimmung der Spurgeraden der Ebene $E:\ 2x_1+3x_2+4x_3-12=0$:

1) Achsenabschnittsform der Ebene $\quad E:\ 2x_1+3x_2+4x_3=12 \quad |:12$

$$E:\ \frac{x_1}{6}+\frac{x_2}{4}+\frac{x_3}{3}=1$$

2) Achsenschnittpunkte von E: $A_1\,(6;0;0)$, $A_2\,(0;4;0)$ und $A_3\,(0;0;3)$

3) Gleichungen der Spurgeraden von E

mit der x_1x_2-Ebene $s_{12}:\ \vec{x}=\overrightarrow{0A_1}+\lambda\overrightarrow{A_1A_2}=\begin{pmatrix}6\\0\\0\end{pmatrix}+\lambda\begin{pmatrix}-6\\4\\0\end{pmatrix},\ \lambda\in\mathrm{IR}$

mit der x_1x_3-Ebene $s_{13}:\ \vec{x}=\overrightarrow{0A_1}+\lambda\overrightarrow{A_1A_3}=\begin{pmatrix}6\\0\\0\end{pmatrix}+\lambda\begin{pmatrix}-6\\0\\3\end{pmatrix},\ \lambda\in\mathrm{IR}$

mit der x_2x_3-Ebene $s_{23}:\ \vec{x}=\overrightarrow{0A_2}+\lambda\overrightarrow{A_2A_3}=\begin{pmatrix}0\\4\\0\end{pmatrix}+\lambda\begin{pmatrix}0\\-4\\3\end{pmatrix},\ \lambda\in\mathrm{IR}$

:

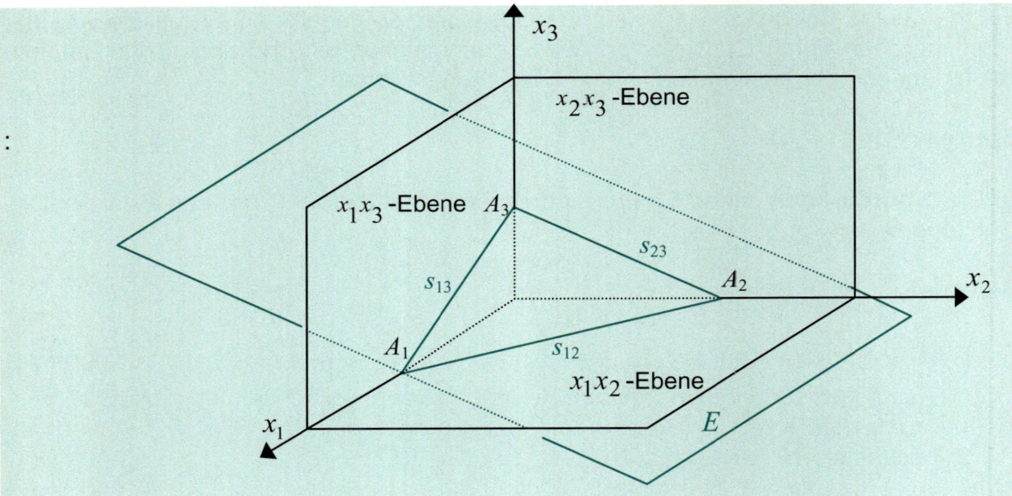

2. Die Spurgeraden der Ebene $H:\ 2x_1 - 3x_3 + 6 = 0$ lassen sich nur teilweise mit den Achsenschnittpunkten von H bestimmen, denn H verläuft parallel zur x_2-Achse und hat deshalb mit dieser Koordinatenachse keinen Achsenschnittpunkt:

$$H:\ 2x_1 - 3x_3 + 6 = 0$$

$$H:\ \frac{x_1}{-3} + \frac{x_3}{2} = 1 \qquad \Rightarrow \quad A_1\left(-3; 0; 0\right),\ A_3\left(0; 0; 2\right)$$

Ein zweiter gemeinsamer Punkt von H und der x_1x_2-Ebene bzw. der x_2x_3-Ebene lässt sich folgendermaßen finden:

1) mit der x_1x_2-Ebene: $\quad x_3 = 0$

$$H:\ 2x_1 - 3x_3 + 6 = 0$$

$$\Rightarrow \quad 2x_1 + 6 = 0 \qquad \Rightarrow \quad x_1 = -3,\ x_2 \in \mathrm{IR}\text{, z.B. } P\left(-3; 1; 0\right)$$

Spurgerade mit der x_1x_2-Ebene: $s_{12}:\ \vec{x} = \overrightarrow{0A_1} + \lambda \overrightarrow{A_1P} = \begin{pmatrix} -3 \\ 0 \\ 0 \end{pmatrix} + \lambda \begin{pmatrix} 0 \\ 1 \\ 0 \end{pmatrix},\ \lambda \in \mathrm{IR}$

2) mit der x_2x_3-Ebene: $\quad x_1 = 0$

$$H:\ 2x_1 - 3x_3 + 6 = 0$$

$$\Rightarrow \quad -3x_3 + 6 = 0 \qquad \Rightarrow \quad x_3 = 2,\ x_2 \in \mathrm{IR}\text{, z.B. } Q\left(0; 1; 2\right)$$

Spurgerade mit der x_2x_3-Ebene: $s_{23}:\ \vec{x} = \overrightarrow{0A_3} + \lambda \overrightarrow{A_3Q} = \begin{pmatrix} 0 \\ 0 \\ 2 \end{pmatrix} + \lambda \begin{pmatrix} 0 \\ 1 \\ 0 \end{pmatrix},\ \lambda \in \mathrm{IR}$

3) Spurgerade mit der x_1x_3-Ebene: $s_{13}:\ \vec{x} = \overrightarrow{0A_3} + \lambda \overrightarrow{A_1A_3} = \begin{pmatrix} 0 \\ 0 \\ 2 \end{pmatrix} + \lambda \begin{pmatrix} 3 \\ 0 \\ 2 \end{pmatrix},\ \lambda \in \mathrm{IR}$

3. Von der Ebene $F:\ x_1 - 2x_2 + 3x_3 = 0$ gibt es keine Achsenabschnittsform, denn die Ebene F schneidet alle Koordinatenachsen im Ursprung. F ist eine Ursprungsebene. Ein zweiter gemeinsamer Punkt von F und der jeweiligen Koordinatenebene lässt sich folgendermaßen finden:

1) mit der x_1x_2-Ebene: $x_3 = 0$

$$F:\ x_1 - 2x_2 + 3x_3 = 0$$

$\Rightarrow\ x_1 - 2x_2 = 0$, z.B. $x_2 = 1 \quad \Rightarrow\ x_1 = 2$, . $A(2;1;0)$

Spurgerade mit der x_1x_2-Ebene: $s_{12}:\ \vec{x} = \vec{0} + \lambda\overrightarrow{0A} = \lambda\begin{pmatrix}2\\1\\0\end{pmatrix},\ \lambda \in \mathrm{IR}$

2) mit der x_1x_3-Ebene: $x_2 = 0$

$$F:\ x_1 - 2x_2 + 3x_3 = 0$$

$\Rightarrow\ x_1 + 3x_3 = 0$, z.B. $x_3 = 1\ \Rightarrow\ x_1 = -3$, . $B(-3;0;1)$

Spurgerade mit der x_1x_3-Ebene: $s_{13}:\ \vec{x} = \vec{0} + \lambda\overrightarrow{0B} = \lambda\begin{pmatrix}-3\\0\\0\end{pmatrix},\ \lambda \in \mathrm{IR}$

3) mit der x_2x_3-Ebene: $x_1 = 0$

$$F:\ x_1 - 2x_2 + 3x_3 = 0$$

$\Rightarrow\ -2x_2 + 3x_3 = 0$, z.B. $x_2 = 3 \quad \Rightarrow\ x_3 = 2$, . $C(0;3;2)$

Spurgerade mit der x_2x_3-Ebene: $s_{23}:\ \vec{x} = \vec{0} + \lambda\overrightarrow{0C} = \lambda\begin{pmatrix}0\\3\\2\end{pmatrix},\ \lambda \in \mathrm{IR}$

Schnittwinkel zweier Ebenen

Zwei sich schneidende Ebenen E und F mit der Schnittgeraden s schließen zwei verschiedene Winkel ein, die sich zu 180 ergänzen; der Schnittwinkel φ ist der kleinere dieser Winkel, also $0 \le \varphi \le 90$. Im Querschnitt sieht das folgendermaßen aus:

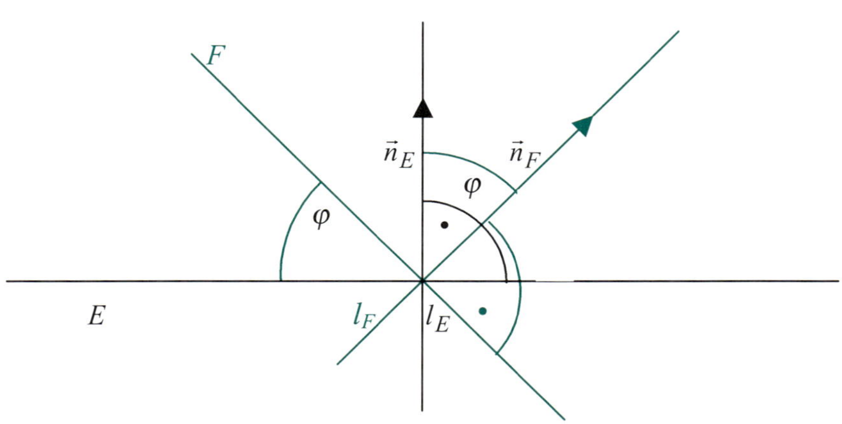

Der **Schnittwinkel** φ entspricht dem Schnittwinkel der Lotgeraden l_E und l_F, deren Richtungsvektoren die Normalenvektoren n_E und n_F der beiden Ebenen sind.

Also gilt:

$$\cos\varphi = \frac{|\vec{n}_E \vec{n}_F|}{|\vec{n}_E||\vec{n}_F|}$$

Beispiel

Die Ebenen $E: 3x_1 - x_2 - 2x_3 + 4 = 0$ und $F: -3x_1 + x_2 + x_3 - 2 = 0$ schneiden sich (vgl. Beispiel 2 S.132). Berechnung des Schnittwinkels φ:

$$\cos\varphi = \frac{\left|\begin{pmatrix}3\\-1\\-2\end{pmatrix}\begin{pmatrix}-3\\1\\1\end{pmatrix}\right|}{\left|\begin{pmatrix}3\\-1\\-2\end{pmatrix}\right|\left|\begin{pmatrix}-3\\1\\1\end{pmatrix}\right|} = \frac{12}{\sqrt{14}\sqrt{11}} \quad \Rightarrow \quad \varphi \approx 14{,}76^\circ$$

Aufgaben zu 5.5

1. Untersuchen Sie die gegenseitige Lage folgender Ebenen und bestimmen Sie gegebenenfalls den Schnittwinkel und eine Gleichung der Schnittgeraden:

   a) $E: x_1 - 4x_2 + 2x_3 - 6 = 0$ und $F: -2x_1 - 7x_2 + x_3 + 2 = 0$

   b) $E: 3x_1 - x_2 + 2x_3 - 1 = 0$ und $F: -6x_1 + 2x_2 - 4x_3 + 3 = 0$

   c) $E: 2x_1 - 5x_3 + 4 = 0$ und $F: 3x_2 + 7x_3 - 3 = 0$

   d) $E: -x_1 + 2x_2 + x_3 - 2 = 0$ und $F: 3x_1 - 6x_2 - 3x_3 + 6 = 0$

   e) $E: -2x_1 + 4x_2 + 5x_3 = 0$ und $F: 5x_1 - x_3 + 10 = 0$

   f) $E: 5x_1 - x_3 + 2 = 0$ und $F: 25x_1 - 5x_3 + 7 = 0$

   g) $E: 4x_1 + x_2 + x_3 - 1 = 0$ und $F: 4x_1 - x_2 + x_3 + 1 = 0$

   h) $E: x_1 - 3x_2 + 1 = 0$ und $F: -6x_1 + 18x_2 - 6 = 0$

   i) $E: x_2 - 7x_3 + 1 = 0$ und $F: \vec{x} = \begin{pmatrix}-3\\6\\2\end{pmatrix} + \lambda\begin{pmatrix}1\\0\\0\end{pmatrix} + \mu\begin{pmatrix}-3\\7\\1\end{pmatrix}, \ \lambda, \mu \in \mathbb{R}$

   j) $E: 6x_1 + 5x_2 - 3x_3 - 5 = 0$ und $F: \vec{x} = \begin{pmatrix}-2\\0\\1\end{pmatrix} + \lambda\begin{pmatrix}2\\1\\4\end{pmatrix} + \mu\begin{pmatrix}1\\2\\2\end{pmatrix}, \ \lambda, \mu \in \mathbb{R}$

2. Geben Sie jeweils eine Gleichung der Spurgeraden der folgenden Ebenen an und bestimmen Sie gegebenenfalls die Schnittwinkel der Ebenen mit den Koordinatenebenen:

   a) $E: 3x_1 - 5x_2 + 6 = 0$ b) $F: -x_1 - 2x_2 + 3x_3 = 0$

   c) $G: 6x_1 - 7x_2 + x_3 + 42 = 0$ d) $H: x_1 - 2x_2 + x_3 + 4 = 0$

5.6 Ebenenscharen

Tritt in der Koordinatenform einer Ebenengleichung ein Parameter auf, so beschreibt die Gleichung eine Ebenenschar. In den folgenden Beispielen kommt dieser Parameter linear vor.

Beispiele

1. Die Gleichung $E_a: ax_1 - 2ax_2 + 3ax_3 - a + 1 = 0$, $a \in \mathrm{IR} \setminus \{0\}$ beschreibt die Ebenenschar E_a. Die Normalenvektoren der Ebenenschar sind parallel:

$$\vec{n}_a = \begin{pmatrix} a \\ -2a \\ 3a \end{pmatrix} = a \begin{pmatrix} 1 \\ -2 \\ 3 \end{pmatrix}$$

Daraus folgt: Die Ebenen der Schar sind parallel.

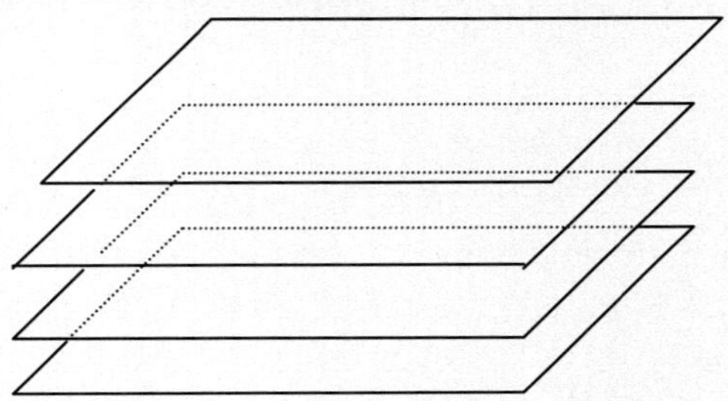

2. Die Ebenen der Schar $F_a: x_1 - 2ax_2 + (a-1)x_3 - 2 = 0$, $a \in \mathrm{IR}$ schneiden sich, denn zwei beliebige verschiedene Normalenvektoren

$\vec{n}_{a_1} = \begin{pmatrix} 1 \\ -2a_1 \\ a_1 - 1 \end{pmatrix}$ und $\vec{n}_{a_2} = \begin{pmatrix} 1 \\ -2a_2 \\ a_2 - 1 \end{pmatrix}$ mit $a_1 \neq a_2$ sind nicht parallel:

$$\begin{array}{lcl} 1 \cdot k = 1 & \Rightarrow & k = 1 \\ -2a_1 k = -2a_2 & & -2a_1 k = -2a_2 \Rightarrow a_1 = a_2 \\ (a_1 - 1)k = a_2 - 1 & & a_1 - 1 = a_2 - 1 \Rightarrow a_1 = a_2 \end{array}$$

Bestimmung einer Gleichung der Schnittgeraden s von zwei beliebigen Ebenen der Schar

$F_{a_1}: x_1 - 2a_1x_2 + (a_1 - 1)x_3 - 2 = 0$ und $F_{a_2}: x_1 - 2a_2x_2 + (a_2 - 1)x_3 - 2 = 0$:

$$F_{a_1} - F_{a_2}: \; 2(a_2 - a_1)x_2 - (a_2 - a_1)x_3 = 0 \quad | \; :(a_2 - a_1)$$

$$2x_2 - x_3 = 0$$

$$x_2 = \lambda \quad \Rightarrow \quad x_3 = 2\lambda$$

in F_{a_1}: $\quad x_1 - 2a_1\lambda + (a_1 - 1)2\lambda = 2 \quad \Rightarrow \quad x_1 = 2 + 2\lambda$

Gleichung der Schnittgeraden: $s: \vec{x} = \begin{pmatrix} 2 + 2\lambda \\ \lambda \\ 2\lambda \end{pmatrix} = \begin{pmatrix} 2 \\ 0 \\ 0 \end{pmatrix} + \lambda \begin{pmatrix} 2 \\ 1 \\ 2 \end{pmatrix}$, $\lambda \in \mathrm{IR}$.

In dieser Gleichung kommt der Scharparameter nicht vor, also schneiden sich alle Ebenen der Schar in dieser Geraden!

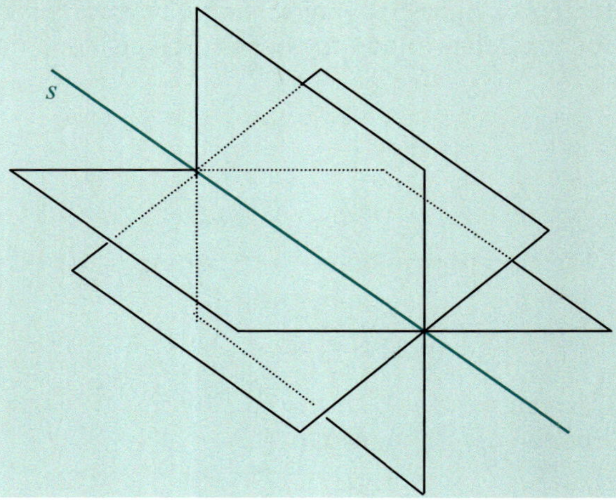

3. Die Lage der Geraden $g: \vec{x} = \begin{pmatrix} 2 \\ 5 \\ -2 \end{pmatrix} + \lambda \begin{pmatrix} 1 \\ 2 \\ -1 \end{pmatrix}, \lambda \in \mathrm{IR}$ zur Ebenenschar $E_a: 3ax_1 - ax_2 + x_3 + 1 = 0$, $a \in \mathrm{IR}$ soll in Abhängigkeit von a untersucht werden. Schnittpunkte:

$$3a(2+\lambda) - a(5+2\lambda) + (-2-\lambda) + 1 = 0 \quad \Leftrightarrow \quad (a-1)\lambda = 1-a \qquad (^*)$$

Die Gleichung (*) hat für $a = 1$: $0 \cdot \lambda = 0$ unendlich viele Lösungen für λ und für $a \in \mathrm{IR} \setminus \{1\}$ die Lösung $\lambda = \frac{1-a}{a-1} = -1$ (unabhängig von a !).

Daraus folgt:

Die Gerade g liegt in der Ebene E_1 und schneidet alle anderen Ebenen der Schar im Punkt $S(1; 3; -1)$.

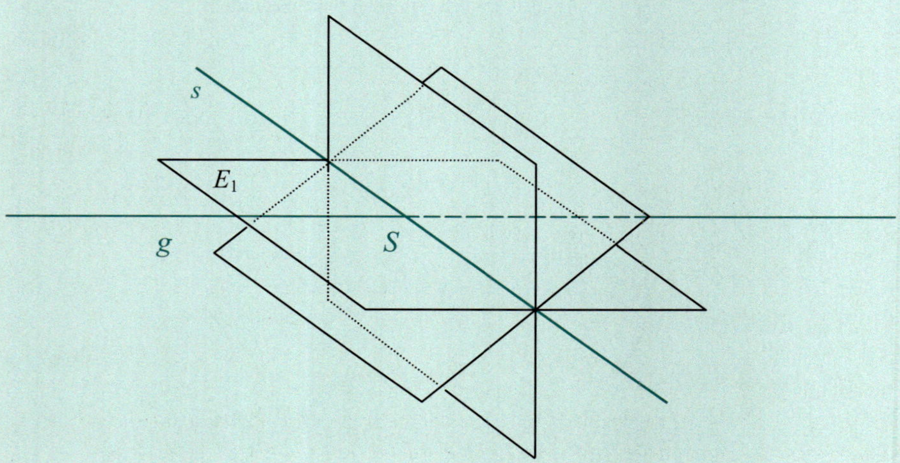

Aufgaben zu 5.6

1. Bestimmen Sie eine Gleichung der Geraden, die in allen Ebenen der Schar liegt.
   a) $E_a: \ ax_1 - 2x_2 + (a+1)x_3 + a = 0 \ , \ a \in \mathrm{IR}$
   b) $F_a: \ 2x_1 + 2ax_2 - 4 + 3a = 0 \ , \ a \in \mathrm{IR}$
   c) $G_a: \ (a+1)x_1 - 3ax_3 + a + 1 = 0 \ , \ a \in \mathrm{IR}$
   d) $H_a: \ x_1 + (2a-1)x_2 - x_3 + 2a = 0 \ , \ a \in \mathrm{IR}$

2. Gegeben sind die Ebenenschar $E_a: \ 2ax_1 - (1-a)x_2 + x_3 - 2a = 0 \ , \ a \in \mathrm{IR}$ und die Gerade $g: \ \vec{x} = \begin{pmatrix} 1 \\ -2 \\ -10 \end{pmatrix} + \lambda \begin{pmatrix} 1 \\ -1 \\ 3 \end{pmatrix}, \lambda \in \mathrm{IR}$.
   a) Welche Ebene der Schar verläuft durch den Aufpunkt $A\,(1; -2; -10)$ der Geraden g? Liegt die Gerade g für diesen Wert von a ganz in E_a?
   b) Für welche Werte von a schneidet die Gerade g die Ebene E_a? Berechnen Sie die Koordinaten des Schnittpunktes.
   c) Bestimmen Sie eine Gleichung der Schnittgeraden s aller Ebenen E_a.

3. Gegeben sind die Ebenenschar $E_a: \ ax_1 + (3a+1)x_2 - (2-a)x_3 + a = 0 \ , \ a \in \mathrm{IR}$ und die Ebene $F: \ 2x_1 + 5x_2 + 4x_3 + 2 = 0$.
   a) Untersuchen Sie die Lage der Ebene F zu den Ebenen E_a in Abhängigkeit von a.
   b) Bestimmen Sie für den Fall, dass die Ebene F die Ebene E_a schneidet, eine Gleichung der Schnittgeraden s! Ist die Schnittgerade abhängig von a?
   c) Für welchen Wert von a schneiden sich die Ebene F und die Ebene E_a senkrecht?

5.7 Die Lage einer Ebene im Koordinatensystem

Es soll die Lage einer Ebene E zu den Koordinatenachsen und zu den Koordinatenebenen untersucht werden. Hierbei werden nur die folgende Sonderfälle berücksichtigt:

1) eine der Koordinatenachsen ist parallel zur Ebene E oder liegt in E,
2) eine der Koordinatenebenen ist parallel zur Ebene E oder identisch mit E,
3) E verläuft durch den Koordinatenursprung (**Ursprungsebene**).

Beispiele

1. Gegeben ist die Ebene $E: \ -3x_1 - 2x_3 + 6 = 0$.
   Zunächst wird untersucht, ob der Koordinatenursprung in der Ebene E liegt:
   $-3 \cdot 0 - 2 \cdot 0 + 6 = 6 \neq 0 \quad \Rightarrow \qquad E$ ist keine Ursprungsebene.

Parallelität von E zu einer oder zwei der Koordinatenachsen:

Die zweite Komponente des Normalenvektors $\vec{n} = \begin{pmatrix} -3 \\ 0 \\ -2 \end{pmatrix}$ der Ebene E ist null, d. h.

$\vec{n}$ verläuft senkrecht zu $\begin{pmatrix} 0 \\ 1 \\ 0 \end{pmatrix}$, dem Richtungsvektor der x_2-Achse, denn

$\begin{pmatrix} -3 \\ 0 \\ -2 \end{pmatrix}\begin{pmatrix} 0 \\ 1 \\ 0 \end{pmatrix} = 0$. Also ist E parallel zur x_2-Achse, die nicht in E liegt, da E keine Ursprungsebene ist.

Die anderen Koordinatenachsen sind nicht parallel zu E.

Parallelität von E zu einer der Koordinatenebenen:

E ist nur zur x_2-Achse parallel, deshalb ist E zu keiner der drei Koordinatenebenen parallel! Dies wird auch deutlich, wenn man den Normalenvektor von E mit den Normalenvektoren der Koordinatenebenen, den Basisvektoren, vergleicht: Sie sind nicht parallel!

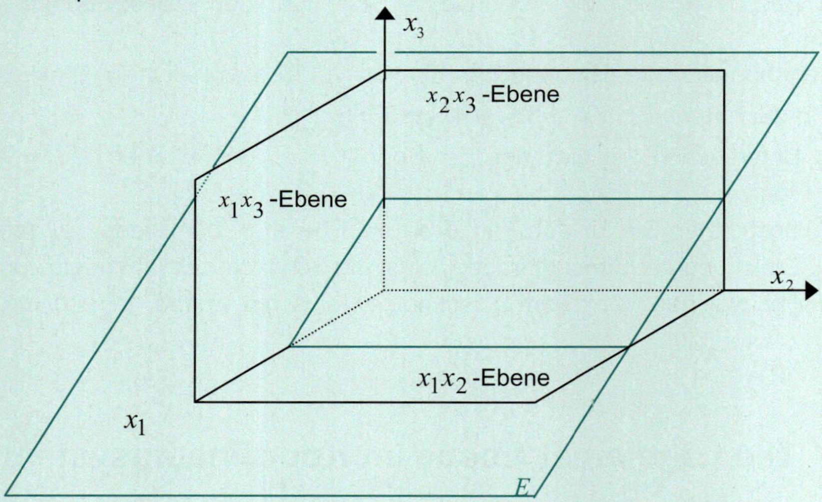

2. Die Lage der Ebenenschar $E_a: -ax_1 + (2a+1)x_2 - 3x_3 + 2a = 0$, $a \in \mathbb{R}$ im Koordinatensystem soll in Abhängigkeit von a untersucht werden.
   1) Ursprungsebene: $-a \cdot 0 + (2a+1) \cdot 0 - 3 \cdot 0 + 2a = 2a = 0 \Leftrightarrow a = 0$

      d. h., $E_0: x_2 - 3x_3 = 0$ ist die einzige Ursprungsebene der Schar.
   2) Parallelität zu einer der Koordinatenachsen:

      $a = 0$: $\vec{n}_0 = \begin{pmatrix} 0 \\ 1 \\ -3 \end{pmatrix}$ verläuft senkrecht zu $\begin{pmatrix} 1 \\ 0 \\ 0 \end{pmatrix}$, dem Richtungsvektor der

x_1-Achse, denn $\begin{pmatrix} 0 \\ 1 \\ -3 \end{pmatrix}\begin{pmatrix} 1 \\ 0 \\ 0 \end{pmatrix} = 0$

$\Rightarrow$ Die x_1-Achse liegt in E_0 (Ursprungsebene).

$a = -0{,}5$: $\vec{n}_{-0,5} = \begin{pmatrix} 0{,}5 \\ 0 \\ -3 \end{pmatrix}$ verläuft senkrecht zu $\begin{pmatrix} 0 \\ 1 \\ 0 \end{pmatrix}$, dem Richtungsvektor der

x_2-Achse, denn $\begin{pmatrix} 0{,}5 \\ 0 \\ -3 \end{pmatrix}\begin{pmatrix} 0 \\ 1 \\ 0 \end{pmatrix} = 0$

$\Rightarrow$ Die x_2-Achse ist parallel zu $E_{-0,5}: 0{,}5x_1 - 3x_3 - 1 = 0$ (keine Ursprungsebene).

3) Parallelität zu den Koordinatenebenen:
Weil keine Ebene der Schar zu zwei Koordinatenachsen parallel ist, ist auch keine Ebene der Schar parallel zu einer der drei Koordinatenebenen.

3. Die Lage der Ebenenschar $F_a: (2+2a)x_1 + 2ax_2 + (1+a)x_3 + a - 1 = 0$, $a \in \mathrm{IR}$ im Koordinatensystem soll in Abhängigkeit von a untersucht werden.
 1) Ursprungsebene: $(2+2a)\cdot 0 + 2a \cdot 0 + (1+a)\cdot 0 + a - 1 = a - 1 = 0 \Leftrightarrow a = 1$
 d.h. $F_1: 4x_1 + 2x_2 + 2x_3 = 0$ ist die einzige Ursprungsebene der Schar.
 2) Parallelität zu einer der Koordinatenachsen:

$a = -1$: $\vec{n}_{-1} = \begin{pmatrix} 0 \\ -2 \\ 0 \end{pmatrix}$ verläuft senkrecht zu $\begin{pmatrix} 1 \\ 0 \\ 0 \end{pmatrix}$ und $\begin{pmatrix} 0 \\ 0 \\ 1 \end{pmatrix}$, den Richtungsvektoren der x_1- und x_3-Achse, denn $\begin{pmatrix} 0 \\ -2 \\ 0 \end{pmatrix}\begin{pmatrix} 1 \\ 0 \\ 0 \end{pmatrix} = 0$ und $\begin{pmatrix} 0 \\ -2 \\ 0 \end{pmatrix}\begin{pmatrix} 0 \\ 0 \\ 1 \end{pmatrix} = 0$.

$\Rightarrow$ Die x_1-Achse und die x_3-Achse sind parallel zu
$F_{-1}: -2x_1 - 2 = 0$.

$a = 0$: $\vec{n}_0 = \begin{pmatrix} 2 \\ 0 \\ 1 \end{pmatrix}$ verläuft senkrecht zu $\begin{pmatrix} 0 \\ 1 \\ 0 \end{pmatrix}$, dem Richtungsvektor

der x_2-Achse, denn $\begin{pmatrix} 2 \\ 0 \\ 1 \end{pmatrix}\begin{pmatrix} 0 \\ 1 \\ 0 \end{pmatrix} = 0$.

$\Rightarrow$ Die x_2-Achse ist parallel zu $F_0: 2x_1 + x_3 - 1 = 0$.

 3) Parallelität zu den Koordinatenebenen:
 Aus (2) folgt, dass $F_{-1}: -2x_1 - 2 = 0$ parallel zur x_1x_3-Ebene verläuft.
 Die anderen Ebenen der Schar sind zu keiner der drei Koordinatenebenen parallel.

Aufgaben zu 5.7

1. Welche Lage haben die folgenden Ebenen im Koordinatensystem? (Ursprungsebene, Parallelität zu den Koordinatenachsen und Koordinatenebenen)

   a) $E: x_1 - 3x_3 = 0$ b) $E: 2x_2 - 5 = 0$ c) $E: 3x_2 - 4x_3 + 1 = 0$

   d) $E: 100x_1 - 7x_2 = 0$ e) $E: 2x_3 + 11 = 0$ f) $E: 8x_2 + 15x_3 - 1 = 0$

2. Untersuchen Sie die Lage der Ebenen E_a im Koordinatensystem in Abhängigkeit von a!

   a) $E_a: (a-1)x_1 + 2ax_2 - ax_3 + 1 - a = 0 \ , \ a \in \mathrm{IR}$

   b) $E_a: 2x_1 - ax_2 + \frac{a+1}{2}x_3 - 6a + 2 = 0 \ , \ a \in \mathrm{IR}$

   c) $E_a: ax_2 + (a+1)x_3 - 2a = 0 \ , \ a \in \mathrm{IR}$

5.8 Zusammenfassung

Im Folgenden ist die Lageuntersuchung von Geraden und Ebenen schematisch dargestellt.

Gerade
$g: \vec{x} = \vec{a} + \lambda\vec{u} \ , \ \lambda \in \mathrm{IR}$

Gerade
$h: \vec{x} = \vec{b} + \mu\vec{v} \ , \ \mu \in \mathrm{IR}$

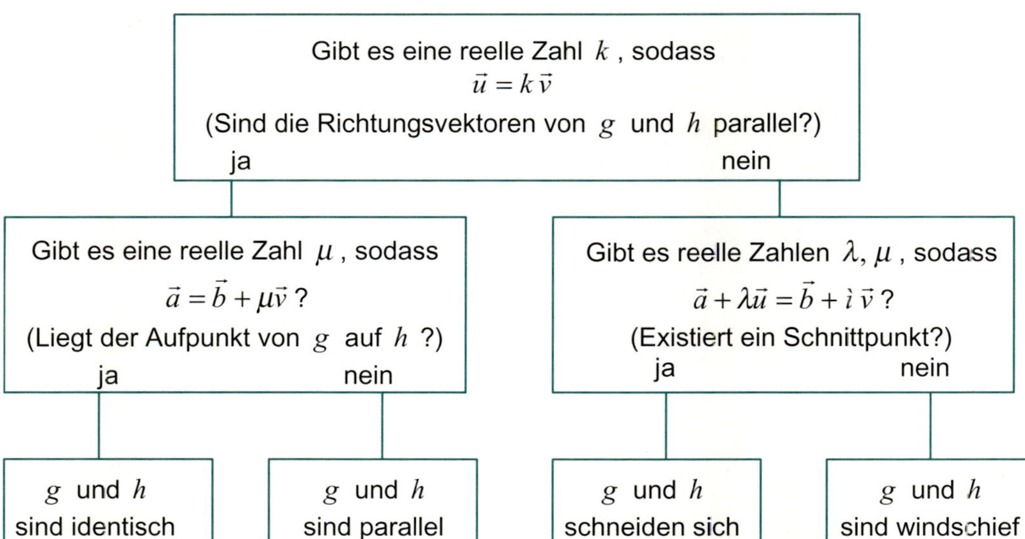

Die **Koordinaten des Schnittpunktes** von g und h erhält man **durch Einsetzen** der Lösung für λ in g bzw. für μ in h.

Für den **Schnittwinkel** φ gilt:

$$\cos\varphi = \frac{|\vec{u}\vec{v}|}{|\vec{u}||\vec{v}|}$$

Gerade

$g:\ \vec{x} = \vec{a} + \lambda \vec{u}\ ,\ \lambda \in \mathrm{IR}$

Ebene

$E:\ n_1 x_1 + n_2 x_2 + n_3 x_3 - \vec{n}\vec{b} = 0$

Allgemeinen Geradenpunkt von g in die Ebenengleichung von E einsetzen:

$$n_1(a_1 + \lambda u_1) + n_2(a_2 + \lambda u_2) + n_3(a_3 + \lambda u_3) - \vec{n}\vec{b} = 0 \quad (^*)$$

Die lineare Gleichung (*) hat für $\lambda \in \mathrm{IR}$

- Unendlich viele Lösungen → g liegt in E
- keine Lösung → g ist parallel zu E
- genau eine Lösung → g schneidet E

Die Koordinaten des Schnittpunktes von g und E erhält man **durch Einsetzen** der Lösung von λ in g.

Für den **Schnittwinkel** φ gilt: $$\sin\varphi = \frac{|\vec{u}\vec{n}|}{|\vec{u}|\,|\vec{n}|}$$

Ebene

$E:\ n_{E_1} x_1 + n_{E_2} x_2 + n_{E_3} x_3 - \vec{n}_E \vec{a} = 0$

Ebene

$F:\ n_{F_1} x_1 + n_{F_2} x_2 + n_{F_3} x_3 - \vec{n}_F \vec{b} = 0$

Gibt es eine reelle Zahl k , sodass
$\vec{n}_E = k\vec{n}_F \quad (\Leftrightarrow \vec{n}_E \times \vec{n}_F = \vec{0})$?
(Sind die Normalenvektoren von E und F parallel?)

- ja → $\vec{n}_E \vec{a} = k \vec{n}_F \vec{b}$?
  - ja → E und F sind identisch
  - nein → E und F sind parallel
- nein → E und F schneiden sich

Eine **Gleichung der Schnittgeraden** s von E und F erhält man **durch die Lösungen des unterbestimmten linearen Gleichungssystems**

$$E:\ n_{E_1} x_1 + n_{E_2} x_2 + n_{E_3} x_3 = \vec{n}_E \vec{a}$$

$$F:\ n_{F_1} x_1 + n_{F_2} x_2 + n_{F_3} x_3 = \vec{n}_F \vec{b}$$

Für den **Schnittwinkel** φ gilt: $$\cos\varphi = \frac{|\vec{n}_E \vec{n}_F|}{|\vec{n}_E|\,|\vec{n}_F|}$$

Senkrechte Projektion und Spiegelung an einer Ebene

Die Gerade l: $\vec{x} = \vec{p} + \mu \vec{n}_E$, $\mu \in \mathrm{IR}$ sei die Lotgerade zu einer Ebene E durch den Punkt P. Setzt man einen allgemeinen Geradenpunkt der Lotgeraden in die Gleichung der Ebene E ein, so erhält man ein $\mu_0 \in \mathrm{IR}$ für das gilt:

$\vec{p}_L = \vec{p} + \mu_0 \vec{n}_E$ Ortsvektor der **senkrechten Projektion** von P in die Ebene E

$\vec{p}_S = \vec{p} + 2\mu_0 \vec{n}_E$ Ortsvektor des **Spiegelpunktes** von P an der Ebene E

5.9 Vermischte Aufgaben

1 Gegeben sind die Gerade $g: \vec{x} = \begin{pmatrix} 1 \\ 0 \\ 2 \end{pmatrix} + \lambda \begin{pmatrix} 1 \\ -1 \\ 0 \end{pmatrix}$, $\lambda \in \mathrm{IR}$ und die Ebene

$E: x_1 - 2x_2 + x_3 - 3 = 0$.

1.1 Untersuchen Sie die Lage der Geraden g zur Ebene E! Bestimmen Sie gegebenenfalls Schnittpunkt und Schnittwinkel.

1.2 Geben Sie eine Gleichung der Geraden g' an, die durch Spiegelung der Geraden g an der Ebene E entsteht.

2 Gegeben sind die Gerade $g: \vec{x} = \begin{pmatrix} 2 \\ 1 \\ -1 \end{pmatrix} + \lambda \begin{pmatrix} 2 \\ 0 \\ -1 \end{pmatrix}$, $\lambda \in \mathrm{IR}$ und die Ebene

$E: -2x_1 + x_2 + 3x_3 - 8 = 0$.

2.1 Untersuchen Sie die Lage der Geraden g zur Ebene E. Bestimmen Sie gegebenenfalls Schnittpunkt und Schnittwinkel!

2.2 Geben Sie eine Gleichung der Geraden $\overline{g}$ an, die durch senkrechte Projektion der Geraden g in die Ebene E entsteht.

3 Gegeben sind die Geraden $g: \vec{x} = \begin{pmatrix} 5 \\ 4 \\ 7 \end{pmatrix} + \lambda \begin{pmatrix} -2 \\ 6 \\ 3 \end{pmatrix}$, $\lambda \in \mathrm{IR}$ und

$h: \vec{x} = \begin{pmatrix} 3 \\ 4 \\ 8 \end{pmatrix} + \mu \begin{pmatrix} 1 \\ -3 \\ -1{,}5 \end{pmatrix}$, $\mu \in \mathrm{IR}$

3.1 Untersuchen Sie die gegenseitige Lage der Geraden g und h.

3.2 Die Ebene E enthält die Geraden g und h. Geben Sie eine Gleichung der Ebene E in Koordinatenform an.

3.3 Das vom Ursprung auf die Ebene E gefällte Lot trifft diese im Punkt S. Berechnen Sie die Koordinaten von S.

4 Gegeben sind die Geraden $g_a:\ \vec{x}=\begin{pmatrix}2\\0\\1\end{pmatrix}+\lambda\begin{pmatrix}5\\2a\\-a\end{pmatrix},\ \lambda, a\in \mathrm{IR}$ und

$h:\ \vec{x}=\begin{pmatrix}0\\-1\\2\end{pmatrix}+\mu\begin{pmatrix}2{,}5\\2\\-1\end{pmatrix},\ \mu\in \mathrm{IR}$

4.1 Untersuchen Sie die gegenseitige Lage der Geraden g_a und h in Abhängigkeit von a .

4.2 Die Ebene E enthält die Gerade h und steht auf g_a senkrecht. Für welche Werte von a ist dies möglich? Geben Sie für diese Fälle eine Gleichung der Ebene E in Koordinatenform an.

5 Gegeben sind die Punkte $A\,(2;2;0)$ und $B\,(6;-1;2)$ und die Ebene $E:\ x_1+2x_2-x_3-10=0$.

5.1 Stelle Sie eine Gleichung der Geraden g auf, die durch die Punkte A und B verläuft.

5.2 Berechnen Sie den Schnittpunkt S der Geraden g mit der Ebene E !

5.3 Die Gerade $\overline{g}$ ist die senkrechte Projektion der Geraden g in die Ebene E . Geben Sie eine Gleichung von $\overline{g}$ an.

6 Gegeben sind die Gerade $g:\ \vec{x}=\begin{pmatrix}-3\\1\\-2\end{pmatrix}+\lambda\begin{pmatrix}1\\2\\0\end{pmatrix},\ \lambda\in \mathrm{IR}$ und die Punkte $A\,(-1;0;1)$ und $B\,(-2;3;-2)$.

6.1 Zeigen Sie, dass die Gerade g und der Punkt A eine Ebene aufspannen. Geben Sie je eine Gleichung von E in Parameter- und Normalenform an. (mögliches Ergebnis: $E:\ 6x_1-3x_2-5x_3+11=0$)

6.2 F ist eine zur x_1x_2-Ebene parallele Ebene, die den Punkt B enthält. Geben Sie eine Gleichung von F in Normalenform an.

6.3 Geben Sie eine Gleichung der Schnittgeraden s der Ebenen E und F an.

7 Gegeben sind die Punkte $A\,(1;1;1)$, $B\,(1;2;3)$ und $C_a\,(2;3;a)$ mit $a\in \mathrm{IR}$ sowie die Ebene $E:\ x_1+x_2+x_3+3=0$.

7.1 Berechnen Sie a so, dass die drei Vektoren $\overrightarrow{0A}$, $\overrightarrow{0B}$ und $\overrightarrow{0C_a}$ linear abhängig sind.

7.2 Die Punkte A, B und C_a spannen die Ebenenschar F_a auf. Geben Sie eine Gleichung für F_a in Koordinatenform an.
(mögliches Ergebnis: $F_a:\ (a-5)x_1+2x_2-x_3-a+4=0$)

7.3 Zeigen Sie, dass keine der Ebenen F_a zur Ebene E parallel sein kann.

7.4 Ermitteln Sie diejenige Ebene F_a, welche die Ebene E senkrecht schneidet.

7.5 Bestimmen Sie für den Fall $a=4$ eine Gleichung der Schnittgeraden s der Ebenen E und F_4.

8 Gegeben sind die Gerade $g:\ \vec{x}=\begin{pmatrix}-1\\0\\0\end{pmatrix}+\lambda\begin{pmatrix}1\\2\\0\end{pmatrix},\ \lambda\in\mathrm{IR}$, der Punkt $A\,(0;2;1)$ und die Punkteschar $B_k\ (k-1;2k;0),\ k\in\mathrm{IR}$.

8.1 Welches geometrische Gebilde wird durch die Punkteschar B_k festgelegt? Geben Sie dessen Gleichung an.

8.2 Durch den Punkt A und die Gerade g wird die Ebene E festgelegt. Stellen Sie je eine Gleichung der Ebene in Parameter- und Normalenform auf. (mögliches Ergebnis: $E:\ 2x_1-x_2+2=0$)

8.3 Gegeben ist noch der Punkt $C\,(1;4;1)$ der Ebene E.

Zeigen Sie, dass die Vektoren $\overrightarrow{0A}, \overrightarrow{0B_k}$ und $\overrightarrow{0C}$ für jeden Wert von $k\in\mathrm{IR}$ linear unabhängig sind.

8.4 Der Punkt A liegt symmetrisch zum Punkt C bezüglich einer Ebene H. Stellen Sie eine Gleichung der Ebene H auf. (mögliches Ergebnis: $H:\ 2x_1+4x_2-13=0$)

8.5 Bestimmen Sie eine Gleichung der Schnittgeraden h der Ebenen E und H und geben Sie den Schnittwinkel der Ebenen mit Begründung an.

9 Gegeben sind die Ebene $E:\ -x_1+2x_2+x_3-7=0$, der Punkt $P\,(-3;2;-7)$, die Gerade $h:\ \vec{x}=\begin{pmatrix}3\\-3\\4\end{pmatrix}+\mu\begin{pmatrix}1\\0\\-1\end{pmatrix},\ \mu\in\mathrm{IR}$ und die Geradenschar

$$g_a:\ \vec{x}=\begin{pmatrix}1\\0\\-4\end{pmatrix}+\lambda\begin{pmatrix}1+a\\-a\\2a\end{pmatrix},\ \lambda, a\in\mathrm{IR}.$$

9.1 Untersuchen Sie, ob der Punkt P auf einer der Geraden g_a liegt.

9.2 Für welches $a\in\mathrm{IR}$ schneiden sich die Geraden g_a und h?

9.3 Bestimmen Sie die Lage der Geraden g_a zur Ebene E in Abhängigkeit von a.

9.4 Für $a=-5$ schneidet die Gerade g_{-5} die Ebene E. Berechnen Sie die Koordinaten des Schnittpunktes und den Schnittwinkel φ.

9.5 Wie lautet die Gleichung der senkrechten Projektion von g_{-5} in die Ebene E?

10 In einem Kartesischen Koordinatensystem sind der Punkt $P\,(-2;2;3)$, die Geraden $g_k:\ \vec{x}=\begin{pmatrix}2\\0\\0\end{pmatrix}+\lambda\begin{pmatrix}-2\\k\\1\end{pmatrix},\ \lambda, k\in\mathrm{IR}$ und die Ebene $E:\ 2x_1-3x_2+x_3-4=0$ gegeben.

10.1 Gibt es ein $k\in\mathrm{IR}$, so dass $g_k\perp E$?

10.2 Bestimmen Sie $k\in\mathrm{IR}$ so, dass $g_k\ ||\ E$.

Im Folgenden sei $k = 1$

10.3 Die Gerade g_1 und der Punkt P spannen die Ebene F auf. Bestimmen Sie eine Gleichung von F in Koordinatenform.

10.4 Berechnen Sie eine Gleichung der Schnittgeraden s der Ebenen E und F!

10.5 Stellen Sie eine Gleichung der Spiegelgeraden g_1' von g_1 an E auf.

11 In einem Kartesischen Koordinatensystem sind die Punkte $A\,(4;3;4)$, $B\,(-1;2;7)$ und $C\,(0;-2;-2)$ gegeben.

11.1 Durch die Punkte A, B und C wird die Ebene E festgelegt. Bestimmen Sie eine Parameter- und eine Normalengleichung von E.
(mögliches Ergebnis: $E:\ x_1 - 2x_2 + x_3 - 2 = 0$)

11.2 Gegeben ist eine Gerade $g_{a,b}:\ \vec{x} = \begin{pmatrix} 3 \\ a \\ 3 \end{pmatrix} + \lambda \begin{pmatrix} -2 \\ b \\ 6 \end{pmatrix},\ \lambda, a, b \in \mathrm{IR}$.

Bestimmen Sie a und b so, dass g ganz in E liegt.

11.3 Berechnen Sie den Schnittwinkel der Geraden $h:\ \vec{x} = \begin{pmatrix} 3 \\ 2 \\ 3 \end{pmatrix} + \mu \begin{pmatrix} 2 \\ -1 \\ -8 \end{pmatrix},\ \mu \in \mathrm{IR}$ mit der Ebene E.

11.4 Für $\mu = 3$ erhält man auf h den Punkt Q. Berechnen Sie die Koordinaten des zu Q bezüglich der Ebene E symmetrischen Punktes Q'.

12 Gegeben ist die Gerade $g:\ \vec{x} = \begin{pmatrix} 4 \\ 4 \\ 3 \end{pmatrix} + \lambda \begin{pmatrix} 0 \\ 2 \\ 1 \end{pmatrix},\ \lambda \in \mathrm{IR}$, die Ebenenschar
$F_a:\ 2ax_1 + 6x_2 + (3-3a)x_3 - 12 = 0,\ a \in \mathrm{IR}$ und die Ebene
$E:\ x_1 - 2x_2 + 3 = 0$).

12.1 Bestimmen Sie die Lage der Ebene E zu den drei Koordinatenachsen und berechnen Sie, falls möglich, jeweils den Schnittwinkel.

12.2 Zeigen Sie, dass es ein $a \in \mathrm{IR}$ gibt, so dass die Gerade g parallel zu F_a verläuft.

12.3 Untersuchen Sie, ob es ein $a \in \mathrm{IR}$ gibt, sodass F_a parallel zu E verläuft.

12.4 Nun sei $a = -1$, $F_{-1}:\ -2x_1 + 6x_2 + 6x_3 - 12 = 0$
Berechnen Sie eine Gleichung der Schnittgeraden s der Ebenen E und F_{-1} und den Schnittwinkel der beiden Ebenen.

13 Gegeben ist die Ebenenschar $F_a:\ 3x_1 + 2x_2 - (a+2)x_3 + 12 = 0,\ a \in \mathrm{IR}$.

13.1 Berechnen Sie die Koordinaten des Schnittpunktes S_a der Ebene F_a mit der x_3-Achse in Abhängigkeit von a! Für welchen Wert von a gibt es keinen Schnittpunkt? Deuten Sie dieses Ergebnis geometrisch.

13.2 Die Gerade s ist die Schnittgerade der Ebene F_a mit der x_1x_2-Ebene. Stellen Sie eine Gleichung der Geraden s auf.

13.3 Begründen Sie ohne Rechnung: Alle Ebenen F_a schneiden sich in der Geraden s!

Kapitel 6

Abstandsprobleme

In diesem Kapitel werden verschiedene Abstandsprobleme im $\mathbb{R}^2$ und im $\mathbb{R}^3$ behandelt. Man untersucht den Abstand zwischen einem Punkt und einer Geraden oder einer Ebene und zwischen zwei Geraden. Schließlich auch den Abstand zwischen Geraden und Ebenen und zwischen zwei parallelen Ebenen.

6.1 Der Abstand eines Punktes von einer Geraden im IR^2

Liegt ein Punkt P nicht auf der Geraden $g: \vec{x} = \vec{a} + \lambda\vec{u}$, $\lambda \in IR$, so ist sein Abstand $\left| d_{P,g} \right|$ von der Geraden g größer als null.

Abstandsberechnungen über den Lotfußpunkt L

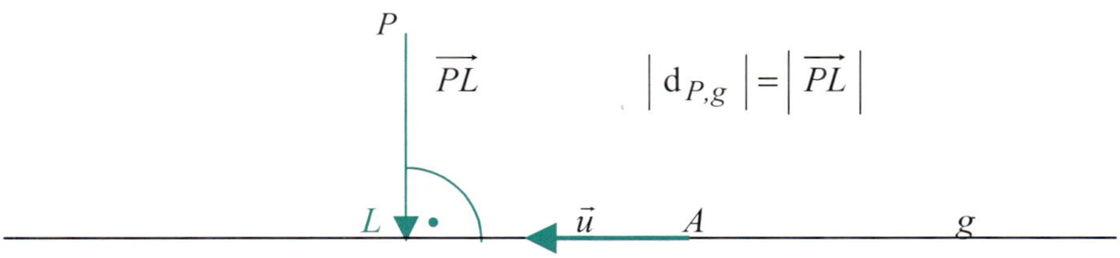

$$\left| d_{P,g} \right| = \left| \overrightarrow{PL} \right|$$

Weil der Lotfußpunkt L auf der Geraden g liegt, lässt er sich als allgemeiner Geradenpunkt von g darstellen: $\vec{l} = \vec{a} + \lambda_0\vec{u}$.

Der Vektor $\overrightarrow{PL}$ und der Richtungsvektor $\vec{u}$ der Geraden g schließen einen Winkel von 90 ein. Also gilt: $\overrightarrow{PL}\vec{u} = 0$ bzw. $(\vec{a} + \lambda_0\vec{u} - \vec{p})\vec{u} = 0$.

Mit Hilfe der Lösung λ_0 dieser Gleichung lässt sich der Lotfußpunkt L berechnen und damit auch der gesuchte Abstand

$$\left| d_{P,g} \right| = \left| \overrightarrow{PL} \right|$$

Beispiel

Welchen Abstand hat der Punkt $P(-3;-9)$ von der Geraden $g: \vec{x} = \begin{pmatrix} -4 \\ -2 \end{pmatrix} + \lambda \begin{pmatrix} 4 \\ -3 \end{pmatrix}$, $\lambda \in IR$?

1) Bestimmung des Lotfußpunktes L:

$$\vec{l} = \begin{pmatrix} -4+4\lambda \\ -2-3\lambda \end{pmatrix}, \quad \overrightarrow{PL} = \begin{pmatrix} -4+4\lambda \\ -2-3\lambda \end{pmatrix} - \begin{pmatrix} -3 \\ -9 \end{pmatrix} = \begin{pmatrix} -1+4\lambda \\ 7-3\lambda \end{pmatrix}$$

$$\overrightarrow{PL}\vec{u} = \begin{pmatrix} -1+4\lambda \\ 7-3\lambda \end{pmatrix}\begin{pmatrix} 4 \\ -3 \end{pmatrix} = -25 + 25\lambda = 0 \Rightarrow \lambda = 1 \Rightarrow L(0;-5)$$

2) Abstand: $\left| d_{P,g} \right| = \left| \overrightarrow{PL} \right| = \left| \begin{pmatrix} 3 \\ 4 \end{pmatrix} \right| = 5 \text{ (LE)}$

Einfacher und schneller lässt sich der Abstand eines Punktes von einer Geraden im $\mathbb{R}^2$ mithilfe der **Hesse-Normalenform** der Geradengleichung bestimmen. Im $\mathbb{R}^3$ ist dieses Verfahren nicht möglich, weil sich die Geraden im $\mathbb{R}^3$ nicht in der Normalenform darstellen lassen (vgl. Kap. 4.2)

Die Hesse-Normalenform (HNF) einer Geradengleichung im $\mathbb{R}^2$

Im $\mathbb{R}^2$ gibt es zu jeder Gleichung einer Geraden $g: \vec{x} = \vec{a} + \lambda\vec{u}$, $\lambda \in \mathbb{R}$ eine Normalenform (vgl. Kap. 4.2) $g: \vec{n}\vec{x} - \vec{n}\vec{a} = 0$ oder $g: \vec{n}(\vec{x} - \vec{a}) = 0$

bzw. Koordinatenform $g: n_1x_1 + n_2x_2 - \vec{n}\vec{a} = 0$

Eine Gerade $g: \vec{n}(\vec{x} - \vec{a}) = \vec{n}\overrightarrow{AX} = 0$ teilt die Ebene $\mathbb{R}^2$ in zwei Halbebenen. Die Halbebene, in die der Normalenvektor $\vec{n}$ zeigt, heißt **positive Halbebene**, die andere heißt **negative Halbebene** (vgl. Abb.).

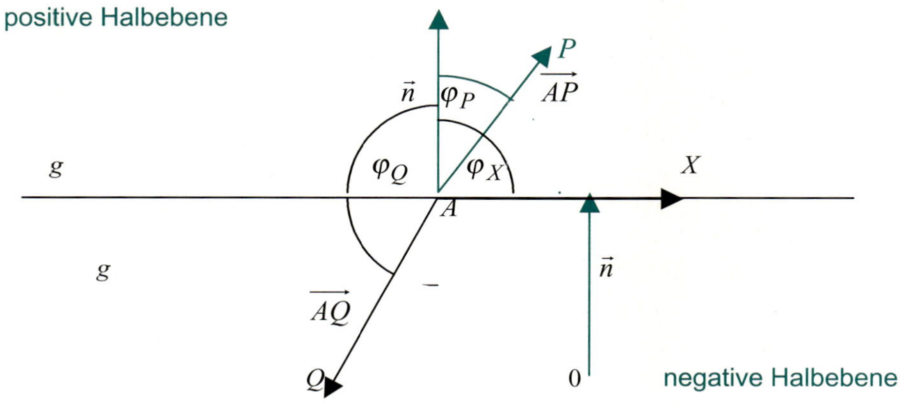

Betrachtet man die Winkel φ_P, φ_X und φ_Q, die der Normalenvektor $\vec{n}$ mit den Vektoren $\overrightarrow{AP}, \overrightarrow{AX}$ und $\overrightarrow{AQ}$ einschließt, wird die oben stehende Benennung verständlich, denn es gelten die folgenden Beziehungen:

	$0° \le \varphi_P < 90°$	$\varphi_X = 90°$	$90° < \varphi_Q \le 180°$
d. h.	$\cos\varphi_P > 0$	$\cos\varphi_X = 0$	$\cos\varphi_Q < 0$
bzw.	$\vec{n}\overrightarrow{AP} > 0$	$\vec{n}\overrightarrow{AX} = 0$	$\vec{n}\overrightarrow{AQ} < 0$
	P liegt in der positiven Halbebene	*X* liegt auf *g*	*Q* liegt in der negativen Halbebene

Wenn die Gerade g keine Ursprungsgerade ist, orientiert man sie so, dass der Koordinatenursprung in der negativen Halbebene liegt, d. h. $\vec{n}\overrightarrow{A0} < 0$.

Beispiel

In welcher Halbebene bezüglich der Geraden $g: 4x_1 - 3x_2 + 2 = 0$ liegen die Punkte $P(0; 7)$ und $Q(1; -1)$?

1) Orientierung der Geraden:

Der Koordinatenursprung soll in der negativen Halbebene liegen, d. h. $\vec{n}\overrightarrow{A0} < 0$.

Das Vorzeichen des Skalarproduktes $\vec{n}\overrightarrow{A0}$ lässt sich bei der gegebenen Geradengleichung in Koordinatenform direkt ablesen:

$$g: \; n_1x_1 + n_2x_2 - \vec{n}\vec{a} = 0$$

$$g: \; 4x_1 \quad -3x_2 \quad +2 = 0 \qquad\qquad \vec{n}\overrightarrow{A0} = -\vec{n}\vec{a} = +2 > 0,$$

also liegt der Koordinatenursprung in der positiven Halbebene. Das lässt sich korrigieren, indem man die Geradengleichung mit -1 multipliziert, d. h. den Normalenvektor umorientiert:

$$g: \; -4x_1 + 3x_2 - 2 = 0$$

Nun gilt : $\vec{n}\overrightarrow{A0} = -2 < 0$, also liegt der Koordinatenursprung nun in der negativen Halbebene.

2) Lage der Punkte $P(0; 7)$ und $Q(1; -1)$:

$$\vec{n}\overrightarrow{AP} = \vec{n}(\vec{p} - \vec{a}) = n_1p_1 + n_2p_2 - \vec{n}\vec{a} = -4 \cdot 0 + 3 \cdot 7 - 2 = 19 > 0$$

Der Punkt P liegt also in der positiven Halbebene.

$$\vec{n}\overrightarrow{AQ} = -4 \cdot 1 + 3 \cdot (-1) - 2 = -9 < 0$$

$\Rightarrow$ Der Punkt Q liegt in der negativen Halbebene.

Für die Bestimmung der Halbebene, in der ein Punkt liegt braucht man also nur die Koordinaten des Punktes in die Gleichung der orientierten Gerade einzusetzen.

Unter der **Hesse-Normalenform** (kurz HNF) einer Geradengleichung im IR^2 versteht man die Gleichung einer orientierten Geraden mit normiertem Normalenvektor $\vec{n}^0$.

Beispiel

Wie lautet die Hesse-Normalenform der Geradengleichung $g: \; 4x_1 - 3x_2 + 2 = 0$?

1) Orientierung:

$(0; 0)$ in g einsetzen: $4 \cdot 0 - 3 \cdot 0 + 2 = 2 > 0 \quad \Rightarrow \quad (0; 0)$ liegt in der positiven Halbebene. Multiplikation mit -1: $\quad g: \; -4x_1 + 3x_2 - 2 = 0$

2) Normierung:

$$|\, \vec{n} \,| = \left| \begin{pmatrix} -3 \\ 4 \end{pmatrix} \right| = 5$$

HNF $\qquad g: \; \frac{1}{5}(-4x_1 + 3x_2 + 2) = 0$

Die Hesse-Normalenform einer Geradengleichung ist eindeutig, wenn der Koordinatenursprung nicht auf der Geraden liegt. Ursprungsgeraden haben zwei verschiedene Hesse-Normalenformen.

Man erhält die Hesse-Normalenform einer Geraden $\; g: \; n_1x_1 + n_2x_2 - \vec{n}\vec{a} = 0$ durch folgende Schritte:

1) Orientierung der Geraden:

Ist $\vec{n}\vec{a} > 0$, dann ist die Gerade richtig orientiert.

Ist $\vec{n}\vec{a} < 0$ dann liegt der Koordinatenursprung in der positiven Halbebene und die Geradengleichung muss mit -1 multipliziert werden:

$$g: \; -(n_1 x_1 + n_2 x_2 - \vec{n}\vec{a}) = 0$$

2) Normierung der Geradengleichung
Die Geradengleichung wird durch die Länge des Normalenvektors $|\,\vec{n}\,| = \sqrt{n_1^{\,2} + n_2^{\,2}}$ dividiert:

HNF $\; g: \dfrac{1}{\lvert \vec{n} \rvert}(n_1 x_1 + n_2 x_2 - \vec{n}\vec{a}) = 0$	HNF $\; g: -\dfrac{1}{\lvert \vec{n} \rvert}(n_1 x_1 + n_2 x_2 - \vec{n}\vec{a}) = 0$
für $\vec{n}\vec{a} > 0$	für $\vec{n}\vec{a} < 0$

Eine Ursprungsgerade $g: \; n_1 x_1 + n_2 x_2 = 0$ hat zwei Hesse-Normalenformen:

$$\text{HNF} \quad g: \; \pm\frac{1}{|\,\vec{n}\,|}(n_1 x_1 + n_2 x_2) = 0$$

Abstandsberechnung mit der HNF

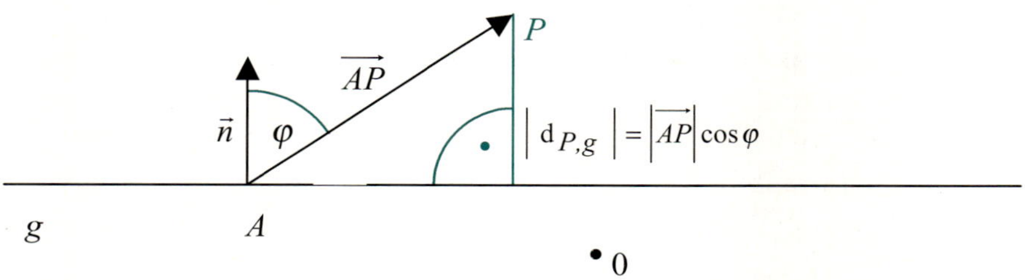

Liegt ein Punkt P in der positiven Halbebene einer orientierten Geraden $g: \; \vec{n}(\vec{x} - \vec{a}) = 0$ (vgl.Abb.), dann gilt für den Abstand des Punktes P von der Geraden g:

$$\left| \mathrm{d}_{P,g} \right| = \left| \overrightarrow{AP} \right| \cos\varphi = \left| \overrightarrow{AP} \right| \frac{\vec{n}\,\overrightarrow{AP}}{|\,\vec{n}\,|\left|\overrightarrow{AP}\right|} = \frac{\vec{n}}{|\,\vec{n}\,|}\overrightarrow{AP} = \vec{n}^{\,0}(\vec{p} - \vec{a})$$

Liegt ein Punkt P in der negativen Halbebene einer orientierten Geraden $g: \; \vec{n}(\vec{x} - \vec{a}) = 0$, dann gilt für den Abstand des Punktes P von der Geraden g:

$$\left| \mathrm{d}_{P,g} \right| = -\vec{n}^{\,0}(\vec{p} - \vec{a}), \qquad \text{da } \cos\varphi < 0\,.$$

Der Betrag des Wertes $\mathrm{d}_{P,g}$, den man durch das Einsetzen der Koordinaten eines Punktes P in die HNF einer Geraden g erhält, entspricht dem Abstand des Punktes P von der Geraden g .

$\left| \mathrm{d}_{P,g} \right| = \left| \, \vec{n}^{\,0}(\vec{p} - \vec{a}) \, \right|$	Abstand des Punktes P von der Geraden g
$\mathrm{d}_{P,g} > 0 \;\Rightarrow$	P liegt in der positiven Halbebene von g
$\mathrm{d}_{P,g} < 0 \;\Rightarrow$	P liegt in der negativen Halbebene von g
$\mathrm{d}_{P,g} = 0 \;\Rightarrow$	P liegt auf g

Beispiel

Welchen Abstand hat der Punkt $P\,(-3;-9)$ von der Geraden $g:\ 3x_1+4x_2+20=0$?

HNF von g: $g:\ -\frac{1}{5}(3x_1+4x_2+20)=0$

Abstand: $\left|\,d_{P,g}\,\right| = \left|\ -\frac{1}{5}(3\cdot(-3)+4\cdot(-9)+20\ \right| = \left|\,5\,\right| = 5\text{ (LE)}$

$d_{P,g}=5>0$, also liegt P in der positiven Halbebene von g, d. h., P und der Koordinatenursprung liegen nicht auf derselben Seite von g.

Den Abstand zweier paralleler Geraden $g:\ \vec{x}=\vec{a}+\lambda\vec{u}$, $\lambda\in IR$ und $h:\ \vec{x}=\vec{b}+\mu\vec{v}$, $\mu\in IR$ berechnet man wie den Abstand eines Punktes von einer Geraden: $\left|\,d_{g,h}\,\right| = \left|\,d_{A,h}\,\right| = \left|\,d_{B,g}\,\right|$,
wobei A der Aufpunkt von g und B der Aufpunkt von h ist.

Spiegelung eines Punktes an einer Geraden

Spiegelt man den Punkt $P\,(-3;-9)$ an der Geraden $g:\ \vec{x}=\begin{pmatrix}-4\\-2\end{pmatrix}+\lambda\begin{pmatrix}4\\-3\end{pmatrix}$, $\lambda\in IR$, so erhält man den Punkt P_S, den **Spiegelpunkt** von P bezüglich der Geraden g.

Die Koordinaten des Spiegelpunktes P_S lassen sich über den Lotfußpunkt L (siehe S.149) bestimmen.

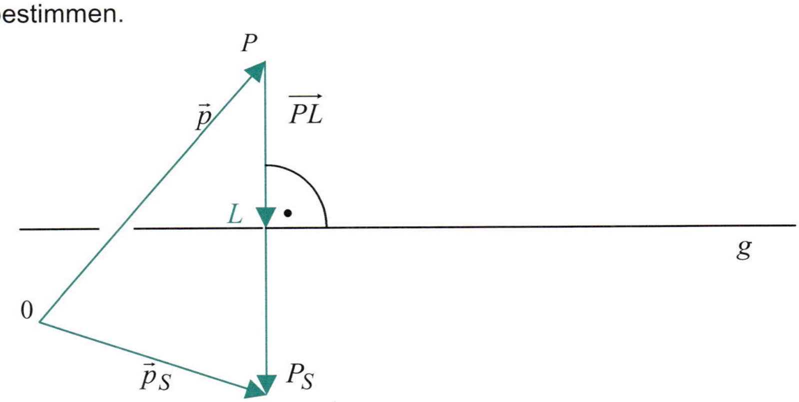

Für den Ortsvektor des Spiegelpunktes P_S gilt:

$$\vec{p}_S=\vec{p}+2\overrightarrow{PL}=\vec{p}+2(\vec{l}-\vec{p})=2\vec{l}-\vec{p}$$

$$\vec{p}_S=2\begin{pmatrix}0\\-5\end{pmatrix}-\begin{pmatrix}-3\\9\end{pmatrix}=\begin{pmatrix}3\\-19\end{pmatrix}\ \Rightarrow\ P_S\,(3;-19)$$

Aufgaben zu 6.1

1. Welchen Abstand haben die folgenden Punkte von der Geraden
$g:\ \vec{x}=\begin{pmatrix}1\\2\end{pmatrix}+\lambda\begin{pmatrix}3\\-4\end{pmatrix},\ \lambda\in \mathrm{IR}$?
a) $A(3;6)$ b) $B(5;0)$ c) $C(-1;-2)$ d) $D(-1;8)$
Welche der vier Punkte liegen auf der gleichen Seite von g ?

2. Bestimmen Sie den Abstand der parallelen Geraden
a) $g:\ \vec{x}=\begin{pmatrix}1\\-2\end{pmatrix}+\lambda\begin{pmatrix}-5\\12\end{pmatrix},\ \lambda\in \mathrm{IR}$ und $h:\ \vec{x}=\begin{pmatrix}3\\1\end{pmatrix}+\mu\begin{pmatrix}10\\-24\end{pmatrix},\ \mu\in \mathrm{IR}$
b) $g:\ \vec{x}=\begin{pmatrix}-2\\0\end{pmatrix}+\lambda\begin{pmatrix}15\\-8\end{pmatrix},\ \lambda\in \mathrm{IR}$ und $h:\ \vec{x}=\begin{pmatrix}2\\-1\end{pmatrix}+\mu\begin{pmatrix}-15\\8\end{pmatrix},\ \mu\in \mathrm{IR}$
c) $g:\ \vec{x}=\begin{pmatrix}7\\-3\end{pmatrix}+\lambda\begin{pmatrix}-3\\0\end{pmatrix},\ \lambda\in \mathrm{IR}$ und $h:\ \vec{x}=\begin{pmatrix}3\\-2\end{pmatrix}+\mu\begin{pmatrix}1\\0\end{pmatrix},\ \mu\in \mathrm{IR}$

3. Bestimmen Sie eine Gleichung der Geraden, die von der Geraden g den Abstand $|\mathrm{d}|$ haben.
a) $g:\ \vec{x}=\begin{pmatrix}3\\7\end{pmatrix}+\lambda\begin{pmatrix}-3\\4\end{pmatrix},\ \lambda\in \mathrm{IR},\ |\mathrm{d}|=3\ (\mathrm{LE})$
b) $g:\ 5x_1-12x_2+3=0,\ |\mathrm{d}|=2\ (\mathrm{LE})$
c) $g:\ -7x_1-24x_2-5=0,\ |\mathrm{d}|=1\ (\mathrm{LE})$

4. Bestimmen Sie die Koordinaten der Spiegelpunkte von $A(10;14)$ und $B(3;37)$ bezüglich der Geraden $h:\ \vec{x}=\begin{pmatrix}2\\-1\end{pmatrix}+\mu\begin{pmatrix}-15\\8\end{pmatrix},\ \mu\in \mathrm{IR}$

6.2 Der Abstand eines Punktes von einer Geraden im IR^3

Im IR^3 lässt sich der Abstand eines Punktes von einer Geraden wie im IR^2 über den Lotfußpunkt berechnen (vgl. S.149). Die Berechnung des Abstandes mit der Hesse-Normalenform ist im IR^3 nicht möglich, weil die Normalenform einer Geradengleichung nur im IR^2 existiert. Über eine Dreiecksfläche kann jedoch eine Abstandsformel hergeleitet werden.

Abstandsberechnung über eine Fläche A

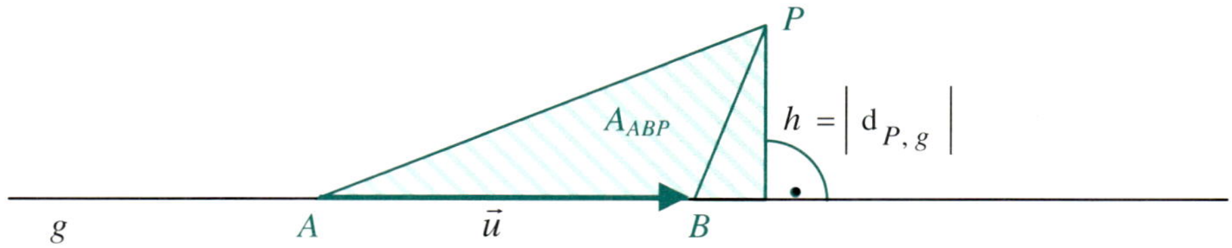

Für die Berechnung der Fläche des Dreiecks ABP gibt es zwei verschiedene Formeln:

$$\left.\begin{aligned} A &= \frac{1}{2} gh = \frac{1}{2} |\vec{u}| \, |d_{P,g}| \\ A &= \frac{1}{2} |\overrightarrow{AP} \times \vec{u}| \end{aligned}\right\} \Rightarrow \boxed{|d_{P,g}| = \frac{|\overrightarrow{AP} \times \vec{u}|}{|\vec{u}|}}$$

Beispiele

Gegeben ist die Gerade $g: \vec{x} = \begin{pmatrix} -1 \\ 3 \\ 1 \end{pmatrix} + \lambda \begin{pmatrix} 2 \\ 1 \\ -1 \end{pmatrix}, \ \lambda \in IR$

1. Geben Sie eine Gleichung der Geraden h an, die durch den Punkt $P(-2; 5; -5)$ verläuft und die Gerade g senkrecht schneidet. Welchen Abstand hat der Punkt P von der Geraden g ?

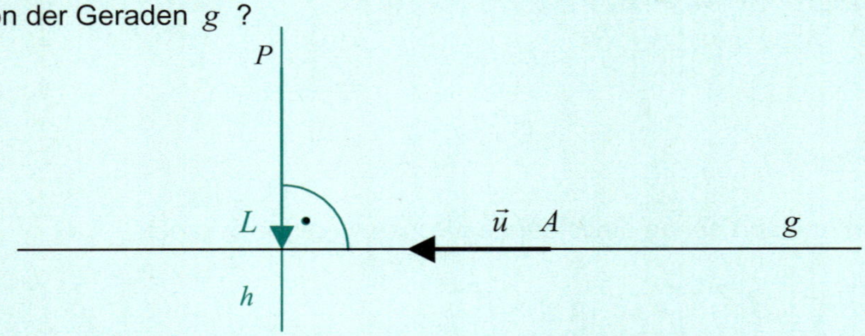

Aus der Skizze wird deutlich, welcher Zusammenhang zwischen der gesuchten Geraden h und dem Abstand „Punkt-Gerade" besteht:
Die Gerade h verläuft durch den angegebenen Punkt P und den zu bestimmenden Lotfußpunkt L auf g:

1) Bestimmung des Lotfußpunktes L:

$$\vec{l} = \begin{pmatrix} -1+2\lambda \\ 3+\lambda \\ 1-\lambda \end{pmatrix}, \ \overrightarrow{PL} = \begin{pmatrix} -1+2\lambda \\ 3+\lambda \\ 1-\lambda \end{pmatrix} - \begin{pmatrix} -2 \\ 5 \\ -5 \end{pmatrix} = \begin{pmatrix} 1+2\lambda \\ -2+\lambda \\ 6-\lambda \end{pmatrix}$$

$$\overrightarrow{PL}\vec{u} = \begin{pmatrix} 1+2\lambda \\ -2+\lambda \\ 6-\lambda \end{pmatrix} \begin{pmatrix} 2 \\ 1 \\ -1 \end{pmatrix} = -6 + 6\lambda = 0 \ \Rightarrow \ \lambda = 1 \ \Rightarrow L(1; 4; 0)$$

2) Gleichung der Geraden $h: \vec{x} = \vec{p} + \mu \overrightarrow{PL} = \begin{pmatrix} -2 \\ 5 \\ -5 \end{pmatrix} + \mu \begin{pmatrix} 3 \\ -1 \\ 5 \end{pmatrix}, \ \mu \in IR$

3) Abstand des Punktes P von der Geraden g:

$$\left| d_{P,g} \right| = \left| \overrightarrow{PL} \right| = \left| \begin{pmatrix} 3 \\ -1 \\ 5 \end{pmatrix} \right| = \sqrt{35}\ \text{(LE)}$$

2. Welchen Abstand hat der Punkt $Q(3; 13; -5)$ von der Geraden g?

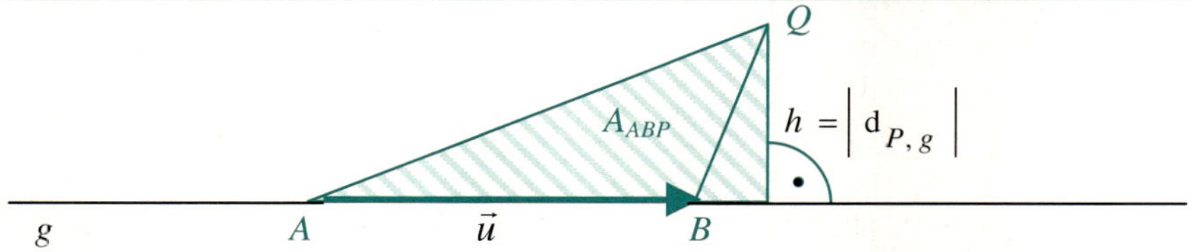

Bei dieser Fragestellung spielt der Lotfußpunkt keine Rolle, also lässt sie sich mithilfe des kürzeren Ansatzes über die Fläche des Dreiecks ABQ beantworten.

$$\left| d_{Q,g} \right| = \frac{\left| \overrightarrow{AQ} \times \vec{u} \right|}{\left| \vec{u} \right|} = \frac{\sqrt{336}}{\sqrt{6}} = \sqrt{56}\ \text{(LE)}$$

Nebenrechnung:

$$\left| \overrightarrow{AQ} \times \vec{u} \right| = \left| \begin{pmatrix} 4 \\ 10 \\ -6 \end{pmatrix} \times \begin{pmatrix} 2 \\ 1 \\ -1 \end{pmatrix} \right| = \left| \begin{pmatrix} -4 \\ -8 \\ -16 \end{pmatrix} \right| = \sqrt{336}, \qquad \left| \vec{u} \right| = \left| \begin{pmatrix} 2 \\ 1 \\ -1 \end{pmatrix} \right| = \sqrt{6}$$

Aufgaben zu 6.2

1. Welchen Abstand haben die folgenden Punkte von der Geraden

$$g: \vec{x} = \begin{pmatrix} -1 \\ 3 \\ 1 \end{pmatrix} + \lambda \begin{pmatrix} 2 \\ 1 \\ -1 \end{pmatrix},\ \lambda \in \mathrm{IR}?$$

a) $A(0; 1; -5)$ b) $B(-2; 5; -5)$ c) $C(3; 13; -5)$ d) $O(0; 0; 0)$

2. Welcher Punkt der Geraden $g: \vec{x} = \begin{pmatrix} -3 \\ 7 \\ -1 \end{pmatrix} + \lambda \begin{pmatrix} 2 \\ -3 \\ 1 \end{pmatrix},\ \lambda \in \mathrm{IR}$ hat die kürzeste Entfernung

a) zum Ursprung $(0; 0; 0)$ b) zu $P(-5; 15; -1)$ c) zu $Q(-6; 10; 0)$?

3. Welchen Abstand haben die parallelen Geraden g und h voneinander?

a) $g: \vec{x} = \begin{pmatrix} 5 \\ 3 \\ 0 \end{pmatrix} + \lambda \begin{pmatrix} 5 \\ -2 \\ 0 \end{pmatrix},\ \lambda \in \mathrm{IR}$ und $h: \vec{x} = \begin{pmatrix} 0 \\ 5 \\ 2 \end{pmatrix} + \mu \begin{pmatrix} 5 \\ -2 \\ 0 \end{pmatrix},\ \mu \in \mathrm{IR}$

b) $g:\ \vec{x}=\begin{pmatrix}7\\5\\7\end{pmatrix}+\lambda\begin{pmatrix}-3\\10\\9\end{pmatrix},\ \lambda\in\mathrm{IR}$ und $h:\ \vec{x}=\begin{pmatrix}10\\-3\\0\end{pmatrix}+\mu\begin{pmatrix}-3\\10\\9\end{pmatrix},\ \mu\in\mathrm{IR}$

4. Spiegeln Sie die folgenden Punkte an der Geraden

$h:\ \vec{x}=\begin{pmatrix}0\\-4\\1\end{pmatrix}+\lambda\begin{pmatrix}4\\1\\-2\end{pmatrix},\ \lambda\in\mathrm{IR}:$

a) $A\,(0;0;3)$ b) $B\,(5;4;-6)$ c) $C\,(12;16;-7)$ d) $D\,(-2;-1;9)$

5. Bestimmen Sie die fehlende Koordinate der Punkte so, dass der Abstand der Punkte zur Geraden $g:\ \vec{x}=\begin{pmatrix}3\\-2\\4\end{pmatrix}+\lambda\begin{pmatrix}0\\-3\\4\end{pmatrix},\ \lambda\in\mathrm{IR}$ dem angegebenen Wert entspricht. (gegebenenfalls zwei Lösungen!)

a) $P_a\,(3;a;2),\ \left|\mathrm{d}_{P_a,g}\right|=2\,(\mathrm{LE})$ b) $P_b\,(2;-2;b),\ \left|\mathrm{d}_{P_b,g}\right|=1\,(\mathrm{LE})$

c) $P_c\,(c;1;4),\ \left|\mathrm{d}_{P_c,g}\right|=3\,(\mathrm{LE})$ d) $P_d\,(3;d;4),\ \left|\mathrm{d}_{P_d,g}\right|=4\,(\mathrm{LE})$

6. Gegeben sind die Geraden

$g:\ \vec{x}=\begin{pmatrix}1\\0\\4\end{pmatrix}+\lambda\begin{pmatrix}-2\\1\\2\end{pmatrix},\ \lambda\in\mathrm{IR}$ und $h_a:\ \vec{x}=\begin{pmatrix}2a\\1-a\\3\end{pmatrix}+\mu\begin{pmatrix}2\\-1\\-2\end{pmatrix},\ \mu,a\in\mathrm{IR}$

Welche Geraden der Geradenschar h_a haben von der Geraden g den Abstand $1\,(\mathrm{LE})$?

6.3 Der Abstand eines Punktes von einer Ebene

Liegt ein Punkt P nicht auf der Ebene $E:\ \vec{n}(\vec{x}-\vec{a})=0$, so ist sein Abstand $\left|\mathrm{d}_{P,E}\right|$ von der Ebene E größer als null und lässt sich folgendermaßen bestimmen:

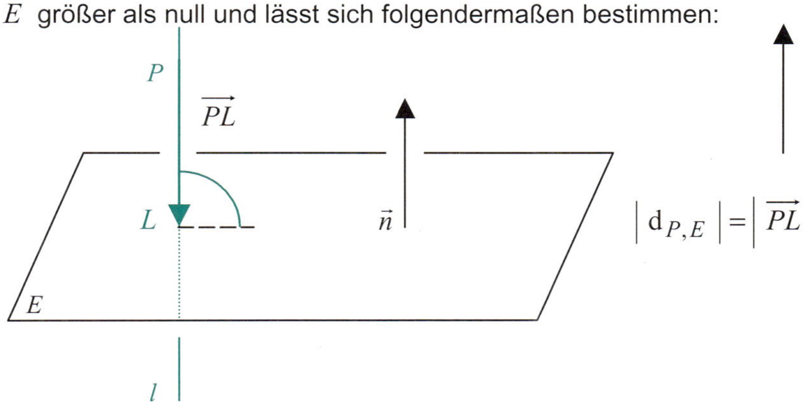

1) Man stellt eine Gleichung der Lotgeraden l zur Ebene E durch den Punkt P auf:

$$l:\ \vec{x} = \vec{p} + \lambda\vec{n}\ ,\ \lambda \in \mathrm{IR}$$

2) Man bestimmt den Schnittpunkt L der Lotgeraden l mit der Ebene E (vgl. Kap. 5.2). Dann gilt für den gesuchten Abstand:

$$\left| \mathrm{d}_{P,E} \right| = \left| \overrightarrow{PL} \right|$$

Beispiel

Der Abstand des Punktes $P\,(0; 7; 3)$ von der Ebene $E:\ 6x_1 - 2x_2 - 3x_3 + 2 = 0$ soll berechnet werden.

1) Lotgerade $\quad l:\ \vec{x} = \begin{pmatrix} 0 \\ 7 \\ 3 \end{pmatrix} + \lambda \begin{pmatrix} 6 \\ -2 \\ -3 \end{pmatrix},\ \lambda \in \mathrm{IR}$

2) Schnittpunkt $L \quad 6 \cdot 6\lambda - 2 \cdot (7 - 2\lambda) - 3 \cdot (3 - 3\lambda) + 2 = 0 \ \Rightarrow\ \lambda = \frac{3}{7}$

Abstand: $\left| \mathrm{d}_{P,E} \right| = \left| \overrightarrow{PL} \right| = \left| \left(\begin{pmatrix} 0 \\ 7 \\ 3 \end{pmatrix} + \frac{3}{7} \begin{pmatrix} 6 \\ -2 \\ -3 \end{pmatrix} \right) - \begin{pmatrix} 0 \\ 7 \\ 3 \end{pmatrix} \right| = \left| \frac{3}{7} \begin{pmatrix} 6 \\ -2 \\ -3 \end{pmatrix} \right| = 3\,(\mathrm{LE})$

Einfacher und schneller lässt sich der Abstand eines Punktes von einer Ebene im IR^3 mithilfe der **Hesse-Normalenform** der Ebenengleichung bestimmen.

Die Hesse-Normalenform (HNF) einer Ebenengleichung

Eine Ebene $E:\ \vec{n}(\vec{x} - \vec{a}) = 0$ teil den Raum IR^3 in zwei **Halbräume**. Der Halbraum, in den der Normalenvektor $\vec{n}$ zeigt, heißt **positiver Halbraum**, der andere **negativer Halbraum** (vgl. Abb.)

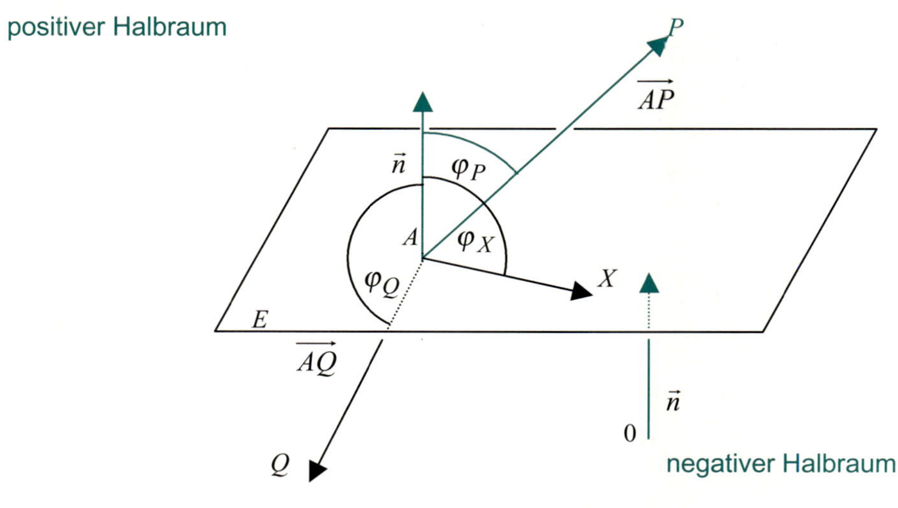

Für die Winkel φ_P, φ_X und φ_Q, die der Normalenvektor $\vec{n}$ mit den Vektoren $\overrightarrow{AP}$, $\overrightarrow{AX}$ und $\overrightarrow{AQ}$ einschließt, gelten die folgenden Beziehungen:

	$0 \le \varphi_P < 90$	$\varphi_X = 90$	$90 < \varphi_Q \le 180$
d. h.	$\cos\varphi_P > 0$	$\cos\varphi_X = 0$	$\cos\varphi_Q < 0$
bzw:	$\vec{n}\overrightarrow{AP} > 0$	$\vec{n}\overrightarrow{AX} = 0$	$\vec{n}\overrightarrow{AQ} < 0$
	P liegt im positiven Halbraum	X liegt in E	Q liegt im negativen Halbraum

Wenn die Ebene E keine Ursprungsebene ist, orientiert man sie so, dass der Koordinatenursprung im negativen Halbraum liegt, d. h. $\vec{n}\overrightarrow{A0} < 0$ (vgl. HNF einer Geradengleichung im IR^2, Kap. 6.1).

Unter der **Hesse-Normalenform** einer Ebenengleichung versteht man nun die Gleichung einer orientierten Ebene mit normiertem Normalenvektor $\vec{n}^0$.

Beispiel

Wie lautet die Hesse-Normalenform der Ebenengleichung
$E:\ 6x_1 - 2x_2 - 3x_3 + 2 = 0$?

1) Orientierung:
   $(0;\,0;\,0)$ in die Ebene einsetzen: $6\cdot 0 - 2\cdot 0 - 3\cdot 0 + 2 = 2 > 0,$
   d.h. $(0;\,0;\,0)$ liegt im positiven Halbraum
   Multiplikation mit -1: $E:\ -6x_1 + 2x_2 + 3x_3 - 2 = 0$
2) Normierung:

$$|\vec{n}| = \left|\begin{pmatrix} -6 \\ 2 \\ 3 \end{pmatrix}\right| = 7 \qquad \Rightarrow \quad \text{HNF} \quad E:\ \frac{1}{7}(-6x_1 + 2x_2 + 3x_3 - 2) = 0$$

Die Hesse-Normalenform einer Ebenengleichung ist eindeutig, wenn der Koordinatenursprung nicht in der Ebene liegt.

$$\text{HNF} \quad E:\ \frac{1}{|\vec{n}|}(n_1x_1 + n_2x_2 + n_3x_3 - \vec{n}\vec{a}) = 0 \qquad \text{für } \vec{n}\vec{a} > 0$$

$$\text{HNF} \quad E:\ -\frac{1}{|\vec{n}|}(n_1x_1 + n_2x_2 + n_3x_3 - \vec{n}\vec{a}) = 0 \qquad \text{für } \vec{n}\vec{a} < 0$$

Eine Ursprungsebene $E:\ n_1x_1 + n_2x_2 + n_3x_3 = 0$ hat zwei Hesse-Normalenformen:

$$\text{HNF} \quad E:\ \pm\frac{1}{|\vec{n}|}(n_1x_1 + n_2x_2 + n_3x_3) = 0$$

Abstandsberechnung mit der HNF

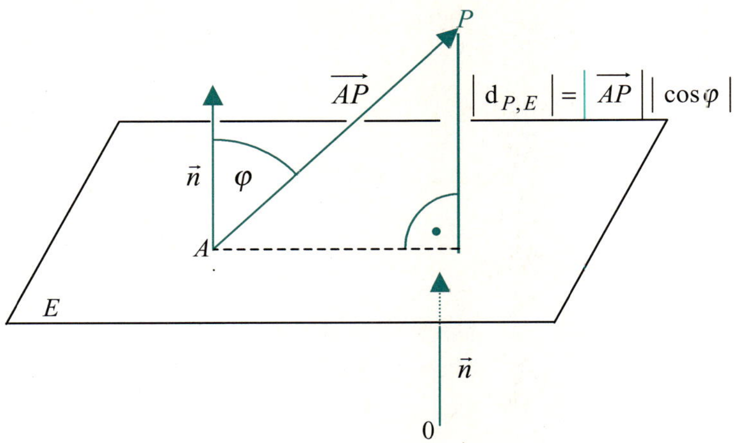

Für den Abstand gilt: $\left|d_{P,E}\right| = \left|\overrightarrow{AP}\right| \left|\cos\varphi\right| = \left|\overrightarrow{AP}\right| \dfrac{\left|\vec{n}\,\overrightarrow{AP}\right|}{\left|\vec{n}\right|\left|\overrightarrow{AP}\right|} = \left|\vec{n}^{\,0}(\vec{p}-\vec{a})\right|$

Der Betrag des Wertes $d_{P,E}$, den man durch das Einsetzen der Koordinaten eines Punktes P in die HNF einer Ebene E erhält, entspricht dem Abstand des Punktes P von der Ebene E.

$\left|d_{P,E}\right| = \left|\vec{n}^{\,0}(\vec{p}-\vec{a})\right|$	Abstand des Punktes P von der Ebene E
$d_{P,E} > 0 \Rightarrow$	P liegt im positiven Halbraum von E
$d_{P,E} < 0 \Rightarrow$	P liegt im negativen Halbraum von E
$d_{P,E} = 0 \Rightarrow$	P liegt in E

Liegt eine Gerade $g: \vec{x} = \vec{a} + \lambda\vec{u}$, $\lambda \in \mathrm{IR}$ bzw. eine Ebene $F: \vec{n}_F(\vec{x}-\vec{b}) = 0$ parallel zu einer Ebene $E: \vec{n}_E(\vec{x}-\vec{a}) = 0$, dann lassen sich deren Abstände von E berechnen wie der Abstand eines Punktes von der Ebene E:

$$\left|d_{g,E}\right| = \left|d_{A,E}\right| \text{ bzw. } \left|d_{F,E}\right| = \left|d_{B,E}\right|,$$

wobei A der Aufpunkt von g und B der Aufpunkt von F ist.
(Es können beliebige Punkte von g bzw. F benutzt werden!)

Beispiele

1. Der Abstand der Punkte $P(0; 7; 3)$ und $Q(1; -1; 1)$ von der Ebene E $E: 6x_1 - 2x_2 - 3x_3 + 2 = 0$ soll berechnet werden. (vgl.S.158)

   1) HNF $E: \frac{1}{7}(-6x_1 + 2x_2 + 3x_3 - 2) = 0$

   2) P in die HNF von E einsetzen: $d_{P,E} = \frac{1}{7}(-6\cdot 0 + 2\cdot 7 + 3\cdot 3 - 2) = 3$

Abstand von P zu E: $\left| d_{P,E} \right| = |3| = 3\,(\text{LE})$

Q in die HNF von E einsetzen: $d_{Q,E} = \frac{1}{7}(-6\cdot 1 + 2\cdot(-1) + 3\cdot 1 - 2) = -1$

Abstand von Q zu E: $\left| d_{Q,E} \right| = |-1| = 1\,(\text{LE})$

Die Punkte P und Q liegen auf verschiedenen Seiten von E, weil $d_{P,E} > 0$ und $d_{Q,E} < 0$.

2. Welchen Abstand hat der Punkt $R\,(2; -9; 1)$ von der Ebene F: $3x_1 - 4x_3 + 8 = 0$? Liegt R im gleichen Halbraum von F wie der Punkt $T\,(0; -1; 4)$?

1) $|\vec{n}| = \left| \begin{pmatrix} 3 \\ 0 \\ -4 \end{pmatrix} \right| = 5$ und $(0; 0; 0)$ liegt im positiven Halbraum $(+8)$, also muss die Ebenengleichung von F mit $-\frac{1}{5}$ multipliziert werden:

$$\text{HNF} \quad F: -\frac{1}{5}(3x_1 - 4x_3 + 8) = 0$$

2) $d_{R,F} = -\frac{1}{5}(3\cdot 2 - 4\cdot 1 + 8) = -2 \quad \Rightarrow \quad \left| d_{R,F} \right| = |-2| = 2\,(\text{LE})$

3) $d_{T,F} = -\frac{1}{5}(3\cdot 0 - 4\cdot 4 + 8) = \frac{8}{5} > 0$;

da $d_{R,F} = -2 < 0$ liegen R und T nicht im gleichen Halbraum von F.

3. Welche zwei Ebenen E_1 und E_2 haben von der Ebene E: $2x_1 - 2x_2 + x_3 - 2 = 0$ den Abstand $2\,(\text{LE})$?

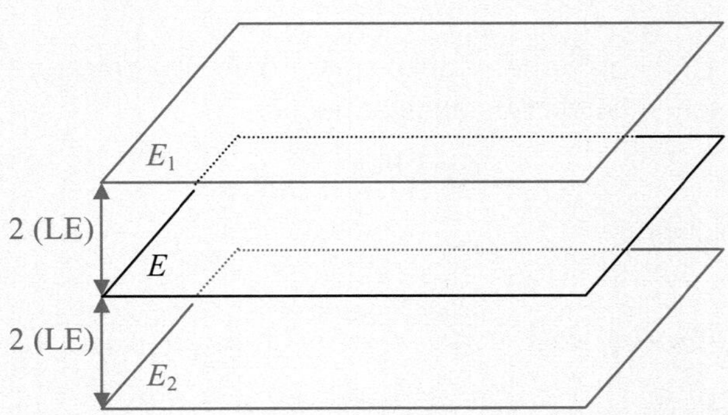

E_1 und E_2 liegen parallel zu E mit dem Abstand 2 (LE), d. h., alle Punkte von E_1 und E_2 haben den Abstand 2 (LE) von E und liegen im positiven oder negativen Halbraum von E. HNF $\quad E: \frac{1}{3}(2x_1 - 2x_2 + x_3 - 2) = 0$.

Für einen beliebigen Punkt $X\left(x_1; x_2; x_3\right)$ der Ebene E_1 im positiven Halbraum von E muss gelten:

$$\mathrm{d}_{X,E} = \frac{1}{3}(2x_1 - 2x_2 + x_3 - 2) = 2$$

Durch Umformen dieser Gleichung erhält man die Ebenengleichung

$$E_1: \; 2x_1 - 2x_2 + x_3 - 8 = 0$$

Für einen beliebigen Punkt $X\left(x_1; x_2; x_3\right)$ der Ebene E_2 im negativen Halbraum von E muss gelten:

$$\mathrm{d}_{X,E} = \frac{1}{3}(2x_1 - 2x_2 + x_3 - 2) = -2$$

Durch Umformen dieser Gleichung erhält man die Ebenengleichung

$$E_2: \; 2x_1 - 2x_2 + x_3 + 4 = 0.$$

4. Welche Punkte der Geraden $g: \vec{x} = \begin{pmatrix} 1 \\ 0 \\ -2 \end{pmatrix} + \lambda \begin{pmatrix} 1 \\ -1 \\ 0 \end{pmatrix}$, $\lambda \in \mathrm{IR}$ haben den Abstand $\sqrt{24}$ (LE) von der Ebene $E: \; x_1 - 2x_2 + x_3 - 2 = 0$?

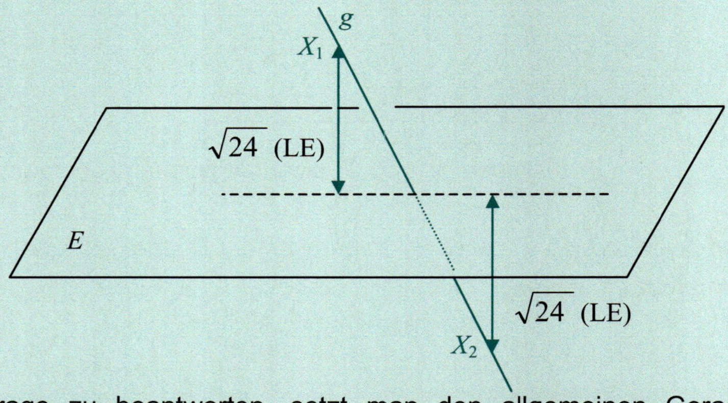

Um diese Frage zu beantworten, setzt man den allgemeinen Geradenpunkt $X\left(1+\lambda; -\lambda; -2\right)$ von g in die Abstandsformel ein:

$$|\; \mathrm{d}_{X,E} \;| = \sqrt{24}\,(\mathrm{LE})$$

$$\left|\; \frac{1}{\sqrt{6}}(1+\lambda-2(-\lambda)-2-2) \;\right| = \sqrt{24}$$

$$\left|\; \frac{1}{\sqrt{6}}(3\lambda-3) \;\right| = \sqrt{24} \quad \Rightarrow \quad \pm\frac{1}{\sqrt{6}}(3\lambda-3) = \sqrt{24}$$

$$3\lambda - 3 = \pm 12$$

$$\Rightarrow \quad \lambda_1 = 5\,,\; \lambda_2 = -3$$

Die gesuchten Punkte sind $X_1\left(6; -5; -2\right)$ und $X_2\left(-2; 3; -2\right)$.

Aufgaben zu 6.3

1. Bestimmen Sie den Abstand der folgenden Punkte von der Ebene $E:\ 2x_1 - x_2 - 2x_3 + 1 = 0$.
   a) $A\,(1;\,2;\,-4)$ b) $B\,(-2;\,3;\,0)$ c) $C\,(3;\,-4;\,1)$
   Welche der drei Punkte liegen auf derselben Seite von E?

2. Bestimmen Sie den Abstand der folgenden Geraden und Ebenen von der Ebene $E:\ 3x_1 - 6x_2 + 2x_3 - 4 = 0$.
   a) $g:\ \vec{x} = \begin{pmatrix} 1 \\ -1 \\ 1 \end{pmatrix} + \lambda \begin{pmatrix} 2 \\ 2 \\ 3 \end{pmatrix},\ \lambda \in \mathrm{IR}$ b) $h:\ \vec{x} = \begin{pmatrix} -2 \\ 1 \\ 1 \end{pmatrix} + \mu \begin{pmatrix} -2 \\ 1 \\ 6 \end{pmatrix},\ \mu \in \mathrm{IR}$
   c) $F:\ -3x_1 + 6x_2 - 2x_3 - 10 = 0$ d) $H:\ 6x_1 - 12x_2 + 4x_3 + 6 = 0$

3. Bestimmen Sie je eine Gleichung der Ebenen, die von der Ebene E den Abstand $|\,\mathrm{d}\,|$ haben.
   a) $E:\ 8x_1 - x_2 - 4x_3 + 2 = 0,\ |\,\mathrm{d}\,| = 1\,(\mathrm{LE})$ b) $E:\ 3x_1 - 4x_3 + 2 = 0,\ |\,\mathrm{d}\,| = 3\,(\mathrm{LE})$
   c) $E:\ -x_1 + 2x_2 - 2x_3 = 0,\ |\,\mathrm{d}\,| = 2\,(\mathrm{LE})$

4. Welche Punkte der Geraden g haben von der Ebene $E:\ 4x_1 - 8x_2 + x_3 + 1 = 0$ den Abstand $|\,\mathrm{d}\,|$?
   a) $g:\ \vec{x} = \begin{pmatrix} 2 \\ 1 \\ -3 \end{pmatrix} + \lambda \begin{pmatrix} 3 \\ 1 \\ -2 \end{pmatrix},\ \lambda \in \mathrm{IR},\quad |\,\mathrm{d}\,| = 2\,(\mathrm{LE})$
   b) $g:\ \vec{x} = \begin{pmatrix} -1 \\ 0 \\ 3 \end{pmatrix} + \lambda \begin{pmatrix} 2 \\ 1 \\ 3 \end{pmatrix},\ \lambda \in \mathrm{IR},\quad |\,\mathrm{d}\,| = 1\,(\mathrm{LE})$
   c) $g:\ \vec{x} = \begin{pmatrix} 1 \\ 1 \\ 6 \end{pmatrix} + \lambda \begin{pmatrix} -1 \\ 0 \\ 1 \end{pmatrix},\ \lambda \in \mathrm{IR},\quad |\,\mathrm{d}\,| = 3\,(\mathrm{LE})$

5. Für welche Werte von $a \in \mathrm{IR}$ hat der Punkt P den angegebenen Abstand $|\,\mathrm{d}\,|$ von der Ebene $E:\ 2x_1 - ax_2 + 3ax_3 + 4a = 0$?
   a) $P\,(1;\,3;\,1),\ |\,\mathrm{d}\,| = 1\,(\mathrm{LE})$ b) $P\,(0;\,-1;\,2),\ |\,\mathrm{d}\,| = 2\,(\mathrm{LE})$
   c) $P\,(2;\,1;\,3),\ |\,\mathrm{d}\,| = 2\,(\mathrm{LE})$ d) $P\,(4;\,0;\,0),\ |\,\mathrm{d}\,| = 4\,(\mathrm{LE})$

6. Welche Punkte P_a, $a \in \mathrm{IR}$, haben von der Ebene $E:\ 2x_1 + 3x_2 - 6x_3 + 5 = 0$ den angegebenen Abstand $|\,\mathrm{d}\,|$?
   a) $P_a\,(2a;\,-a;\,3),\ |\,\mathrm{d}\,| = 2\,(\mathrm{LE})$ b) $P_a\,(3;\,2-a;\,a),\ |\,\mathrm{d}\,| = 4\,(\mathrm{LE})$
   c) $P_a\,(1-a;\,4a;\,1),\ |\,\mathrm{d}\,| = 3\,(\mathrm{LE})$ d) $P_a\,(a;\,2;\,1+2a),\ |\,\mathrm{d}\,| = 5\,(\mathrm{LE})$

6.4 Der Abstand zweier windschiefer Geraden

Der Abstand zweier windschiefer Geraden $g: \vec{x} = \vec{a} + \lambda\vec{u}$, $\lambda \in \mathrm{IR}$ und $h: \vec{x} = \vec{b} + \mu\vec{v}$, $\mu \in \mathrm{IR}$, ist die Länge der kürzesten Verbindungsstrecke zwischen einem Punkt P auf g und einem Punkt L auf h. Man findet die Punkte P und L durch folgende Überlegung:
Die Ebene H soll die Gerade h enthalten und parallel zu g verlaufen, also

$$H: \quad \vec{n}(\vec{x} - \vec{b}) = 0 \text{, wobei } \vec{n} = \vec{u} \times \vec{v}.$$

Die senkrechte Projektion $\overline{g}$ der Geraden g in die Ebene H schneidet die Gerade h im Punkt L. Das Lot von L auf die Gerade g schneidet g im Lotfußpunkt P.

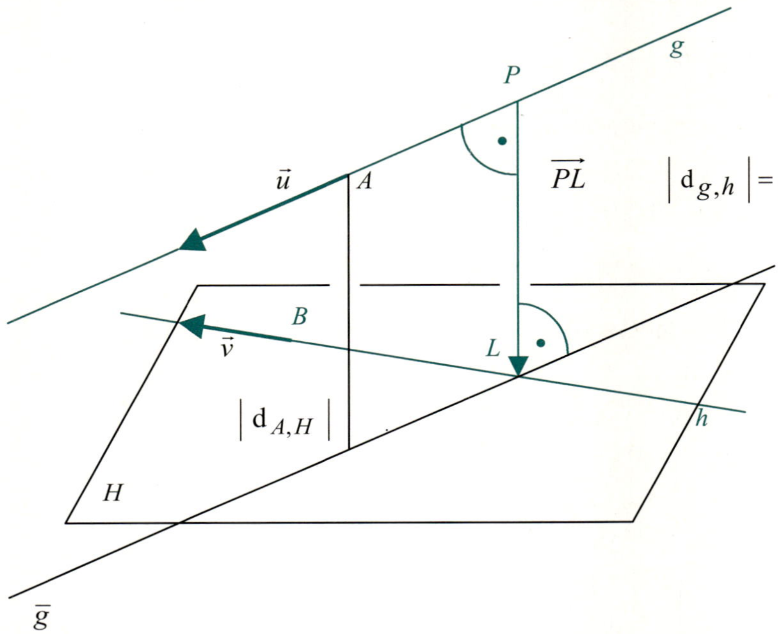

Das Lot PL ist die kürzeste Verbindung der Geraden g und h. Für ihren Abstand gilt:

$$\left| d_{g,h} \right| = \left| \overrightarrow{PL} \right|$$

Berechnung des Abstandes $\left| d_{g,h} \right|$

Der Vektor $\overrightarrow{PL}$ steht senkrecht auf der Ebene H und auf der Geraden g. Die Punkte P und L liegen auf g bzw. in H. Daraus folgt:

Die Länge des Vektors $\overrightarrow{PL}$ entspricht dem Abstand der Geraden g von der Ebene H, d. h. dem Abstand eines beliebigen Punktes von g zu H:

$$\left| d_{g,h} \right| = \left| d_{A,h} \right|.$$

Der Abstand $\left| d_{g,h} \right|$ lässt sich nun mithilfe der HNF von H, wie in Kapitel 6.3 beschrieben, berechnen.

Berechnung der Koordinaten der Lotfußpunkte P und L:

Der Vektor $\overrightarrow{PL}$ steht senkrecht auf den Geraden g und h, sodass gilt:

$$\text{I} \quad \overrightarrow{PL}\vec{u} = 0$$
$$\text{II} \quad \overrightarrow{PL}\vec{v} = 0$$

Mithilfe dieses Gleichungssystems berechnet man die Koordinaten von P und L.

Beispiel

Die Geraden $g: \vec{x} = \begin{pmatrix} 2 \\ 2 \\ -3 \end{pmatrix} + \lambda \begin{pmatrix} 0 \\ 1 \\ 2 \end{pmatrix}$, $\lambda \in \text{IR}$ und $h: \vec{x} = \begin{pmatrix} 4 \\ 1 \\ 0 \end{pmatrix} + \lambda \begin{pmatrix} 4 \\ 3 \\ -2 \end{pmatrix}$, $\lambda \in \text{IR}$ sind windschief. Berechnung des **Abstandes** $\left| \mathrm{d}_{g,h} \right|$:

1) Die **Hilfsebene** H enthält die Gerade h und verläuft parallel zur Geraden g.

Normalenvektor von H: $\vec{n} = \begin{pmatrix} 0 \\ 1 \\ 2 \end{pmatrix} \times \begin{pmatrix} 4 \\ 3 \\ -2 \end{pmatrix} = \begin{pmatrix} -8 \\ 8 \\ -4 \end{pmatrix} = -4 \begin{pmatrix} 2 \\ -2 \\ 1 \end{pmatrix}$

Aufpunkt von H: $A_h\ (4; 1; 0)$

$\Rightarrow \quad H: 2x_1 - 2x_2 + x_3 - 6 = 0$

HNF von H: $H: \frac{1}{3}(2x_1 - 2x_2 + x_3 - 6) = 0$

2) Abstand von g zu h: $\left| \mathrm{d}_{g,h} \right| = \left| \mathrm{d}_{Ag,H} \right| = \left| \frac{1}{3}(2 \cdot 2 - 2 \cdot 2 - 3 - 6) \right| = 3\,(\text{LE})$

Berechnung der Koordinaten der **Lotfußpunkte** P und L:

1) P liegt auf g, also gilt $\vec{p} = \begin{pmatrix} 2 \\ 2+\lambda \\ -3+2\lambda \end{pmatrix}$ und L liegt auf h, also $\vec{l} = \begin{pmatrix} 4+4\mu \\ 1+3\mu \\ -2\mu \end{pmatrix}$

$$\Rightarrow \quad \overrightarrow{PL} = \begin{pmatrix} 2+4\mu \\ -1+3\mu-\lambda \\ 3-2\mu-2\lambda \end{pmatrix}.$$

2)
$$\left.\begin{array}{ll} \text{I} & \overrightarrow{PL} \begin{pmatrix} 0 \\ 1 \\ 2 \end{pmatrix} = 0 \ \Rightarrow\ -\mu - 5\lambda + 5 = 0 \\ \text{II} & \overrightarrow{PL} \begin{pmatrix} 4 \\ 3 \\ -2 \end{pmatrix} = 0 \ \Rightarrow\ 29\mu + \lambda - 1 = 0 \end{array}\right\} \Rightarrow \begin{array}{c} \lambda = 1,\ \mu = 0 \\ P\,(2; 3; -1),\ L\,(4; 1; 0) \end{array}$$

Damit gilt: $\left| \overrightarrow{PL} \right| = \left| \begin{pmatrix} 2 \\ -2 \\ 1 \end{pmatrix} \right| = 3 \quad \Rightarrow \quad \left| \mathrm{d}_{g,h} \right| = 3\,(\text{LE})$

Aufgaben zu 6.4

1. Bestimmen Sie den Abstand der folgenden windschiefen Geraden.

a) $g:\ \vec{x}=\begin{pmatrix}0\\1\\1\end{pmatrix}+\lambda\begin{pmatrix}1\\0\\0\end{pmatrix},\ \lambda\in\mathrm{IR}$ und $h:\ \vec{x}=\begin{pmatrix}1\\-1\\0\end{pmatrix}+\mu\begin{pmatrix}1\\0\\1\end{pmatrix},\ \mu\in\mathrm{IR}$

b) $g:\ \vec{x}=\begin{pmatrix}1\\4\\1\end{pmatrix}+\lambda\begin{pmatrix}2\\-1\\2\end{pmatrix},\ \lambda\in\mathrm{IR}$ und $h:\ \vec{x}=\begin{pmatrix}-2\\4\\3\end{pmatrix}+\mu\begin{pmatrix}4\\1\\1\end{pmatrix},\ \mu\in\mathrm{IR}$

c) $g:\ \vec{x}=\begin{pmatrix}0\\5\\1\end{pmatrix}+\lambda\begin{pmatrix}0\\1\\-1\end{pmatrix},\ \lambda\in\mathrm{IR}$ und $h:\ \vec{x}=\begin{pmatrix}1\\-2\\0\end{pmatrix}+\mu\begin{pmatrix}4\\4\\3\end{pmatrix},\ \mu\in\mathrm{IR}$

d) $g:\ \vec{x}=\begin{pmatrix}-1\\3\\5\end{pmatrix}+\lambda\begin{pmatrix}4\\3\\1\end{pmatrix},\ \lambda\in\mathrm{IR}$ und $h:\ \vec{x}=\begin{pmatrix}-3\\2\\6\end{pmatrix}+\mu\begin{pmatrix}2\\0\\1\end{pmatrix},\ \mu\in\mathrm{IR}$

e) $g:\ \vec{x}=\begin{pmatrix}1\\3\\4\end{pmatrix}+\lambda\begin{pmatrix}2\\-4\\-3\end{pmatrix},\ \lambda\in\mathrm{IR}$ und $h:\ \vec{x}=\begin{pmatrix}-2\\2\\3\end{pmatrix}+\mu\begin{pmatrix}1\\4\\3\end{pmatrix},\ \mu\in\mathrm{IR}$

f) $g:\ \vec{x}=\begin{pmatrix}1\\2\\-1\end{pmatrix}+\lambda\begin{pmatrix}1\\3\\4\end{pmatrix},\ \lambda\in\mathrm{IR}$ und $h:\ \vec{x}=\begin{pmatrix}4\\-1\\1\end{pmatrix}+\mu\begin{pmatrix}-2\\1\\6\end{pmatrix},\ \mu\in\mathrm{IR}$

g) $g:\ \vec{x}=\begin{pmatrix}2\\1\\-1\end{pmatrix}+\lambda\begin{pmatrix}3\\1\\0\end{pmatrix},\ \lambda\in\mathrm{IR}$ und $h:\ \vec{x}=\begin{pmatrix}3\\1\\-2\end{pmatrix}+\mu\begin{pmatrix}-3\\1\\4\end{pmatrix},\ \mu\in\mathrm{IR}$

h) $g:\ \vec{x}=\begin{pmatrix}2\\-1\\1\end{pmatrix}+\lambda\begin{pmatrix}5\\3\\4\end{pmatrix},\ \lambda\in\mathrm{IR}$ und $h:\ \vec{x}=\begin{pmatrix}1\\-2\\-1\end{pmatrix}+\mu\begin{pmatrix}2\\1\\0\end{pmatrix},\ \mu\in\mathrm{IR}$

i) $g:\ \vec{x}=\begin{pmatrix}3\\1\\0\end{pmatrix}+\lambda\begin{pmatrix}4\\2\\-3\end{pmatrix},\ \lambda\in\mathrm{IR}$ und $h:\ \vec{x}=\begin{pmatrix}2\\3\\1\end{pmatrix}+\mu\begin{pmatrix}-4\\3\\3\end{pmatrix},\ \mu\in\mathrm{IR}$

j) $g:\ \vec{x}=\begin{pmatrix}0\\2\\3\end{pmatrix}+\lambda\begin{pmatrix}4\\1\\-1\end{pmatrix},\ \lambda\in\mathrm{IR}$ und $h:\ \vec{x}=\begin{pmatrix}-1\\3\\1\end{pmatrix}+\mu\begin{pmatrix}0\\-1\\2\end{pmatrix},\ \mu\in\mathrm{IR}$

2. Bestimmen Sie eine Gleichung der Geraden l, welche die windschiefen Geraden g und h senkrecht schneidet.

a) $g: \vec{x} = \begin{pmatrix} 2 \\ 3 \\ -1 \end{pmatrix} + \lambda \begin{pmatrix} 0 \\ 1 \\ 2 \end{pmatrix},\ \lambda \in \mathrm{IR}$ und $h: \vec{x} = \begin{pmatrix} 4 \\ 1 \\ 0 \end{pmatrix} + \mu \begin{pmatrix} -4 \\ -3 \\ 2 \end{pmatrix},\ \mu \in \mathrm{IR}$

b) $g: \vec{x} = \begin{pmatrix} -3 \\ 0 \\ 7 \end{pmatrix} + \lambda \begin{pmatrix} 1 \\ 4 \\ -3 \end{pmatrix},\ \lambda \in \mathrm{IR}$ und $h: \vec{x} = \begin{pmatrix} 4 \\ -1 \\ 5 \end{pmatrix} + \mu \begin{pmatrix} 0 \\ -2 \\ 3 \end{pmatrix},\ \mu \in \mathrm{IR}$

c) $g: \vec{x} = \begin{pmatrix} 3 \\ 5 \\ 2 \end{pmatrix} + \lambda \begin{pmatrix} 2 \\ 1 \\ -2 \end{pmatrix},\ \lambda \in \mathrm{IR}$ und $h: \vec{x} = \begin{pmatrix} 0 \\ 2 \\ 2 \end{pmatrix} + \mu \begin{pmatrix} 2 \\ -2 \\ 1 \end{pmatrix},\ \mu \in \mathrm{IR}$

3. Bestimmen Sie die Geraden der Geradenschar $h_a,\ a \in \mathrm{IR}$, die den angegebenen Abstand $|\mathrm{d}|$ von der Geraden g haben.

a) $h_a: \vec{x} = \begin{pmatrix} 2 \\ 0 \\ 3 \end{pmatrix} + \mu \begin{pmatrix} 1+a \\ -2a \\ a \end{pmatrix},\ \mu, a \in \mathrm{IR},\ g: \vec{x} = \begin{pmatrix} 1 \\ 4 \\ 4 \end{pmatrix} + \lambda \begin{pmatrix} 2 \\ 1 \\ -2 \end{pmatrix},\ \lambda \in \mathrm{IR},\ |\mathrm{d}| = 3\,(\mathrm{LE})$

b) $h_a: \vec{x} = \begin{pmatrix} 2 \\ 4 \\ 1 \end{pmatrix} + \mu \begin{pmatrix} 0 \\ a-1 \\ a \end{pmatrix},\ \mu, a \in \mathrm{IR},\ g: \vec{x} = \begin{pmatrix} 0 \\ -2 \\ 2 \end{pmatrix} + \lambda \begin{pmatrix} 4 \\ 3 \\ -2 \end{pmatrix},\ \lambda \in \mathrm{IR},\ |\mathrm{d}| = 3\,(\mathrm{LE})$

c) $h_a: \vec{x} = \begin{pmatrix} -2 \\ 4 \\ 4 \end{pmatrix} + \mu \begin{pmatrix} a+3 \\ -2a \\ -3 \end{pmatrix},\ \mu, a \in \mathrm{IR},\ g: \vec{x} = \begin{pmatrix} 4 \\ 1 \\ 2 \end{pmatrix} + \lambda \begin{pmatrix} 0 \\ 2 \\ -3 \end{pmatrix},\ \lambda \in \mathrm{IR},\ |\mathrm{d}| = 7\,(\mathrm{LE})$

d) $h_a: \vec{x} = \begin{pmatrix} 3 \\ 1 \\ 0 \end{pmatrix} + \mu \begin{pmatrix} 5+a \\ 2 \\ 3a \end{pmatrix},\ \mu, a \in \mathrm{IR},\ g: \vec{x} = \begin{pmatrix} 6 \\ 0 \\ -2 \end{pmatrix} + \lambda \begin{pmatrix} -4 \\ 3 \\ 3 \end{pmatrix},\ \lambda \in \mathrm{IR},\ |\mathrm{d}| = \frac{1}{5}\,(\mathrm{LE})$

6.5 Zusammenfassung

Der Abstand eines Punktes P von einer Geraden $g: \vec{x} = \vec{a} + \lambda\vec{u}$, $\lambda \in \mathrm{IR}$ im IR^2:

1. $\left| \mathrm{d}_{P,g} \right| = \left| \overrightarrow{PL} \right|$, wobei L der Lotfußpunkt des Lotes von P auf g ist.

   Berechnung von $\overrightarrow{PL}$ mithilfe der Gleichung $\overrightarrow{PL}\,\vec{u} = 0$. **(über Lotfußpunkt)**

oder

2. $\left| \mathrm{d}_{P,g} \right| = \left| \frac{1}{|\vec{n}|}(n_1 p_1 + n_2 p_2 - \vec{n}\vec{a}) \right|$ **(über HNF)**

Der Abstand eines Punktes P von einer Geraden $g: \vec{x} = \vec{a} + \lambda\vec{u}$, $\lambda \in \mathrm{IR}$ im IR^3:

1. $\left| \mathrm{d}_{P,g} \right| = \left| \overrightarrow{PL} \right|$, wobei L der Lotfußpunkt des Lotes von P auf g ist.

   Berechnung von $\overrightarrow{PL}$ mithilfe der Gleichung $\overrightarrow{PL}\,\vec{u} = 0$. **(über Lotfußpunkt)**

oder

2. $\left| \mathrm{d}_{P,g} \right| = \frac{\left| \overrightarrow{AP} \times \vec{u} \right|}{|\vec{u}|}$ **(über Dreiecksfläche)**

Der Abstand eines Punktes P von einer Ebene $E: n_1 x_1 + n_2 x_2 + n_3 x_3 - \vec{n}\vec{a} = 0$:

$\left| \mathrm{d}_{P,E} \right| = \left| \frac{1}{|\vec{n}|}(n_1 p_1 + n_2 p_2 + n_3 p_3 - \vec{n}\vec{a}) \right|$ **(über HNF)**

Der Abstand zweier windschiefer Geraden
$g: \vec{x} = \vec{a} + \lambda\vec{u}$, $\lambda \in \mathrm{IR}$ und $h: \vec{x} = \vec{b} + \mu\vec{v}$, $\mu \in \mathrm{IR}$:

1. $\left| \mathrm{d}_{P,g} \right| = \left| \overrightarrow{PL} \right|$, wobei P und L die Lotfußpunkte des Lotes von h auf g sind.

   Berechnung von $\overrightarrow{PL}$ mit Hilfe der Gleichungen $\overrightarrow{PL}\,\vec{u} = 0$ und $\overrightarrow{PL}\,\vec{v} = 0$.
   (über Lotfußpunkte)

oder

2. Die Hilfsebene H enthält die Gerade h und verläuft parallel zu der Geraden g:

   $H: \;\vec{n}(\vec{x} - \vec{b}) = 0$, wobei $\vec{n} = \vec{u} \times \vec{v}$.

   $\left| \mathrm{d}_{g,h} \right| = \left| \mathrm{d}_{A,H} \right| = \left| \frac{1}{|\vec{n}|}(n_1 a_1 + n_2 a_2 + n_3 a_3 - \vec{n}\vec{b}) \right|$ **(über Hilfsebene, HNF)**

Register

Literaturhinweise

Assmann, Bruno: Technische Mechanik, Band 1, Oldenbourg
Brauch/ Dreyer/ Haacke: Mathematik für Ingenieure, Teubner
Dallmann/ Elster: Einführung in die höhere Mathematik, Viehweg
Fischer, Gerd: Lineare Algebra, Viehweg
Meyberg/ Vachenauer: Höhere Mathematik 1, Springer